Schriften zum neuen Aktienrecht
Herausgegeben von
Prof. Jean Nicolas Druey und Prof. Peter Forstmoser

# Einführung in die IAS

International Accounting Standards
knapp und deutsch

von

Peter Böckli
Dr. iur., Advokat, a.o. Professor an der Universität Basel

Schulthess § Zürich 2000                                  16

© Schulthess Juristische Medien AG, Zürich 2000
ISBN 3 7255 4125 6

# Vorwort

Heute ist es praktisch nicht mehr möglich, in einer mittelgrossen oder grossen Schweizer Gesellschaft Leitungs- und Überwachungsfunktionen auszuüben, ohne ständig mit dem Kürzel «*IAS*» konfrontiert zu werden: Die *International Accounting Standards* sind in den letzten Jahren mit zunehmender Dynamik zur «benchmark», d.h. zum Leitmodell und zur Messlatte geworden, an der sich die Methodik der Rechnungslegung und der Finanzberichterstattung misst. Ein immer grösserer Teil aller börsenkotierten Unternehmen – so weit sie nicht nach den äusserst nahe verwandten, aber eher noch komplexeren «US GAAP», den amerikanischen Standards, Rechnung legen – hat auf IAS umgestellt. Viele mittlere Unternehmen befinden sich auf dem gleichen Weg.

*Aber was besagen eigentlich die IAS?* Genau diese Frage muss sich jedes Mitglied eines Verwaltungsrates – und jeder Kandidat für die Zuwahl in ein solches Gremium – stellen, denn heute wird zunehmend die «*financial literacy*» verlangt. Zu den geforderten Kenntnissen gehört nicht nur ein gutes Verständnis des Finanzwesens im Allgemeinen, sondern auch eine Vertrautheit mit den Standards moderner Rechnungslegung. Das ist schnell gesagt, der Weg dorthin aber ist steinig; nur ungern vergräbt man sich in die 1235 Seiten der englischen IAS-Ausgabe, vergeblich sucht man nach einer konzisen und gut lesbaren Einführung. Ausserhalb der Ausbildungsgänge für Wirtschaftsprüfer bietet kaum jemand einen Kurs «Einführung in die IAS» an.

*Diese Lücke will die vorliegende Publikation füllen.* Es ist nicht mehr und nicht weniger als ein Versuch, das Labyrinth von Tausenden kasuistischer Einzelregeln in einer Übersicht klar darzustellen, zu verdichten und dem Nichtspezialisten in dem in der alemannischen Schweiz gebräuchlichen Deutsch verständlich zu machen. Es geht um eine Einführung für eine Schweizer Leserschaft – das ist keine vollständige Übersetzung, kein Ersatz für die offizielle deutsche Ausgabe der IAS, nicht eine wirklich umfassende Wiedergabe. Die gebotene Übersicht gibt daher dem Benützer auch keine Garantie oder Gewähr in Einzelfragen, denn nur der fein ziselierte IAS-Wortlaut selbst (mit allen Nuancen, Anlagen, Ausnahmen und Ergänzungen) kann für den letzten Entscheid in der Rechnungslegung Verbindlichkeit beanspruchen. Trotz diesem Vorbehalt ist der Verfasser zuversichtlich, dass die vorgelegte Publikation in der Praxis gute Dienste leisten wird.

Dieser Text hätte nicht entstehen können ohne die Unterstützung durch Herrn *Harry K. Schmid*, den ehemaligen Hauptverantwortlichen für das Rechnungswesen des Nestlé-Konzerns, der seit seiner Pensionierung als Mitglied des Londoner International Accounting Standards Committee (IASC) wirkt, also selber unmittelbar an der Weiterentwicklung der IAS beteiligt ist. Seine profunden Kenntnisse haben den Verfasser nicht nur vor dem Sturz in einige Gletscherspalten bewahrt, sondern ihn auch immer wieder angespornt, die Dinge noch präziser, noch einfacher und noch knapper zu fassen. Herrn Harry K. Schmid ist der Verfasser herzlich dankbar. Herr lic. rer. pol. *Daniel Suter*, eidg. dipl. Wirtschaftsprüfer und Partner der PricewaterhouseCoopers in Basel, war so freundlich, einen «*peer review*» durchzuführen; ihm verdankt der Verfasser zahlreiche wertvolle Anregungen zur Verbesserung des Textes. Herrn lic. iur. Jan Bangert, der bei der Schlusskontrolle half, und Frau Alice Ravasi, die den Satz des Textes besorgte, ist der Autor sehr verbunden.

Basel, den 17. August 2000                              Peter Böckli

# Übersicht über die Standards

(die fehlenden Ordnungszahlen entsprechen aufgehobenen Standards)

| | |
|---|---|
| IAS 1: | Darstellung des Jahresabschlusses |
| IAS 2: | Vorräte |
| IAS 7: | Geldflussrechnung |
| IAS 8: | Gewinn oder Verlust der Rechnungsperiode, grundlegende Fehler und Änderungen in der Rechnungslegung |
| IAS 10: | Ereignisse nach dem Bilanzstichtag |
| IAS 11: | Werkverträge* |
| IAS 12: | Gewinnsteuern |
| IAS 14: | Segment-Berichterstattung |
| IAS 15: | Offenlegung der Auswirkungen von Preisänderungen* |
| IAS 16: | Sachanlagen |
| IAS 17: | Leasing |
| IAS 18: | Ertrag |
| IAS 19: | Personalaufwand |
| IAS 20: | Subventionen* |
| IAS 21: | Fremdwährungsumrechnung |
| IAS 22: | Unternehmenszusammenschlüsse |
| IAS 23: | Fremdkapitalzinsen* |
| IAS 24: | Offenlegung von Beziehungen zu nahe stehenden Personen |
| IAS 25: | Bilanzierung von Finanzanlagen zu Renditezwecken |
| IAS 26: | Rechnungslegung und Berichterstattung von Personalvorsorgeeinrichtungen* |
| IAS 27: | Konsolidierung und Darstellung von Beteiligungen an Tochtergesellschaften |
| IAS 28: | Beteiligungen |
| IAS 29: | Rechnungslegung in Hochinflationsländern* |
| IAS 30: | Rechnungslegung von Banken und ähnlichen Finanzinstituten* |
| IAS 31: | Rechnungslegung für Anteile an Gemeinschaftsunternehmen (joint ventures)* |
| IAS 32: | Finanzinstrumente, Offenlegung und Darstellung |
| IAS 33: | Gewinn pro Aktie |
| IAS 34: | Zwischenberichterstattung |
| IAS 35: | Betriebseinstellungen* |

| IAS 36: | Wertbeeinträchtigungen |
| IAS 37: | Rückstellungen, Eventualverbindlichkeiten und Eventualguthaben |
| IAS 38: | Immaterielle Güter |
| IAS 39: | Finanzinstrumente, Erfassung und Bemessung |
| IAS 40: | Immobiliaranlagen zu Renditezwecken |

Die mit einem Sternchen* gekennzeichneten Standards sind für Verwaltungsräte und andere Nichtspezialisten von geringerer Bedeutung und werden bloss erwähnt oder kurz beschrieben.

# Auslegungsbeschlüsse

Die Auslegungsbeschlüsse des Standing Interpretations Committee (SIC), die für die Zielgruppen dieser Publikation von besonderem Interesse sind, erscheinen im Kontext jeweils am Schluss des Standards, auf den sie sich beziehen.

| | | |
|---|---|---|
| SIC 8 | (zu IAS 1) | Erstmalige Anwendung von IAS |
| SIC 1 | (zu IAS 2) | Kostenformeln für Vorräte |
| SIC 6 | (zu IAS 1) | Aktivierung von Software-Aufwendungen |
| SIC 14 | (zu IAS 16) | Entschädigungen für Wertbeeinträchtigungen von Sachanlagen |
| SIC 15 | (zu IAS 17) | Zugeständnisse an den Leasingnehmer im Betriebsleasing |
| SIC 10 | (zu IAS 20) | Erfassung von bedingungs- und auflagenfreien Subventionen |
| SIC 9 | (zu IAS 22) | Unternehmenszusammenschlüsse, die keine Übernahmen sind |
| SIC 12 | (zu IAS 27) | Special Purpose Entities (Unternehmen zu speziellem Zweck) |
| SIC 5 | (zu IAS 32) | Alternative Erfüllung bei Finanzinstrumenten |
| SIC 16 | (zu IAS 32) | Eigene Aktien |

# Inhaltsverzeichnis

| | | |
|---|---|---|
| **I.** | **Einleitung** | 1 |
| A. | Ziel der Darstellung: «Accounting Literacy» für Verwaltungsräte und andere Nichtspezialisten | 1 |
| | 1. Bedeutung der IAS für die Konzernrechnungen | 1 |
| | 2. Financial Literacy | 2 |
| | 3. Ziel der Darstellung | 2 |
| B. | Das Produkt und die Institution | 3 |
| | 1. Soft Law | 3 |
| | 2. Ziel des IASC | 4 |
| | 3. Institutionen und Verfahren | 4 |
| |    a) Board | 4 |
| |    b) Beratende Gruppen | 5 |
| C. | Auslegung und Weiterentwicklung der IAS | 5 |
| | 1. Die «Verbindlichkeit en bloc» der IAS | 5 |
| | 2. Durchsetzung der Rechnungslegungsregeln durch die Schweizer Börse | 6 |
| | 3. Auslegungsbeschlüsse des Standing Interpretations Committee (SIC) | 7 |
| |    a) Klärung und Lückenfüllung als Ziel | 7 |
| |    b) Erste Phase der Auslegungstätigkeit | 8 |
| | 4. «IOSCO»: Annäherung an US GAAP | 9 |
| | 5. Weiterentwicklung | 9 |
| D. | Würdigung der IAS | 10 |
| | 1. Stärken der IAS | 10 |
| |    a) Weltweite Akzeptanz und Annäherung US GAAP/IAS | 10 |
| |    b) Hohe inhaltliche Überzeugungskraft | 11 |
| | 2. Schwächen der IAS | 12 |
| |    a) Methodisch für den Nichtspezialisten ein Buch mit sieben Siegeln | 12 |
| |    b) Unablässig voranschreitende Änderungen und Differenzierungen | 13 |
| |    c) Probleme für die kleineren Unternehmen | 14 |
| | 3. Würdigung | 14 |
| **II.** | **Die Rahmenbestimmungen («Framework»)** | 16 |
| | 1. Das kognitive Ziel und die Adressaten | 16 |
| | 2. Ziel der Rechnungslegung nach IAS | 17 |
| | 3. Methodische Grundannahmen | 18 |
| | 4. Qualitative Anforderungen an die Rechnungslegung | 19 |

|  |  | a) | Ein den tatsächlichen Verhältnissen entsprechendes Bild («true and fair view») | 19 |
|---|---|---|---|---|
|  |  | b) | Hauptgrundsätze | 19 |
|  | 5. | | Elemente der Rechnungslegung | 24 |
|  |  | a) | Aktiven | 26 |
|  |  | b) | Verbindlichkeiten | 26 |
|  |  | c) | Ertrag | 27 |
|  |  | d) | Aufwand | 29 |
|  | 6. | | Begriffe des «Wertes» in den IAS | 30 |
|  |  | a) | Historische Kosten (Anschaffungs- oder Herstellungswert) bzw. Kostenwert | 30 |
|  |  | b) | Wiederbeschaffungswert («current cost») | 31 |
|  |  | c) | Erzielbarer Wert («realisable value») | 32 |
|  |  | d) | Erfüllungswert («settlement value») | 32 |
|  |  | e) | Verkehrswert («fair value») und Marktwert («market value») | 32 |
|  |  | f) | Nettoveräusserungswert («net selling value») | 33 |
|  |  | g) | Nutzungswert («value in use») | 33 |
|  |  | h) | Wiedereinbringlicher Betrag («recoverable amount») | 34 |
|  |  | i) | Barwert («present value») | 34 |
|  | 7. | | Finanzielle oder physische Kapitalerhaltung | 34 |

### III. Übersicht über den wichtigsten Inhalt der IAS-Regeln 36

| IAS 1 | | Darstellung des Jahresabschlusses (Fassung 1997) | | 38 |
|---|---|---|---|---|
|  | 1. | | Leitsätze | 38 |
|  |  | a) | Umfassende Befolgung der IAS-Regeln | 38 |
|  |  | b) | Einhaltung der IAS-Rahmenbestimmungen | 39 |
|  |  | c) | Stetigkeit | 39 |
|  |  | d) | Einzelbewertung | 40 |
|  |  | e) | Verrechnung und Nettoausweis | 40 |
|  |  | f) | Angabe von Vorjahreszahlen | 41 |
|  |  | g) | Vermischungsverbot | 41 |
|  |  | h) | Zeitnähe | 42 |
|  | 2. | | Bilanz | 42 |
|  |  | a) | Aktiven | 42 |
|  |  | b) | Verbindlichkeiten | 43 |
|  |  | c) | Mindestgliederung | 43 |
|  |  | d) | Ergänzende Offenlegung | 44 |
|  | 3. | | Erfolgsrechnung | 45 |
|  |  | a) | Mindestgliederung | 45 |
|  |  | b) | Analyse der Aufwendungen | 46 |
|  |  | c) | Jahresdividende | 47 |
|  | 4. | | Aufstellung über die Veränderung des Eigenkapitals (Eigenkapitalausweis) | 47 |
|  | 5. | | Geldflussrechnung | 49 |
|  | 6. | | Anhang | 49 |
|  |  | a) | Erläuterungen | 49 |

|  |  | b) Rechnungslegungsgrundsätze | 49 |
|---|---|---|---|
|  |  | c) Weitere Angaben | 51 |
|  | 7. | Inkrafttreten | 51 |
|  | 8. | Auslegungsbeschluss SIC 8 zu IAS 1 (erstmalige Anwendung von IAS) | 52 |
|  |  | a) Auslegungsfrage | 52 |
|  |  | b) Konsens | 52 |
|  | 9. | Auslegungsbeschluss SIC 6 zu IAS 1, para. 11 (Aktivierung von Software-Aufwendungen) | 52 |
|  |  | a) Auslegungsfrage | 52 |
|  |  | b) Konsens | 53 |
| IAS 2 |  | Vorräte (Fassung 1993) | 54 |
|  | 1. | Begriffsbestimmung | 54 |
|  | 2. | Wichtigste Regeln | 54 |
|  |  | a) Bewertung | 54 |
|  |  | b) Wiederzuschreibung (rückgängig gemachte Wertberichtigung) | 55 |
|  |  | c) Erfassung | 56 |
|  | 3. | Offenlegung im Anhang | 56 |
|  | 4. | Auslegungsbeschluss SIC 1 zu IAS 2 (Vorräte) | 57 |
|  |  | a) Auslegungsfrage | 57 |
|  |  | b) Konsens | 57 |
| IAS 4 |  | Planmässige Abschreibungen (Fassung 1994, aufgehoben 1999) | 58 |
| IAS 7 |  | Geldflussrechnung (Fassung 1992) | 60 |
|  | 1. | Definition | 60 |
|  | 2. | Gliederung der Geldflussrechnung | 61 |
|  |  | a) Betriebliche Tätigkeit | 61 |
|  |  | b) Investitionen | 61 |
|  |  | c) Finanzierungsvorgänge | 62 |
|  | 3. | Weitere Regeln für die Geldflussrechnung | 62 |
|  |  | a) Indirekte oder direkte Methode | 62 |
|  |  | b) Besondere Vorgänge | 62 |
|  | 4. | Offenlegung ausserhalb des Zahlenwerkes der Geldflussrechnung | 63 |
| IAS 8 |  | Gewinn oder Verlust der Rechnungsperiode, grundlegende Fehler und Änderungen in der Rechnungslegung (Fassung 1993) | 64 |
|  | 1. | Ordentliches und ausserordentliches Ergebnis; «nicht-routinemässige» Posten oder «bedeutsame Vorgänge» | 64 |
|  |  | a) Zurückdrängen der «ausserordentlichen» Erträge und Verluste | 64 |
|  |  | b) Kennzeichnung von «bedeutsamen Vorgängen» | 65 |
|  | 2. | Änderung von Schätzungen | 66 |

| | | |
|---|---|---|
| 3. | Grundlegende Fehler im Jahresabschluss | 66 |
| 4. | Änderungen in den Grundsätzen der Rechnungslegung | 67 |

**IAS 10 Ereignisse nach dem Bilanzstichtag (Fassung 1999)** 68
1. Einführung 68
2. Aufhebung der bisherigen Regeln über «Contingencies» in IAS 10 68
3. Regeln zu den Ereignissen nach dem Bilanzstichtag 69
   a) Neues Licht auf alte Tatsachen 69
   b) Neue Tatsachen 69
4. Offenlegung 70

**IAS 11 Werkverträge (Fassung 1993)** 71

**IAS 12 Gewinnsteuern (Fassung 1996)** 72
1. Methodische Grundlagen 72
   a) Der handelsrechtliche Einzelabschluss 73
   b) Die örtlich vorgeschriebene Steuerbilanz 73
   c) Konzerneinheitliche Einzelbilanz 75
   d) Konzernrechnung 76
2. «Latente Steuerguthaben» und «latente Steuerschulden» in der Bilanz 76
   a) Latente Steuerguthaben 76
   b) Latente Steuerschuld 77
3. Latenter Steueraufwand bzw. -ertrag in der Erfolgsrechnung 77
4. Berechnung der latenten Steuerschulden bzw. -guthaben 78
   a) «Vorübergehende steuerwirksame Differenz» 78
   b) Anwendbarer Steuersatz 79
5. Erfassung der latenten Steuerschulden und -guthaben in der Bilanz 79
   a) Steuerschuld 79
   b) Steuerguthaben 80
6. Erfassung der laufenden Gewinnsteuern («current tax») 81
   a) Gewinnsteuern der Periode 81
   b) Kapitalsteuern der Periode 82
7. Art der Erfassung 82
   a) Nach IAS 82
   b) Vergleich mit der früheren Schweizer Praxis 83
8. Offenlegung im Anhang 84
   a) Wichtige Angaben 84
   b) Ergänzende Informationen 85
9. Inkrafttreten 86

**IAS 14 Segment-Berichterstattung (Fassung 1997)** 87
1. Einführung 87
2. Grundgedanke 88

|  |  |  |
|---|---|---|
| 3. | Regeln | 89 |
| 4. | Transaktionen zwischen den Segmenten | 91 |
| 5. | Inkrafttreten | 91 |

IAS 15 Offenlegung der Auswirkungen von Preisänderungen (Fassung 1981) 92

IAS 16 Sachanlagen (Fassung 1998) 93
1. Einführung 93
2. Ursprünglicher Buchwert der betrieblichen Anlagen 93
   a) Begriff 93
   b) Kostenwert 93
3. Alternative: Neubewertung zum Wiederbeschaffungswert 94
4. Planmässige Abschreibungen 95
5. Abgang von betrieblichen Anlagen 96
6. Offenlegung im Anhang 97
7. Inkrafttreten 98
8. Auslegungsbeschluss SIC 14 zu IAS 16 (Sachanlagen) 98
   a) Auslegungsfrage 98
   b) Konsens 98

IAS 17 Leasing (Fassung 1997) 100
1. Finanzierungsleasing 100
2. Betriebsleasing 101
3. Offenlegung im Anhang 102
4. Inkrafttreten 102
5. Auslegungsbeschluss SIC 15 zu IAS 17 (Betriebsleasing) 102
   a) Auslegungsfrage 102
   b) Konsens 102

IAS 18 Ertrag (Fassung 1993) 104
1. Warenverkäufe 104
2. Dienstleistungen 105
3. Zinsen, Lizenzgebühren und Dividenden 105
   a) Zinsen 106
   b) Lizenzgebühren 106
   c) Dividenden 106
4. Offenlegung im Anhang 107

IAS 19 Personalaufwand (Fassung 1998) 108
1. Übersicht: Leistungen aufgrund des Arbeitsverhältnisses 108
2. Kurzfristige Leistungen an Arbeitnehmer 109
3. Leistungen nach dem Ende des Arbeitsverhältnisses: Personalvorsorge nach Beitrags- und Leistungsprimat 110
   a) Beitragsprimat 110

XIII

|  |  | b) Leistungsprimat | 110 |
|---|---|---|---|
|  | 4. | Abgangsentschädigungen | 114 |
|  | 5. | Mitarbeiterbeteiligung (Eigenkapitalbeteiligung) | 115 |
|  | 6. | Inkrafttreten | 115 |
| IAS 20 | Subventionen (Fassung 1994) | | 116 |
| IAS 21 | Fremdwährungsumrechnung (Fassung 1993) | | 117 |
|  | 1. | Einführung | 117 |
|  | 2. | Regeln | 117 |
|  | 3. | Offenlegung | 118 |
| IAS 22 | Unternehmenszusammenschlüsse (Fassung 1998) | | 119 |
|  | 1. | Unternehmensübernahmen | 119 |
|  |  | a) Kennzeichen einer «Übernahme» | 119 |
|  |  | b) Wesentliche Regeln | 121 |
|  | 2. | Interessenvereinigung | 123 |
|  | 3. | Offenlegung im Anhang | 124 |
|  | 4. | Inkrafttreten | 124 |
|  | 5. | Auslegungsbeschluss SIC 9 zu IAS 22 (Unternehmenszusammenschlüsse) | 125 |
|  |  | a) Auslegungsfrage | 125 |
|  |  | b) Konsens | 125 |
| IAS 23 | Fremdkapitalzinsen (Fassung 1993) | | 126 |
| IAS 24 | Offenlegung von Beziehungen zu nahe stehenden Personen (Fassung 1994) | | 127 |
|  | 1. | Einführung | 127 |
|  | 2. | Anwendungsbereich | 128 |
|  | 3. | Offenlegung im Anhang | 129 |
| IAS 25 | Bilanzierung von Finanzanlagen zu Renditezwecken (Fassung 1994) | | 131 |
|  | 1. | Einführung | 131 |
|  | 2. | Regeln | 132 |
|  | 3. | Kurzfristige Finanzanlagen | 133 |
|  | 4. | Langfristige Finanzanlagen | 134 |
|  |  | a) Methodenwahl | 134 |
|  |  | b) Bevorzugtes Verfahren | 135 |
|  |  | c) Wertrückgang und Wiederaufholung | 135 |
|  |  | d) Unbewegliches Vermögen | 136 |
|  | 5. | Veräusserung von Finanzanlagen | 136 |
|  | 6. | Ertragsausweis | 137 |
|  | 7. | Offenlegung im Anhang | 137 |

| | | |
|---|---|---|
| IAS 26 | Rechnungslegung und Berichterstattung von Personalvorsorgeeinrichtungen (Fassung 1994) | 138 |
| IAS 27 | Konsolidierung und Darstellung von Beteiligungen an Tochtergesellschaften (Fassung 1994) | 139 |
| 1. | Konsolidierungspflicht | 139 |
| 2. | Konsolidierungskreis | 140 |
| 3. | Konsolidierungsmethode | 140 |
| 4. | Einzelabschluss der Muttergesellschaft | 140 |
| 5. | Offenlegung | 141 |
| 6. | Auslegungsbeschluss SIC 12 zu IAS 27 (Special Purpose Entities) | 141 |
| | a) Auslegungsfrage | 141 |
| | b) Konsens | 142 |
| IAS 28 | Beteiligungen (Fassung 1998) | 143 |
| 1. | Einführung | 143 |
| 2. | Regeln | 143 |
| 3. | Offenlegung | 144 |
| 4. | Inkrafttreten | 145 |
| IAS 29 | Rechnungslegung in Hochinflationsländern (Fassung 1994) | 146 |
| IAS 30 | Rechnungslegung von Banken und ähnlichen Finanzinstituten (Fassung 1994) | 147 |
| IAS 31 | Rechnungslegung für Anteile an Gemeinschaftsunternehmen (Joint Ventures, Fassung 1998) | 148 |
| IAS 32 | Finanzinstrumente, Offenlegung und Darstellung (Fassung 1998) | 149 |
| 1. | Einführung | 149 |
| 2. | Definitionen von Finanzinstrumenten | 150 |
| 3. | Darstellung | 152 |
| 4. | Verrechnung | 152 |
| 5. | Offenlegung im Anhang | 153 |
| 6. | Einzelne Risikoarten | 154 |
| | a) Zinssatzrisiko | 154 |
| | b) Kreditrisiken | 155 |
| 7. | Inkrafttreten | 155 |
| 8. | Auslegungsbeschluss SIC 5 zu IAS 32 (Alternative Erfüllung) | 155 |
| | a) Auslegungsfrage | 155 |
| | b) Konsens | 156 |
| 9. | Auslegungsbeschluss SIC 16 zu IAS 32 (Eigene Aktien) | 156 |
| | a) Auslegungsfrage | 156 |

|  |  |  |
|---|---|---|
| | b) Konsens | 156 |
| | c) Würdigung des Auslegungsbeschlusses SIC 16 | 157 |
| IAS 33 | Gewinn pro Aktie (Fassung 1997) | 158 |
| 1. | Einführung | 158 |
| 2. | Begriffsbestimmung und Regeln | 158 |
| 3. | Offenlegung im Anhang | 159 |
| 4. | Inkrafttreten | 159 |
| IAS 34 | Zwischenberichterstattung (Fassung 1998) | 160 |
| 1. | Hauptgrundsätze | 160 |
| 2. | Anhang für den Zwischenbericht | 161 |
| 3. | Inkrafttreten | 162 |
| IAS 35 | Betriebseinstellungen (Fassung 1998) | 163 |
| IAS 36 | Wertbeeinträchtigungen (Fassung 1998) | 164 |
| 1. | Einführung | 164 |
| 2. | Regeln | 165 |
| | a) «Recoverable amount» («wiedereinbringlicher Betrag») als Schlüsselbegriff | 165 |
| | b) Erzielbarer Nettoveräusserungserlös und Nutzungswert | 165 |
| | c) Die «Cash-Generating Unit» (kleinste abgrenzbare Betriebseinheit) | 166 |
| 3. | Abklärung des Vorliegens einer Wertbeeinträchtigung | 167 |
| 4. | Messung des wiedereinbringlichen Betrages («recoverable amount») | 168 |
| | a) Nettoveräusserungswert | 168 |
| | b) Abzinsung von projektierten Nettogeldflüssen | 169 |
| 5. | Erfassung und Bemessung der eingetretenen Wertbeeinträchtigung | 170 |
| 6. | Rückgängigmachung einer Werteinbusse | 171 |
| 7. | Offenlegung im Anhang | 171 |
| 8. | Inkrafttreten | 171 |
| IAS 37 | Rückstellungen, Eventualverbindlichkeiten und Eventualguthaben (Fassung 1998) | 172 |
| 1. | Ausweis von Rückstellungen und Offenlegung von Eventualverbindlichkeiten | 172 |
| | a) Rückstellungen | 172 |
| | b) Bedeutung dieser Regel | 173 |
| 2. | Eventualguthaben | 175 |
| 3. | Bemessung | 175 |
| 4. | Restrukturierungsrückstellungen | 176 |
| 5. | Offenlegung | 177 |
| 6. | Inkrafttreten | 178 |

| | | |
|---|---|---|
| IAS 38 | Immaterielle Güter (Fassung 1998) | 179 |
| 1. | Grundsätze | 179 |
| | a) Intern und extern geschaffene immaterielle Güter | 179 |
| | b) Die Voraussetzung der «Beherrschung» | 180 |
| | c) Aktivierung von Ergebnissen aus Forschung und Entwicklung | 180 |
| 2. | Nutzungsdauer und weitere Regeln | 181 |
| 3. | Offenlegung | 182 |
| 4. | Inkrafttreten | 183 |
| IAS 39 | Finanzinstrumente, Erfassung und Bemessung (Fassung 1998) | 184 |
| 1. | Einführung | 184 |
| | a) Verstärkte Verwendung des Ausweises zum Verkehrswert | 184 |
| | b) Ausweis zum Kostenwert | 185 |
| 2. | Begriffbestimmungen | 185 |
| 3. | Die vier Kategorien von Finanzaktiven | 188 |
| | a) Finanzaktiven (oder -verbindlichkeiten) im Handelsbestand | 189 |
| | b) Vermögensanlagen auf Verfall | 189 |
| | c) Darlehen und Forderungen aus Geschäftsbetrieb | 189 |
| | d) Verkäufliche Finanzaktiven | 190 |
| 4. | Abgrenzung | 190 |
| 5. | Primäre Finanzinstrumente und Derivate | 191 |
| | a) Die nichtderivativen oder «primären» Finanzinstrumente («non-derivatives») | 191 |
| | b) Derivate, die nicht der Absicherung dienen | 191 |
| | c) Absicherungsinstrumente («hedging instruments») | 192 |
| | d) Eingebettete Derivate («embedded derivatives») | 193 |
| 6. | Erfassung von Finanzinstrumenten | 194 |
| 7. | Bewertung der Finanzinstrumente | 195 |
| | a) Ursprüngliche Bemessung von Finanzaktiven und Finanzverbindlichkeiten | 195 |
| | b) Nachträgliche Bemessung von Finanzaktiven | 195 |
| | c) Nachträgliche Bemessung von Finanzverbindlichkeiten | 198 |
| | d) Methodische Leitlinien für die Bestimmung des Verkehrswertes | 198 |
| | f) Wertbeeinträchtigung und Uneinbringlichkeit von Finanzaktiven | 200 |
| 8. | Offenlegung | 202 |
| 9. | Inkrafttreten | 202 |
| IAS 40 | Immobiliaranlagen zu Renditezwecken (Fassung 2000) | 203 |
| 1. | Grundsätze | 203 |
| 2. | Bewertung | 204 |
| | a) Kostenwert-System | 204 |

|   |   | b) Verkehrswert-System | 204 |
|---|---|---|---|
|   | 3. | Besondere Fälle | 205 |
|   | 4. | Offenlegung | 205 |
|   | 5. | Inkrafttreten | 206 |

Sachregister 207

# Literaturhinweise

Baetge/Dörner/Kleekämper/Wollmert (Hrsg.), Rechnungslegung und International Accounting Standards (IAS), Kommentar auf der Grundlage des deutschen Bilanzrechts, Stuttgart 1997 (zit. «*Baetge et al.*»)

*Bertschinger/Hallauer*, IAS – International Accounting Standards in der schweizerischen Praxis, KPMG (Hrsg.), 4. A. Zürich 1999

*Böckli Peter*, Steuerumgehung: Qualifikation gegenläufiger Rechtsgeschäfte und normative Gegenprobe, in: Festschrift Francis Cagianut, Höhn/Vallender (Hrsg.), Bern 1990, 289 ff.
– Die Rechtsfolgen der Genehmigung der Konzernrechnung, Der Schweizer Treuhänder 69 (1995) 637 ff.
– Schweizer Aktienrecht, 2. A. Zürich 1996
– Corporate Governance auf Schnellstrassen und Holzwegen, Der Schweizer Treuhänder 73 (2000) 133 ff.; gekürzte Fassung in NZZ Nr. 48 vom 26./27. Februar 2000, 29

*Cotting/Boemle*, True and fair View-Konzept versus Fair Presentation, Der Schweizer Treuhänder 74 (2000) 788 ff.

*FER*, Fachempfehlungen zur Rechnungslegung, herausgegeben von der Fachkommission für Empfehlungen zur Rechnungslegung, Zürich 2000

*Fleissner/Haag*, Die Umsetzung von IAS 19 (revised 1998) für Vorsorgepläne, ST 72 (1999) 803 ff.

*Forstmoser/Meier-Hayoz/Nobel*, Schweizerisches Aktienrecht, Bern 1996

*Glanz Stephan*, Latente Steuern in der Konzernrechnung, Der Schweizer Treuhänder 71 (1998) 783 ff.

*Häusler Tom*, Die vertraglichen Grundlagen im Bereich des Handels mit derivaten Finanzinstrumenten, Diss. Basel 1996

*Helbling Carl*, Steuerschulden und Steuerrückstellungen, 2. A. Zürich 1980; 3. A. Bern 1988
– Bilanz- und Erfolgsanalyse, Bern/Stuttgart/Wien, 10. A. 1997 (mit Wiedergabe der IAS im Kurzbeschrieb, 479 ff.)
– Personalvorsorge und BVG, 7. A. Bern/Stuttgart/Wien 2000
– Bilanzierung von Pensionskassenüberschüssen? Umstrittene neue Praxis in Konzernabschlüssen, NZZ Nr. 102 vom 3. Mai 2000, 29

*Hess/Wyss*, Die gerichtlichen Grundlagen des Netting unter besonderer Berücksichtigung des Close Out-Netting nach Art. 211 Abs. $2^{bis}$, AJP 6 (1997) 1219 ff.

*IAS*, deutsche Ausgabe, International Accounting Standards Committee, London (Hrsg.), Stuttgart 1999

*KK*, Wohl keine Änderung der US-Bilanzregeln, NZZ Nr. 76 vom 30. März 2000, 25

*Mengiardi Peider*, Bericht der Expertenkommission Rechnungslegungsrecht unter dem Vorsitz von *Peider Mengiardi*, Vorentwürfe und Begleitbericht zu einem Bundesgesetz über die Rechnungslegung und Revision («VE-RRG»), Bern 1998

*Meyer/Spreitner*, Die Rechnungslegung der USA, Der Schweizer Treuhänder 73 (1999) 509 ff.

*Piltz Klaus*, Zur internationalen Harmonisierung der Rechnungslegung, Der Schweizer Treuhänder 64 (1990) 288 ff.

*PricewaterhouseCoopers* (Hrsg.), Checkliste zu den International Accounting Standards (IAS), Zürich 1998
– FER/ARR, IAS and US GAAP – Similarities and Differences, Zürich 2000

*Rufer/Atteslander*, Die IASC-Normen bringen neue Denkansätze, NZZ Nr. 204 vom 3. September 1999, 29

*Rutishauser Doris*, Bewertung der Finanzinstrumente in neuem Licht, NZZ Nr. 54 vom 4./5. März 2000, 28

*Thévenoz/Zulauf* (Hrsg.), «BF 2000», Bank- und Finanzmarktrecht, Zürich 1999

\* \* \*

Die Zitate «*IAS*» beziehen sich auf die Publikation «*International Accounting Standards 2000, The full text of all International Accounting Standards and SIC Interpretations extant at 1 January 2000*», International Accounting Standards Committee (Hrsg.), London 2000. Die Abkürzung «para.» bedeutet «paragraph» und bezieht sich auf die Ordnungszahlen innerhalb des Vorworts («*Preface*»), der Rahmenbestimmungen («*Framework*») und der einzelnen Standards.

Die IAS enthalten auch in die Einzelheiten gehende *Übergangsregelungen* für die Zeit nach dem erstmaligen Inkrafttreten eines Standards. Es wird dafür auf den Originaltext verwiesen.

Es werden nur die vom Schweizerischen Bundesgericht jährlich veröffentlichten, standardisierten Abkürzungen verwendet. Dazu kommen folgende Abkürzungen:

| | |
|---|---|
| DBG | Bundesgesetz über die direkte Bundessteuer vom 14. Dezember 1990 (in seiner geltenden, mehrmals abgeänderten Fassung) |
| FASB | Financial Accounting Standards Board (USA) |

| | |
|---|---|
| FER | Fachempfehlungen für Rechnungslegung, Zürich |
| IAS | International Accounting Standard (Stand 1. Januar 2000) |
| IOSCO | International Organization of Securities Commissions |
| KR | Kotierungsreglement der Schweizer Börse (SWX) |
| para. | Paragraph (Ordnungszahl innerhalb eines Standards) |
| Rz | Randziffer |
| SEC | Securities and Exchange Commission (Börsenaufsichtsbehörde), Washington |
| SIC | Standing Interpretations Committee, London, ständiger Auslegungsausschuss des IASC |
| StHG | Bundesgesetz über die Harmonisierung der direkten Steuern des Bundes, der Kantone und der Gemeinden vom 14. Dezember 1990 (in seiner geltenden, mehrfach abgeänderten Fassung) |
| SWX | Schweizer Börse, Zürich |
| US GAAP | United States Generally Accepted Accounting Principles, Allgemein anerkannte Grundsätze der Rechnungslegung in den Vereinigten Staaten |
| VE-RRG | Vorentwurf für ein Bundesgesetz über die Rechnungslegung und Revision (1998) |
| VStG | Bundesgesetz über die Verrechnungssteuer vom 13. Oktober 1965 (in seiner geltenden, mehrfach abgeänderten Fassung) |

# I. Einleitung

## A. Ziel der Darstellung: «Accounting Literacy» für Verwaltungsräte und andere Nichtspezialisten

### 1. Bedeutung der IAS für die Konzernrechnungen

Seit der Mitte der neunziger Jahre erstellen die meisten Schweizer Konzerne ihre konsolidierten Abschlüsse nach den *International Accounting Standards* («IAS»). Gewisse Grossunternehmen stellen freilich wegen einer Kotierung an der New Yorker Börse schon wieder auf US GAAP um, die amerikanischen Rechnungslegungsvorschriften – mit denen die IAS freilich *weitgehend* übereinstimmen. Andere bleiben bei den IAS sogar nach ihrer Kotierung in New York und machen von der Möglichkeit Gebrauch, bloss zusätzlich eine Überleitung («*Reconciliation*») von Jahresgewinn und Eigenkapital zwischen IAS und US GAAP zu veröffentlichen. Unterdessen geht der Siegeszug der IAS in der Schweiz weiter und erfasst nun immer mehr auch «grössere mittlere» Unternehmen. Unterdessen haben sich die seit 1984 in der Schweiz erarbeiteten «Fachempfehlungen zur Rechnungslegung» (FER) ab Mitte der neunziger Jahre stärker auf IAS ausgerichtet; sie lassen jedoch zusätzliche Wahlrechte offen und sind in Regelungsdichte und Offenlegung weniger anspruchsvoll.

1

Es ist daher angezeigt, sich ein Bild vom Hauptinhalt und vor allem auch dem Geist der IAS, dieser vom *International Accounting Standards Committee* («IASC») in London seit 1973 allmählich entwickelten Standards, zu machen. Dabei ist es eine *bare Unmöglichkeit*, die weit verzweigten IAS hier umfassend wiederzugeben. Anderseits ist für jede Person, die mit der Leitung oder Überwachung von Unternehmen zu tun hat, ein Grundverständnis der Rechnungslegung notwendig. Was angestrebt wird, ist ein *Überblick* über das, was sich hinter dem Kürzel «IAS» an methodischem Denken verbirgt.

2

International Accounting Standards (IAS)

## 2. Financial Literacy

3   Dabei ist zu beachten, dass alle neueren Äusserungen aus den angelsächsischen Ländern zur *«corporate governance»* nicht nur von den Angehörigen der Geschäftsleitung, sondern mehr und mehr auch von den Mitgliedern des Verwaltungsrates die sog. *«financial literacy»* – und darin eingeschlossen vor allem die *«accounting literacy»* – verlangen: Eine zwar nicht die Stufe von Spezialkenntnissen erreichende, aber doch *hinreichende Vertrautheit mit den Methoden moderner Rechnungslegung*. Verlangt wird die Fähigkeit,

– einen Konzernabschluss mit Geldflussrechnung und Segment-Berichterstattung rasch in den wesentlichen Punkten zu erfassen,
– die Darlegungen des Managements kritisch zu verfolgen,
– die nötigen Schlussfolgerungen zu ziehen und
– mit zielgerichteten Fragen in die Debatte einzugreifen.

4   Nach dem heutigen Stand der Dinge ist es so gut wie unmöglich, dass in einer Publikumsgesellschaft (und eigentlich auch in einer «grösseren mittleren» Gesellschaft) ein Verwaltungsrat oder ein Verwaltungsratskandidat – falls er nicht selber aus dem Kreise der professionellen Manager oder der Wirtschaftsprüfer stammt – diesen Stand der *«financial literacy»* erreicht, ohne sich eingehend mit den Grundsätzen und Methoden der IAS auseinandergesetzt zu haben[1].

## 3. Ziel der Darstellung

5   Ziel der nachfolgenden Darstellungen ist es, dem Leser das zu bieten, was als *Grundausrüstung* für die *«financial literacy»* hinsichtlich der IAS notwendig ist. Aus dieser Zwecksetzung ergibt sich auch die Auswahl unter den heute von 1 bis 40 nummerierten Standards[2]. Nur kurz

---

[1]   Der *«Blue Ribbon Report»* (New York 1999) und die seitherigen Regeln des New York Stock Exchange und der SEC (SEC Release No. 34-42266 vom 31. Januar 2000) sprechen von *«financial literacy»*.

[2]   Es ist für eine umfassende Darstellung zuerst auf die *Gesamtausgabe der IAS 2000* selbst zu verweisen, deren 1235 Seiten die Langeweile mancher Winternächte zu vertreiben vermögen, und so dann vor allem auf die Publikationen

erwähnt werden jene Standards, die sich eher an die Spezialisten der Rechnungslegung und der Wirtschaftsprüfung wenden, und weggelassen werden die Standards für besondere Unternehmensarten (Banken) oder Rechtsträger (Personalvorsorgeeinrichtungen).

## B.  Das Produkt und die Institution

### 1.  Soft Law

Die IAS sind ein klassisches Beispiel von «*soft law*»: *Normsetzung durch Selbstregulierung eines Fachgremiums mit tatsächlicher Drittwirkung.* Das IASC, das Gremium, das die Standards beschliesst, geht auf eine Initiative von nationalen Berufsvereinigungen der *Wirtschaftsprüfer* in den siebziger Jahren zurück (USA, Grossbritannien, Irland, Australien, Kanada, die Niederlande, Japan, Mexiko, Frankreich und Deutschland). Heute sind Träger des IASC alle Mitglieder der International Federation of Accountants («IFAC») aus 104 Ländern. Was die Prüfer ursprünglich unter sich – und nur für sich – abgesprochen hatten, wurde immer mehr zu einer Norm für die internationalen Unternehmen überhaupt, und damit für Dritte. Im Laufe der Zeit wurden daher Vertreter weiterer Kreise in die Ausgestaltung und den Erlass der IAS einbezogen. Mit der immer weiter gehenden Akzeptanz (nur ausserhalb der Vereinigten Staaten freilich) steht das Regelwerk der IAS bereits in der Nähe dessen, was man herkömmlicherweise als «Gewohnheitsrecht» zu bezeichnen pflegte. Was noch fehlt, ist der letzte Schritt zum Gewohnheitsrecht: die Akzeptanz auch in den USA und die allgemeine Überzeugung, dass ein Rechenwerk einer international tätigen Firma geradezu nicht ordnungsmässig wäre, wenn es *nicht* den IAS folgt. Der Schwellenpunkt mindestens aber zur «Usanz» dürfte bald überschritten werden, und der Entscheid der EU-Kommission vom 14. Juni 2000, die IAS bis 2005 verbindlich zu erklären, setzt auf diesem Weg einen Meilenstein.

6

---

der Wirtschaftsprüfer, etwa *Bertschinger/Hallauer* (1999) und die massgeblich von *Daniel Suter* verfasste Checkliste zu den IAS (1998).

## 2. Ziel des IASC

7  *Ziel* des IASC ist es, im öffentlichen Interesse Standards für die Rechnungslegung zu formulieren und zu publizieren, deren weltweite Akzeptanz und Einhaltung zu fördern, sowie im Allgemeinen für die Verbesserung und die Harmonisierung der Regulierung, der Rechnungslegungs-Standards und Verfahren in Bezug auf die Rechnungslegung zu arbeiten.

## 3. Institutionen und Verfahren

### a) Board

8  Das Herz der IASC ist das *«Board»*[3], in dem die Vertreter der Berufsverbände der Wirtschaftsprüfer von bis zu 13 Ländern und bis zu vier Organisationen vertreten sind. Neben den Gründerländern (mit Ausnahme Irlands) sind heute asiatische Länder wie Indien und Malaysia, ferner die nordischen Staaten und Südafrika einbezogen. Dazu kommen drei Organisationen: die *Vereinigung der Schweizerischen Industrie-Holdinggesellschaften*, der *International Council of Investment Associations* («ICIA») und der *International Association of Financial Executives Institutes* («IAFEI»). Als Beobachter nehmen an den Treffen des «Boards» Vertreter der *Europäischen Union*, des *United States Financial Accounting Standards Board* («FASB»), der *International Organisation of Securities Commissions* («IOSCO») und der *Volksrepublik China* teil.

9  Die IASC *verfährt* so, dass für jede Hauptfrage, die zu einem Standard führen soll, ein Steuerungsausschuss («*steering committee*») eingesetzt wird, welcher eine Bestandsaufnahme der international zu dieser Frage angewendeten Regeln und Praktiken vornimmt und einen ersten Entwurf («*point outline*») aufstellt. Dieser wird dem gesamten Board vorgelegt und dort diskutiert. Der Steuerungsausschuss bereitet danach ein «*statement of principles*» vor, das nach der Genehmigung durch das «Board» mit Alternativlösungen und Begründungen den interessierten Parteien zum Kommentar vorgelegt wird. Der Steuerungsausschuss

---

[3]  Vgl. IAS-Ausgabe 2000, 26 ff. Auf 1. Januar 2001 soll eine abgeänderte Struktur mit einem etwas anders zusammengesetzten *«Board»* in Kraft treten.

entwickelt daraus den Diskussionsentwurf («*exposure draft*»), der nach Genehmigung mit einer Zweidrittelsmehrheit im Board veröffentlicht wird und *nochmals* mit einer normalerweise mindestens dreimonatigen Frist zur Einreichung von Kommentaren veröffentlicht wird.

Wenn der Steuerungsausschuss die Kommentare ausgewertet und einen neuen «International Accounting Standard» dem Board vorgelegt hat, kommt es zur *Schlussabstimmung*, wobei für die Annahme eines neuen Standards, zur Sicherstellung der Akzeptanz durch die Praxis, eine Dreiviertelsmehrheit erforderlich ist. 10

### b) Beratende Gruppen

Dem IASC-Board steht eine «*Consultative Group*» bei, die technische Angelegenheiten von IASC-Vorlagen diskutiert, und der eine überaus repräsentative Anzahl von internationalen Vereinigungen angehört (z.B. das Basel Committee on Banking Supervision, die EU durch die Europäische Kommission, die Versicherungsmathematiker durch die International Actuarial Association, die International Chamber of Commerce, die Weltbank und die OECD). 11

Ein «*Advisory Council*» wurde als Beirat im Jahre 1995 ins Leben gerufen, dem «Kluge und Weise» aus der ganzen Welt angehören und der dazu beitragen soll, dass die IAS weltweite Akzeptanz und Glaubwürdigkeit finden. Dem Advisory Council obliegt nicht nur das «*fund raising*», sondern auch eine Art von Unabhängigkeitsgarantie[4]. 12

## C. Auslegung und Weiterentwicklung der IAS

### 1. Die «Verbindlichkeit en bloc» der IAS

In der ersten Hälfte der neunziger Jahre, in der *ersten Zeit der starken Verbreitung der IAS* vor allem in Europa und auch Asien, stellte das 13

---

[4] «The Advisory Council aims to ensure that the independence and objectivity of the Board in making technical decisions on proposed International Accounting Standards are not impaired. The Advisory Council does not participate in, nor seek to influence, those decisions.» IAS-Ausgabe 2000, 15.

«Board» in London (IASC) mit Missvergnügen fest, dass das Regelwerk in seiner damaligen Konfiguration in zwei Hinsichten unbefriedigende Ergebnisse zeitigte. In jener Einführungsphase waren viele Publikumsgesellschaften daran interessiert, den hurtigen Übergang zu IAS anzukündigen, schreckten aber vor den Konsequenzen mancher Regeln zurück – so insbesondere der Pflicht zur Segment-Berichterstattung (Spartenrechnung/Gebietsrechnung) und zu einer umfassenden Offenlegung. Dies konnte auch andere einschneidende Anforderungen betreffen und bis zu einer Art «Rosinenpicken» gehen. Oftmals ging aus den Testaten der Wirtschaftsprüfer nicht klar hervor, welche Standards nun eigentlich eingehalten und welche ganz oder teilweise beiseite geschoben worden waren. Dieser Tendenz tritt das IASC radikal durch die «Alles-oder-Nichts»-Regel von IAS 1 entgegen. Jahresabschlüsse dürfen nur dann als mit IAS übereinstimmend bezeichnet werden, wenn sie alle Anforderungen aller anwendbaren Standards und Auslegungsbeschlüsse erfüllen[5].

## 2. Durchsetzung der Rechnungslegungsregeln durch die Schweizer Börse

14  Die Schweizer Börse hat 1999 durch eine Änderung des Kotierungsreglementes[6] ein System zur *Durchsetzung* der vom Unternehmen nach Art. 64 ff. desselben Reglementes angewendeten Rechnungslegungsvorschriften eingeführt. Die Börsenorgane prüfen hinsichtlich der kotierten Gesellschaften insbesondere folgende Punkte im Bereich der Rechnungslegung:

(i)  die *Testate* der Abschlussprüfer;

(ii) die fristgerechte Einreichung der *Zwischenberichte*;

(iii) *Registrierung* der Revisionsorgane (Wirtschaftsprüfer).

15  Es ist Aufgabe des Durchsetzungsorganes, dafür zu sorgen, dass die für das kotierte Unternehmen massgeblichen Rechnungslegungsvor-

---

[5]  IAS 1 (Fassung von 1997), para. 11 (Satz 2).

[6]  Das Kotierungsreglement ist im Jahre 1996 vollständig revidiert worden und hat heute zufolge der Genehmigung durch die Eidgenössische Bankenkommission gestützt auf Art. 4 Abs. 2 BEHG 1995 für die kotierten Gesellschaften *indirekt verbindliche Wirkung*.

schriften (praktisch meistens «*FER*», «*IAS*» oder «*US GAAP*») *wirklich eingehalten* werden. Die Börse will damit einen Beitrag zur Verbesserung der Transparenz und Vergleichbarkeit kotierter Unternehmen leisten. Vorläufig erfasst die Prüfung nur Emittenten, die ihren Sitz in der Schweiz haben und deren Beteiligungsrechte an der Schweizer Börse (SWX) kotiert sind, sowie auch Emittenten, welche die Schweizer Börse als Heimatbörse benützen (nämlich jene Emittenten mit Sitz im Ausland, deren Beteiligungsrechte nur oder primär an der Schweizer Börse kotiert sind).

Die Börse führte damit auch die Verpflichtung für die Emittenten ein, gemäss Art. 71a des Kotierungsreglementes nur noch bei der Zulassungsstelle der Schweizer Börse *registrierte* Revisionsorgane (Wirtschaftsprüfer) zu wählen. 16

Mit ihrer *stichprobenweisen Überprüfung* will die Börse ihr Augenmerk auf jene Unternehmen richten, die erstmals Jahresabschlüsse nach der Kotierung einreichen, sowie auf jene, die bei der Börse im «Problemkörbchen» erfasst werden, weil der Vorjahres-Geschäftsbericht mangelhaft war oder sie Gegenstand fachlich begründeter Beschwerden waren oder von Anlegern kritisiert wurden. Es geht also um eine «Stichprobe bei schwarzen oder grauen Schafen»[7]. Schwierige Fälle legt die Schweizer Börse einer Expertengruppe, die von der Zulassungsstelle ernannt wird, vor. 17

## 3. Auslegungsbeschlüsse des Standing Interpretations Committee (SIC)

### a) Klärung und Lückenfüllung als Ziel

Die weitere Initiative des IASC bestand in der Einführung des «*Standing Interpretations Committee*» («*SIC*») im Jahre 1997. IASC hatte festgestellt, dass trotz aller Bemühungen um eine hohe Regelungsdichte, wie sie für angelsächsische Regelwerke typisch ist, bei der prakti- 18

---

[7] Entsprechend dem Durchsetzungszweck wird den betroffenen Emittenten in kritischen Fällen das Recht zum *rechtlichen Gehör*, d.h. zur Stellungnahme, eingeräumt, und es wird – mit dessen Einverständnis – das *Revisionsorgan* (d.h. der Wirtschaftsprüfer) zur Auskunftserteilung eingeladen.

schen Anwendung erstaunlich viele Streitfragen aufgetreten waren[8]. Die Auslegungsbeschlüsse des SIC sollten die strikte Anwendung und die weltweite Vergleichbarkeit von Jahresrechnungen, die in Anwendung der IAS erstellt werden, erhöhen; sie haben innerhalb des vom IASC geschaffenen «*soft law*» die gleiche bindende Wirkung wie die einzelnen Standards selbst[9]. Dementsprechend verbietet es IASC jeder Gesellschaft ausdrücklich, den erstellten Abschluss als IAS-konform zu bezeichnen, wenn er nicht sämtliche Anforderungen *auch jedes einzelnen Auslegungsbeschlusses* des Standing Interpretations Committee erfüllt.

19  Der ständige Ausschuss («*SIC*») behandelt möglichst zeitnah Fragen der Auslegung von bestehenden Standards, wenn auseinandergehende oder unannehmbare Praxen festgestellt wurden und die erkannten Zweifelsfragen für eine grössere Zahl von Unternehmungen von weitreichender Bedeutung sind. Praktisch geht es – wiederum in Selbstregulierung – um eine Art «*authentischer Interpretation*» und Weiterentwicklung durch Lückenfüllung. Der Auslegungsausschuss SIC hat sich zum Ziel gesetzt, dort allgemein anwendbare Richtlinien zu bieten, wo die bestehenden Standards «unklar sind oder schweigen»[10], nicht aber in Einzelfällen tätig zu werden.

20  Eine hohe *Akzeptanz der Auslegungsentscheide* wird dadurch sichergestellt, dass eine offizielle Auslegung nur dann dem Board zur Beschlussfassung vorgelegt wird, wenn nicht mehr als drei der stimmberechtigten Mitglieder des SIC gegen die vorgeschlagene Auslegung gestimmt haben. Auch hier wird eine Vorabveröffentlichung mit der Möglichkeit von Kommentierung vorgesehen. Der endgültige Beschluss über die offizielle Auslegung bedarf wiederum einer Dreiviertelsmehrheit des Boards.

### b)   Erste Phase der Auslegungstätigkeit

21  Das Standing Interpretations Committee hat schon in den ersten beiden Jahren 16 Auslegungsbeschlüsse erlassen. Einige Auslegungsbeschlüs-

---

[8]  «Potentially contentious accounting issues».
[9]  IAS 1 (Fassung von 1997), para. 11 und SIC Interpretations, Preface (Fassung von 2000) 1119, para. 2.
[10] SIC, Standing Interpretations Committee, Preface (Fassung von 2000) 1120, para. 6 (Satz 1).

se der ersten Jahre beziehen sich auf ausgesprochen technische Materien, mit denen die Zielgruppe der vorliegenden Darstellung – Verwaltungsratsmitglieder oder Kandidaten für den Verwaltungsrat einer Publikumsgesellschaft oder einer «grösseren mittleren Gesellschaft» und andere Nichtspezialisten – sich kaum auseinanderzusetzen hat. In dieser Publikation wird immer gerade am Schluss eines Standards auf jene Auslegungsbeschlüsse näher eingegangen, die für die «financial literacy» bedeutungsvoll sind.

## 4. «IOSCO»: Annäherung an US GAAP

Ein wichtiges Ziel des IASC besteht darin, eine allgemeine Akzeptanz der IAS an allen Börsen der Welt zu erreichen. Es hat deshalb mit der *International Organisation of Securities Commissions* (*«IOSCO»*) eine Vereinbarung getroffen, dass diese Organisation die IAS als weltweite Standards anerkennt, wenn die Qualität der Standards durch eine Ausweitung und Verschärfung des Regelwerkes, sowie durch eine Annäherung der Konzepte an die amerikanischen Usanzen erhöht wird. Gleichzeitig hofft das IASC auch, dadurch die amerikanische *Securities and Exchange Commission* (*«SEC»*) dazu zu bringen, dass sie die IAS als äquivalent neben den US GAAP akzeptiert. Angesichts der amerikanischen Dominanz sind die Aussichten gering, dass dieses Ziel in absehbarer Zeit erreicht wird. Die SEC hält an den US GAAP fest und entwickelt diese autonom weiter, während die EU-Kommission entschlossen auf IAS setzt.

22

## 5. Weiterentwicklung

Jedenfalls hat das IASC seit 1993 in rascher Folge die früheren Standards revidiert und eine grosse Anzahl von neuen Problemfeldern durch zusätzliche Standards abgedeckt, so zum Beispiel IAS 33 über «Gewinn pro Aktie» (1997), IAS 34 über die «Zwischenberichterstattung» (1998), IAS 35 über «Betriebseinstellungen» (1998), IAS 36 über die «Wertbeeinträchtigungen» (1998), IAS 37 über «Rückstellungen, Eventualverbindlichkeiten und Eventualguthaben» (1998), IAS 38 über «Immaterielle Güter» (1998) und schliesslich IAS 39 über «Finanzinstrumente, Erfassung und Bemessung» (1998) sowie IAS 40 über

23

«*investment properties*» (Immobiliaranlagen zu Renditezwecken, 2000).

24　Was heute insbesondere noch in Vorbereitung ist, sind neue Standards für die Unternehmenszusammenschlüsse (es geht in erster Linie um die Infragestellung der «*pooling of interests method*», der Methode der Interessenvereinigung), für die Abzinsung («*discounting*»), und auch ein neuer, umfassender Standard für alle Finanzinstrumente. Der heutige IAS 39 soll nur ein Übergangsstandard sein und von einem Standard abgelöst werden, der für *alle* Finanzinstrumente auf «Fair Values» abstellt. Ferner arbeitet das IASC an Vorschriften für die Rechnungslegung in *Entwicklungsländern* und in abbauenden Industrien («*extractive industries*»), für die Landwirtschaft («*agriculture*») sowie an einem Standard für die Rechnungslegung der *Versicherungen*.

## D.　Würdigung der IAS

### 1.　Stärken der IAS

#### a)　Weltweite Akzeptanz und Annäherung US GAAP/IAS

25　Die grosse Stärke der IAS liegt in ihrer sich rasch ausbreitenden weltweiten *Akzeptanz*. Die Schweizer Publikumsgesellschaften gehörten international zu den ersten, die schon seit der zweiten Hälfte der achtziger Jahre ihre Konzernrechnungslegung auf IAS umstellten. Da demgegenüber die EU-Staaten – in erster Linie Deutschland – bereits zu jener Zeit im Bereich der Konzernrechnungslegung über eine eigene Tradition und feingliedrige Regelungen auf Gesetzesebene verfügten, waren sie für die IAS etwas weniger empfänglich, doch weitet sich die Anwendung der IAS auch dort aus. In den USA bestehen mit den «*US GAAP*» («*United States Generally Accepted Accounting Principles*» des dortigen FASB[11]) Regelwerke, die noch detaillierter und in gewissen Beziehungen strenger, aber auch wesentlich unübersichtlicher sind als die IAS[12]. Alle Untersuchungen zeigen, dass die IAS sich den US GAAP auf weite Strecken angenähert haben und heute mit ihnen im

---

[11]　«Financial Accounting Standards Board».
[12]　Dazu *Meyer/Spreiter* (1999) 509 ff.

Wesentlichen übereinstimmen. Bis 1999 beschränkte sich die Bereitschaft der Amerikaner, die IAS als mit US GAAP gleichwertig zu anerkennen, indessen auf Lippenbekenntnisse. Erst im Februar 2000 schien die Securities und Exchange Commission (SEC) ihre Haltung zu ändern und die IAS als Standards ausländischer Unternehmen für eine Börsennotierung in USA ernstlich in Betracht zu ziehen; im Mai 2000 beschloss die IOSCO, grundsätzlich weltweit die Anwendung der IAS für börsenkotierte Unternehmen zu empfehlen. Wegen der jahrelangen Ablehnung der IAS in den Vereinigten Staaten haben sich indessen nicht wenige europäische Grossunternehmen im Hinblick auf eine dortige Kotierung zur Anwendung der US GAAP entschlossen[13]. Daraus entsteht neuestens den IAS wieder eine gewisse «Konkurrenz»[14], doch zeigt ein Blick auf einen Jahresabschluss einer Schweizer Unternehmung nach US GAAP, dass die Unterschiede gar nicht so gross sind. Die Methodik und sogar die meisten Einzelheiten stimmen überein.

Für alle nicht in den USA kotierten grösseren Unternehmen in *Europa* gibt es heute kaum eine Alternative zu den IAS; insbesondere sind die Regelungen der EU-Konsolidierungsrichtlinie von 1983[15] durch die IAS inhaltlich und methodisch auf weite Strecken überholt. Bereits hat die Brüsseler Kommission grundsätzlich beschlossen, bis 2005 auf IAS umzustellen[16].

26

### b) Hohe inhaltliche Überzeugungskraft

Die zweite Stärke der IAS liegt in ihrer *Regelungsdichte* bei hoher *inhaltlicher Qualität und Kohärenz*. Dieses Regelwerk bietet nun wirklich für die meisten praktisch überhaupt auftauchenden Fragen der Rechnungslegung eine klare, gedanklich nachvollziehbare Antwort und ist auch methodisch auf einem hohen Stand. IAS bietet in diesem Sinne durchaus Gewähr für eine «*true and fair view*» (den tatsächlichen Verhältnissen entsprechende Darstellung)[16a] und vor allem für eine verbes-

27

---

13   Zuerst in Europa offenbar die Daimler-Benz AG (jetzt DaimlerChrysler).
14   Dies könnte sich wieder ändern, wenn die SEC wirklich die IAS als gleichwertig anerkennen und für ausländische Unternehmen bei der Kotierung in USA ohne «*Reconciliation*» mit US GAAP zulassen sollte.
15   *7. Richtlinie* vom 13. Juni 1983 über den konsolidierten Abschluss.
16   So sah es übrigens schon *Klaus Piltz* (1990) 288 ff.
16a  Zur Abgrenzung gegen «*fair presentation*» *Cotting/Boemle* (2000) 788 ff.

serte Vergleichbarkeit, was gegenüber dem früheren Stand der Dinge in der Schweiz ein geradezu epochaler Fortschritt ist.

## 2. Schwächen der IAS

28 Nachteile kann man aus Schweizer Sicht in drei Aspekten der IAS erblicken:

### a) Methodisch für den Nichtspezialisten ein Buch mit sieben Siegeln

29 Eine Hürde für Viele liegt ohne Zweifel in der vom Scheitel bis zur Sohle durchgehend *angelsächsischen Methodik*, mit unzähligen konkreten Einzelanweisungen, schwierigen Kategorisierungen und fein ziselierten Ausnahmen. Dabei ist, seitdem das IASC eine Annäherung an die US GAAP anstrebt, eine Tendenz zu immer komplexeren Regelungen – mit immer mehr «erzählendem» Umschreibungstext auf Dutzenden von Seiten – festzustellen. Man kann sich eine grössere Diskrepanz kaum vorstellen als jene zwischen den knappen Normen des Rechnungslegungsrechtes in der Fassung des Obligationenrechtes von 1991[17] und dem in der Ausgabe 2000 (mit Glossar, Inhaltsverzeichnis und Auslegungsentscheiden des SIC) auf 1235 Seiten ausgebreiteten Text der IAS.

30 Die *intellektuelle Auflösungsschärfe* einerseits und die schiere *Breite* der abgedeckten Probleme anderseits sind in den IAS unvergleichlich grösser als im minimalen Schweizer Rechnungslegungsrecht. Dabei wird aber offensichtlich, dass die angelsächsische Methodik und Darstellungsweise elitär und exklusiv ist: sie muss vor allem für jene Personen, die sich weniger häufig in dieser ganz besonderen Geisteswelt bewegen, ein Buch mit sieben Siegeln bleiben. Dazu kommt das *Sprachproblem*: Zwar gibt es jetzt je offizielle Übersetzungen der IAS auf Deutsch und Französisch[18] sowie synoptische Darstellungen der nationalen Rechnungslegung im Vergleich zur IAS[19], doch ist und bleibt

---

[17] Art. 662 ff. OR 1991 in Verbindung mit Art. 957 ff. OR 1936.
[18] IAS (deutsche Ausgabe), Stuttgart 1999.
[19] Z.B. *Baetge et al.* (1997) 1449 ff.

Englisch ganz klar die Denk- und Leitsprache der IAS, und zwar als komplexe Fachsprache (das Glossar allein umfasst 39 Druckseiten).

Die Regeln sind auch in den Übersetzungen nur jenen ohne weiteres *verständlich*, die sich beruflich intensiv mit der Rechnungslegung befassen. Insoweit bewegen sich die IAS genau auf dem Gegenkurs zu dem, was *Eugen Huber* seinerzeit mit dem möglichst einprägsam und einfach formulierten ZGB für die Schweizer Gesetzeskultur angestrebt hatte: *Was wir vor uns haben, ist ein Regelwerk für Eingeweihte.* Schon rein didaktisch ergeben sich daraus Probleme. Zum Beispiel ist es am Schluss für den Nichtspezialisten anspruchsvoll, die acht oder sogar neun Arten von massgeblichen Werten nach IAS zu erfassen[20], oder den Unterschied zwischen Abschreibung («*depreciation*»), Wertberichtigung («*write-down*»), Amortisierung («*amortisation*») und Wertbeeinträchtigung («*impairment*») zu verstehen. Viele IAS-Begriffe sind nur schwer mit eingebürgerten Begriffen der Schweizer Praxis zu vergleichen.

### b) Unablässig voranschreitende Änderungen und Differenzierungen

Der zweite Nachteil der IAS, aus der Sicht des Benützers jedenfalls, liegt in ihren *unablässig fortschreitenden Änderungen* und *Differenzierungen*. Es gibt praktisch niemanden, der diese Regulatoren reguliert – viele ihrer technischen Entscheidungen haben jedoch direkte und weitreichende wirtschaftliche Auswirkungen, so z.B. die Einschränkung des «*pooling of interests*» bei Unternehmenszusammenschlüssen[21] oder die Tendenz zur *Einschränkung der Rückstellungen*[22]. Allein in den fünf Jahren zwischen 1994 und 1999 ist die Gesamtausgabe der IAS von ca. 500 Seiten auf ca. 1200 Seiten angewachsen. Die stetig in feinere Auffächerungen ausmündenden Regeln machen es den Unternehmen schwer, sich fachlich auf der Höhe der IAS zu halten, wobei die IAS ausdrücklich verbieten, die Standards anders als in ihrer Gesamtheit und lückenlos anzuwenden. Während die Rahmenbestimmungen («*framework*») der IAS zunächst einsichtige, auf allgemeine Anwendbarkeit ausgerichtete Grundsätze enthalten, gehen die Differenzie-

---

[20] Hiernach Abschnitt II/6, Rz 77 ff.
[21] IAS 22, para. 13 ff.
[22] Vgl. IAS 37 para. 10 bis 14.

rungen in den Standards heute so weit, dass es schwierig ist, ohne weiteres verständliche Leitprinzipien (wie das frühere «Imparitätsprinzip», das «Realisationsprinzip» oder das «Zuschreibungsverbot») zu erkennen. Im Gegenteil laufen die geltenden Standards mehr und mehr darauf hinaus, dass für jeden einzelnen Ausweis in den Rechenwerken eigene Regeln gelten. Die kasuistische Methodik der Angelsachsen hat insoweit in der Rechnungslegung den Sieg davongetragen.

### c) Probleme für die kleineren Unternehmen

33 Der dritte Nachteil der IAS liegt darin, dass dieses Regelwerk für *kleinere Unternehmen* nicht ohne weiteres geeignet ist. Dazu ist es schlicht zu kompliziert und in der offiziellen Darstellung auch zu unübersichtlich. Die Auffächerung in Dutzende von je für einen Sachgegenstand optimalen *Einzelregeln* mag die Spezialisten noch und noch faszinieren, aber einem Inhaber eines kleineren und oft auch mittleren Unternehmens ist dieses Geflecht von Normen, Unterteilungen und Ausnahmen nur schwer zu vermitteln. Daher droht ein *Schisma*: Für die KMU gelten nicht etwa vereinfachte Regeln desselben Systems, da die IAS sich in diesem Sinne gar nicht vereinfachen lassen, sondern ein *anderes System*, nämlich das herkömmliche Rechnungslegungsrecht des OR oder im besten Fall die *FER*, die inhaltlich überzeugenden und relativ einfachen Rechnungslegungsstandards der Schweizer Fachempfehlungen zur Rechnungslegung[23]. Ob die seit 1996 laufenden Bemühungen um ein neues Schweizer Rechnungslegungsrecht[24] in absehbarer Zeit zu einem neuen Bundesgesetz führen werden, steht heute noch offen.

## 3. Würdigung

34 Insgesamt ist festzustellen, dass die IAS heute in Europa und Asien, teilweise auch Südamerika, das einzige voll durchgearbeitete und um-

---

[23] Die *«Fachempfehlungen zur Rechnungslegung»* oder *«FER»* werden seit 1984 von einer den Wirtschaftsprüfern nahe stehenden Kommission unter der Schirmherrschaft einer Stiftung erarbeitet.

[24] Vorentwurf und Begleitbericht der *«Expertenkommission Rechnungslegung»*, Kommission *Mengiardi*, Bern 1998 («VE-RRG»).

fassend akzeptierte Regelungswerk sind, das den rechnungslegenden Unternehmen eine *klare Leitlinie* und den Investoren Gewähr für *vergleichbare finanzielle Darstellungen* bietet. Die IAS haben mindestens in Europa und Asien in der Rechnungslegung zu einem Quantensprung geführt und vor allem die Vergleichbarkeit wesentlich erhöht; sie haben, zuerst und vor allem bei den Unternehmensleitungen selbst, eine Bewusstseinserhellung bewirkt. In der Rechnungslegung der Schweiz jedenfalls gibt es ganz schlicht zwei Epochen: eine vor und eine nach IAS.

## II. Die Rahmenbestimmungen («Framework»)

35 Die *Rahmenbestimmungen* legen die Adressaten, die Ziele, die methodischen Annahmen und die qualitativen Anforderungen an die Rechnungslegung fest.

### 1. Das kognitive Ziel und die Adressaten

36 Getreu der angelsächsischen Doktrin dient die Rechnungslegung nicht in erster Linie dem *Gläubigerschutz*. Sie dient aber noch weniger der in Kontinentaleuropa seit dem 19. Jahrhundert im Gesetz festgeschriebenen Kapitalerhaltung durch eine «mechanistische» Methode der Verhinderung von ungerechtfertigten Eigenkapitalentnahmen seitens der Aktionäre und anderer Anteilseigner[25]. Auch der Mechanismus der Auslösung einer Pflicht zur Bilanzhinterlegung beim Richter zufolge einer bilanzmässig festgestellten Überschuldung[26] ist der angelsächsisch bestimmten Gedankenwelt der IAS weitgehend fremd. IAS-geprägte Rechnungslegung dient vielmehr *kognitiven Zwecken*, indem sich der Abschluss als Informationsbasis an eine ganze Reihe von *Betroffenen* wendet. Das Rechenwerk soll die Informationsbedürfnisse breiter Adressatengruppen hinsichtlich der finanziellen Lage eines Unternehmens befriedigen. Zu diesen Anspruchsgruppen gehören

- die *potenziellen Anleger* allgemein, als Risikokapitalgeber, mit der prägnanten Formel: «*information to help them determine whether they should buy, hold or sell*»[27];
- die bereits Beteiligten, nämlich die *Aktionäre*;
- die *Arbeitnehmer*, die an der Stabilität und wirtschaftlichen Kraft ihres Arbeitgebers interessiert sind;
- die *Kreditgeber*, die sich darum sorgen, ob Kapital und Zinsen regelmässig bezahlt werden;

---

[25] Vgl. *Forstmoser/Meier-Hayoz/Nobel* (1996) § 39 N. 11 ff.; *Peter Böckli* (1996) Rz 40a, 794 ff. und 1412 ff.
[26] Art. 725 OR 1991.
[27] IAS-Ausgabe 2000, Rahmenbestimmungen, para. 9.

- die *Lieferanten* und alle andern Vertragspartner;
- die *Kunden* und allgemein die *Abnehmer*, vor allem, wenn sie mit dem Unternehmen langfristige Beziehungen pflegen oder von ihm wirtschaftlich abhängig sind;
- die *Behörden*[28], und zwar jene Stellen der öffentlichen Hand, die Statistiken führen, Ressourcen zuteilen, die Tätigkeit der Unternehmen regulieren und Steuern erheben;
- die *Öffentlichkeit*, und schliesslich
- die *Unternehmensleitung* selbst, welche die Hauptverantwortung für die Aufbereitung und Offenlegung der Rechnungslegung trägt[29], aber gleichzeitig einer ihrer wichtigsten Adressaten ist.

## 2. Ziel der Rechnungslegung nach IAS

*Ziel der Rechnungslegung* nach IAS ist es, Informationen zu liefern über die finanzielle Lage, die Ertragskraft und die Änderungen in der finanziellen Lage sowie aufzuzeigen, welche Ergebnisse die Unternehmensleitung erzielt hat und wie sie mit den ihr anvertrauten Mitteln umgegangen ist[30]. 37

Damit betten die IAS die Rechnungslegung in zwei *Entscheidungsprozesse* ein: 38
- den Entscheid der Aktionäre als *Investoren* über die Beibehaltung oder Beendigung ihrer Vermögensanlage, und
- den Entscheid der Aktionäre als *Stimmberechtigte* über die Weiterführung oder die Ersetzung der Unternehmensleitung[31].

*Die ganze Rechnungslegung wird nach IAS streng betriebswirtschaftlich verstanden.* Sie dient als Informationsbasis für Entscheidungen; der 39

---

[28] «Governments and their agencies».
[29] IAS-Ausgabe 2000, Rahmenbestimmungen, para. 11.
[30] Diese letzte Formulierung enthält den Kern der auf die grossen Werke der dreissiger Jahre zurückgehenden «*Agency*»-Theorie, mit dem Verständnis des Board of Directors auch als eines «*trustee*»-ähnlichen Gremiums, das die ihm von den Aktionären anvertrauten Mittel verwaltet. Hier knüpft die *Corporate Governance*-Theorie an, vgl. Peter Böckli (2000) 133 ff.
[31] IAS-Ausgabe 2000, Rahmenbestimmungen, para. 12 und 14.

International Accounting Standards (IAS)

Kern liegt in der von der Rechnungslegung gebotenen Aussage über die Fähigkeit des Unternehmens, Bargeld oder bargeldähnliche Werte zu schöpfen, sowie über den zeitlichen Aspekt und den Grad der Gewissheit der Wertschöpfung[32]. Die Kraft des Unternehmens zur Wertschöpfung bestimmt letztlich die ganze Einbettung des Unternehmens in das soziale Gefüge – nämlich seine Fähigkeit, Arbeitnehmer und Lieferanten zu zahlen, den Kreditgebern Zinsen zu entrichten und Kapital zurückzuzahlen und schliesslich den Anteilseignern Ausschüttungen zukommen zu lassen.

40 Der Erkenntnis der finanziellen Lage dient die Bilanz («*balance sheet*»), der Einschätzung der Ertragskraft die Erfolgsrechnung («*income statement*») und der Erkenntnis von Veränderungen in der finanziellen Lage dienen zwei zusätzliche Aufstellungen, nämlich jene über die Veränderungen des Eigenkapitals («*statement on changes in equity*») und die Geldflussrechnung («*cash flow statement*»).

## 3. Methodische Grundannahmen

41 Die ganzen IAS stehen unter zwei methodischen Grundannahmen:

42 – «*accrual basis*»[33] oder *periodengerechter* Ausweis[34], d.h. Buchung aller rechnungswirksamen Vorgänge im Augenblick des Ereignisses und nicht im Augenblick der Zahlung;

43 – «*going concern*»[35]: Wenn nicht aussergewöhnliche Umstände auf die Betriebseinstellung bzw. Liquidation schliessen lassen, werden alle Aussagen der Rechnungslegung unter der Annahme gemacht, dass das Unternehmen in der absehbaren Zukunft fortgeführt wird[36].

---

[32] IAS-Ausgabe 2000, Rahmenbestimmungen, para. 15.
[33] Es gibt keinen knappen deutschen Ausdruck, welcher der «*accrual basis*» entspricht. Man spricht etwa von «*periodengerechter Gewinnermittlung*» oder, volkstümlicher, von «*Aufwand/Ertrags-Verbuchung, nicht Ausgaben/Einnahmen-Verbuchung*». Das Prinzip ist in Art. 663 OR 1991 («*Erträge und Aufwendungen*») sowie in Art. 663a Abs. 4 («*Rechnungsabgrenzungsposten*») implizit enthalten.
[34] IAS-Ausgabe 2000, Rahmenbestimmungen, para. 22.
[35] *Fortführungsgrundsatz*, Art. 662a Abs. 2 Ziff. 4 OR 1991.
[36] IAS-Ausgabe 2000, Rahmenbestimmungen, para. 23.

## 4. Qualitative Anforderungen an die Rechnungslegung

Was im schweizerischen Obligationenrecht zusammenfassend als «*ordnungsmässige Rechnungslegung*» erscheint[37], ist in den IAS aufgefächert in eine Grosszahl von qualitativen Anforderungen.

44

### a) Ein den tatsächlichen Verhältnissen entsprechendes Bild («true and fair view»)

Die oberste Anforderung der IAS an die Rechnungslegung ist im Grundsatz «*true and fair view*» enthalten. Die Rechnungslegung muss ein getreues, d.h. den tatsächlichen Verhältnissen entsprechendes Bild der finanziellen Lage, der Ertragskraft und der Änderungen in der Finanzlage des Unternehmens bieten[38]. Dieses Ziel wird erreicht, wenn die Gesamtheit der Anforderungen der Rahmenbestimmungen und der IAS-Regeln eingehalten werden. Die «*true and fair view*» (oder «*fair presentation*») ist dabei weniger eine konkret auslegungsfähige Norm als ein Ziel, ein Fixpunkt aller Bemühungen der Rechnungslegung nach IAS[39].

45

### b) Hauptgrundsätze

Die Grundsätze der ordnungsmässigen Rechnungslegung sind die folgenden, wobei die IAS selbst die ersten vier als die wichtigsten erklären:

46

*(1) Verständlichkeit*

Das IASC beharrt zu allererst auf der «leichten Verständlichkeit für die Benutzer», obgleich jeder, der die heute existierenden IAS-Standards studiert hat, dies als frommen Wunsch ansehen muss. Ein Vorbehalt er-

47

---

[37] Vgl. Art. 662a OR 1991, dazu *Peter Böckli* (1996) Kapitel 6, Rz 813 ff.
[38] IAS-Ausgabe 2000, Rahmenbestimmungen, para. 46.
[39] Art. 662a Abs. 1 OR 1991 seinerseits verlangt, die Jahresrechnung müsse so aufgestellt werden, «*dass die Vermögens- und Ertragslage der Gesellschaft möglichst zuverlässig beurteilt werden kann*». Freilich wird dieser Grundsatz durch die vom Parlament 1991 noch letztmals durchgelassene Erlaubnis zur Bildung von willkürlichen stillen Reserven (Art. 669 Abs. 3) seiner Kraft teilweise – aber nicht vollständig – beraubt.

## International Accounting Standards (IAS)

gibt sich schon dadurch, dass das nach IAS aufgestellte Rechenwerk nur für jene verständlich ist, die eine hinreichende Kenntnis von Geschäfts- und Wirtschaftsaktivitäten und von der Rechnungslegung mitbringen und gewillt sind, die gebotenen Informationen sehr eingehend – IASC spricht von «*reasonable diligence*» – zu studieren[40].

*(2) Erheblichkeit*

48 Die einzelne Information muss für die Entscheidfindung der Benützer *erheblich* sein, d.h. ihnen bei der Bewertung von vergangenen, gegenwärtigen oder zukünftigen Ereignissen und bei der Verifizierung von früheren Bewertungen hilfreich sein[41].

*(3) Verlässlichkeit*

49 Nach IAS ist eine Information nur dann verlässlich, wenn sie frei ist von wesentlichen Fehlern und Vorurteilen («*bias*») und vor allem nicht potentiell irreführend ist[42]. Während die erste verlangte Eigenschaft sich allein auf die geistige Leistung des Erstellers des Rechenwerks bezieht, verlangt die zweite eine interaktive Leistung: der Ersteller des Jahresabschlusses muss sich stetsfort in die Lage des späteren Benutzers versetzen und Verallgemeinerungen, Unschärfen, missverständliche Ausdrucksweisen und Auslassungen im Hinblick auf dadurch möglicherweise ausgelöste falsche Schlüsse erkennen und durch so als nötig erkannte Präsizierungen die richtige Schlussfolgerung erleichtern.

*(4) Vergleichbarkeit*

50 Die *Vergleichbarkeit* («*comparability*»)[43] ist eine Anforderung, an die man früher in der Schweiz kaum dachte, die aber in angelsächsischer Sicht von grosser Wichtigkeit ist. Es geht um die Möglichkeit für den Benützer, einerseits die Rechnungslegung des Unternehmens im Lauf der Zeit konsequent auf Veränderungen hin zu verfolgen und anderseits den Abschluss mit demjenigen anderer Unternehmen zu vergleichen. Man kann in diesem Sinne von «innerer» und «äusserer» Vergleichbarkeit sprechen. Strebt man Vergleichbarkeit an, so führt dies sofort

---

[40] IAS-Ausgabe 2000, Rahmenbestimmungen, para. 25 («*Understandability*»).
[41] IAS-Ausgabe 2000, Rahmenbestimmungen, para. 26 ff. («*Relevance*»).
[42] «*Potentially misleading*», IAS-Ausgabe 2000, Rahmenbestimmungen, para. 31 ff. («*Reliability*»).
[43] IAS-Ausgabe 2000, Rahmenbestimmungen, para. 33 ff. («*Comparability*»).

auch zum Erfordernis der *Stetigkeit* («*consistency*»)[44] in der Darstellung und zum Grundsatz der *Offenlegung der Methodik*: Die angewandten Prinzipien der Rechnungslegung sind umfassend darzulegen. Eines der vorrangigen Ziele der IAS liegt in einer Erhöhung der Vergleichbarkeit der Abschlüsse im *internationalen* Verhältnis[45].

*(5)   Wesentlichkeit*

Der Grundsatz der Wesentlichkeit («*materiality*») ist heute anerkannt[46]. Nach IAS können gewisse Informationen aus ihrer Natur heraus, unbekümmert um die Quantität, wesentlich sein, andere aber sind ohne weiteres als unwesentlich anzusehen, solange sie eine bestimmte Mindestgrösse nicht erreichen. Der Test wird – getreu dem IAS-Gedankengut – darin gesehen, ob die Weglassung oder die Vergröberung der Darstellung die wirtschaftlichen Entscheidungen der Benützer beeinflusst[47].

51

*(6)   Getreue Wiedergabe*

Die «*faithful representation*» entspricht mehr oder weniger dem, was in unserer traditionellen Buchführung mit dem Gebot der «Bilanzwahrheit» angestrebt worden ist[48].

52

*(7)   Wirtschaftliche Betrachtungsweise*

Dieser Grundsatz erscheint als «*substance over form*». Er entspricht mit der Formel «*economic reality and not merely their legal form*»[49] ziemlich genau dem, was zuerst im Steuerrecht[50] und später im Rechnungslegungsrecht[51] unter dem Begriff der *wirtschaftlichen Betrachtungsweise* herausgearbeitet worden ist. Es geht dabei in den meisten Fällen

53

---

[44] Vgl. Art. 662a Abs. 2 Ziff. 5 OR 1991.
[45] IAS-Ausgabe 2000, Vorwort, para. 9.
[46] Art. 662a Abs. 2 Ziff. 2 OR 1991.
[47] IAS-Ausgabe 2000, Rahmenbestimmungen, para. 30.
[48] Art. 959 OR 1936.
[49] IAS-Ausgabe 2000, Rahmenbestimmungen, para. 35.
[50] Grundlegend *Enno Becker*, der in einer Publikation in Deutschland des Jahres 1919 von einem «*Rechtskniff*» der Steuerpflichtigen sprach, mit der «*Absicht, die Steuer zu umgehen*», zit. nach *Peter Böckli*, in: Festschrift Francis Cagianut, Höhn/Vallender, Hrsg., Bern 1990, 289; die Rezeption in der Schweiz wurde vermittelt durch *Ernst Blumenstein*, Gegenseitige Beziehungen zwischen Zivilrecht und Steuerrecht, ZSR 52 (1933) 223a ff. und 360a ff.
[51] Vgl. *Peter Böckli* (1996) Kapitel 6, Rz 861a/b mit Hinweisen.

entgegen dem, was Betriebswirte erklären, gar nicht um einen simplen Vorrang der wirtschaftlichen Dinge gegenüber den rechtlichen, sondern darum, dass die Wirtschaftspartner in der Verfolgung ihrer Ziele ein *kombiniertes Rechtsgeschäft* in die Welt setzen, von dem je ein einziges Element (z.B. «Eigentum») für sich allein genommen ein falsches Bild schafft. Das klassische Beispiel ist das *treuhänderische Eigentum*, wo das dingliche Recht des Eigentums für sich allein die Rechtslage nicht richtig wiedergibt, weil auf der ebenso eindeutig «rechtlichen» Ebene des Vertrags gegenläufig dem Eigentümer praktisch alle eigentumstypischen Befugnisse wieder weggenommen werden (er darf weder nach seinem Willen verfügen noch nutzen). Das Vertragselement im kombinierten Rechtsgeschäft führt dazu, dass umgekehrt dem Treugeber, der dadurch zum «wirtschaftlich Berechtigten» wird, der Genuss sowohl des Verfügungs- wie des Nutzungsrechts auf Dauer und auch mittelbar durchsetzbar eingeräumt wird. «Wirtschaftliche» Betrachtungsweise ist also nichts anderes als eine Methodik, welche von der früher vorherrschenden Konzentration auf ein einziges rechtliches Teilelement abgeht und die *wirtschaftsrechtliche Gestaltung gesamtheitlich* würdigt[52].

*(8)   Neutralität*

54   Der Grundsatz der «*neutrality*»[53] steht nahe bei der *Verlässlichkeit* und wird verstanden als Freiheit von Voreingenommenheit[54]. Die Rechnungslegung darf nicht manipulativ sein, sie darf nicht darauf angelegt sein, den Benützer in eine vorbestimmte Richtung zu lenken.

*(9)   Vorsicht*

55   Die «*prudence*»[55] – fürwahr eine Kardinaltugend jedes Rechnungslegers[56] – erscheint auch in den IAS, wenngleich mit geringerem Gewicht als in der klassischen kontinentaleuropäischen Rechnungslegung[57] und mit einer auf die Bewertung eingeschränkten Bedeutung. Mit dem Begriff «*Vorsicht*» zielen die modernen Standards nicht auf

---

[52]   Dazu *Peter Böckli* (1996) Kapitel 6, Rz 861a/b.
[53]   IAS-Ausgabe 2000, Rahmenbestimmungen, para. 36.
[54]   «Neutral, that is, free from bias».
[55]   IAS-Ausgabe 2000, Rahmenbestimmungen, para. 37.
[56]   Vgl. *Peter Böckli* (1996) Kapitel 6, Rz 830 ff.
[57]   Art. 662a Abs. 2 Ziff. 3 OR 1991.

das das herkömmliche Rechnungslegungsrecht kennzeichnende «*Imparitätsprinzip*»[58] ab – und schon gar nicht auf stille Reserven, die den IAS ein Gräuel sind[59]. Die IAS sehen in der Bildung von stillen Reserven einen unentschuldbaren Verstoss gegen die Neutralität und die Verlässlichkeit. Bei der «*Vorsicht*» geht es in den IAS methodisch vielmehr um den korrekten Umgang mit dem Ungewissen: Das Gebot der Vorsicht führt nach IAS konkret zu (i) *erhöhter Offenlegung* hinsichtlich der Natur und des Ausmasses von Ungewissheiten und (ii) einer gewissen *Zurückhaltung bei Schätzungen* und (iii) der Einführung einer ausgeklügelten Methode zur Ermittlung von ausserordentlichem *Wertberichtigungsbedarf* wegen Wertbeeinträchtigung («*impairment*», IAS 36).

*(10)   Vollständigkeit*

Auch die altbekannte *Vollständigkeit*[60] («*completeness*») findet sich in den IAS[61]. Sie wird verstanden als Vermeidung einer Irreführung durch Weglassung.

56

*(11)   Zeitnähe*

Die Anforderung, dass die Rechnungslegung *zeitnah* sein soll («*timeliness*»)[62], steht im Zusammenhang mit vielen der vorerwähnten Anforderungen, insbesondere mit der Relevanz, der getreuen Wiedergabe und auch der Periodizität. Je grösser der zeitliche Abstand zum Ereignis, desto schlechter steht es um Relevanz und getreue Wiedergabe.

57

---

[58]   Dazu *Peter Böckli* (1996) Kapitel 6, Rz 831. Das *Imparitätsprinzip* ist ursprünglich ein Begriff der deutschen Buchführungslehre der zwanziger Jahre, welcher der angelsächsischen Denkweise eigentlich stets fremd geblieben ist.

[59]   Ausdrücklich *verbietet* IAS *stille Reserven*: «However, the exercise of prudence does not allow, for example, the creation of hidden reserves or excessive provisions, the deliberate understatement of assets or income, or the deliberate overstatement of liabilities or expenses, because the financial statements would not be neutral and, therefore, not have the quality of reliability.» IAS-Ausgabe 2000, Rahmenbestimmungen, para. 37 a.E.

[60]   Art. 662a Abs. 2 Ziff. 1 OR 1991.

[61]   IAS-Ausgabe 2000, Rahmenbestimmungen, para. 38 («*Completeness*»).

[62]   IAS-Ausgabe 2000, Rahmenbestimmungen, para. 43.

### International Accounting Standards (IAS)

*(12) Verhältnismässigkeit*

58  Die IAS beharren auf einer gewissen «*balance between benefit and costs*»[63], das heisst sie wenden sich – wenigstens mit einem Lippenbekenntnis – gegen unverhältnismässigen Aufwand in der Rechnungslegung. In Tat und Wahrheit können jedoch eine Vielzahl von Regeln der IAS vor allem in mittleren und kleineren Unternehmen zu hohem und dann manchmal auch klar unverhältnismässigem Aufwand an Zeit und professioneller Arbeitskraft führen.

*(13) Verbot der stillen Reserven*

59  Es gibt zwar *keine Überschrift* in den IAS mit einem entsprechenden Wortlaut, doch wäre eine zusammenfassende Darstellung der IAS ohne diesen Grundsatz gerade für Schweizer Leser, die an den stille Reserven (noch) tolerierenden Art. 669 Abs. 3 OR gewohnt sind[64], geradezu irreführend. IAS untersagen ausdrücklich die Bildung von stillen Reserven («*hidden reserves*»), sei es die bewusste Unterbewertung von Aktiven oder Ertrag oder die bewusst übersetzte Erfassung von Verbindlichkeiten (z.B. durch übersetzte Rückstellungen) oder Aufwendungen[65].

## 5. Elemente der Rechnungslegung

60  In der *betriebswirtschaftlichen Sicht* der IAS gibt die Rechnungslegung die finanzielle Wirkung von Geschäftsvorfällen und anderen Vorgängen im Unternehmen dadurch wieder, dass diese in Übereinstimmung mit ihren wirtschaftlichen Charakteristiken in «*Elementen der Rechnungslegung*» gruppiert werden[66]. Die «Elemente» der Bilanz sind Aktiven, Verbindlichkeiten und Eigenkapital, und die «Elemente» der Erfolgsrechnung sind Aufwand und Ertrag. Die Geldflussrechnung[67] gibt die Veränderung von Elementen der Bilanz wieder und enthält damit nicht

---

[63] IAS-Ausgabe 2000, Rahmenbestimmungen, para. 44.
[64] Freilich ist der Verfasser der Meinung, dass die *vorrangige Norm* des Art. 662a Abs. 1 OR die Freiheit zur Bildung stiller Reserven viel weiter einschränkt, als dies die Mehrheitsmeinung sieht.
[65] IAS-Ausgabe 2000, Rahmenbestimmungen, para. 37 a.E.
[66] IAS-Ausgabe 2000, Rahmenbestimmungen, para. 47.
[67] «*Cash Flow Statement*», IAS 7.

nur eine *Veränderungsanalyse*, sondern auch eine strukturierte *Herkunfts-* und *Verwendungsanalyse*.

Die IAS begründen die *Erfassung* (*recognition»*) eines Postens der Rechnungslegung («*item*») in Bilanz, Erfolgsrechnung und Geldflussrechnung mit der abstrakten doppelten Voraussetzung: 61

(i)  Es muss *wahrscheinlich* sein, dass der Posten zu einem Zufluss oder Abfluss von künftigem ökonomischem *Nutzen* beim Unternehmen führt, *und*

(ii) der Posten hat einen Wert, der *verlässlich gemessen* werden kann[68].

Diese Eckpunkte der Ausweisfähigkeit von Elementen der Rechnungslegung (Wahrscheinlichkeit eines Nutzens und Messbarkeit) werden dann in vielen Standards wieder aufgenommen.

Die IAS anerkennen, dass der Begriff der «*Wahrscheinlichkeit*», der für die Ausweisfähigkeit eines Elementes entscheidend ist, für Buchführungszwecke als reichlich verschwommen erscheinen mag, doch obliegt es der Unternehmensleitung, bei der Erstellung des Abschlusses unter dem dann vorhandenen Wissen ein nachvollziehbares, in der Erfahrung abgestütztes Urteil über die Wahrscheinlichkeit von Ereignissen zu fällen. 62

Während zum Zwecke der Bewertung der so häufig anwendbare *Kostenwert* (Anschaffungswert) definitionsgemäss feststeht, muss öfters ein Ausweis im Abschluss auf einer blossen *Schätzung* beruhen[69]. Nur wenn eine vernünftige Schätzung überhaupt nicht möglich ist, entfällt die Erfassung des betreffenden Elementes in Bilanz oder Erfolgsrechnung. In diesem Falle tritt an die Stelle des Ausweises im Rechenwerk die *Offenlegung im Anhang* (oder gegebenenfalls in erläuternden Beilagen). 63

---

[68] Im einfachsten Fall ist dies der *Kostenwert* (Anschaffungswert). Vgl. Ziff. 6 hiernach.

[69] Es wird in diesem Zusammenhang sogar betont: «Die Verwendung von vernünftigen Schätzungen ist ein wesentlicher Teil der Aufstellung eines Jahresabschlusses und untergräbt dessen Verlässlichkeit nicht», IAS-Ausgabe 2000, Rahmenbestimmungen, para. 86.

International Accounting Standards (IAS)

### a) Aktiven

64 Entsprechend wiederum der *betriebswirtschaftlichen Ausrichtung* werden unter Aktiven (Wirtschaftsgütern) Elemente verstanden, denen ein Potenzial direkter oder indirekter künftiger Beiträge zum Geldfluss des Unternehmens eigen ist, sei es, dass sie selber in der Leistungserstellung des Unternehmens eine Rolle spielen, oder aber, dass sie in Geld umgetauscht werden können oder dazu dienen, Geldabflüsse zu vermindern.

65 Wirtschaftsgüter («*Assets*») werden in der Bilanz erfasst, d.h. sie sind zugleich aktivierungsfähig und aktivierungspflichtig, wenn ihnen ein Kostenwert oder ein anderer Wert zukommt, der *zuverlässig gemessen* werden kann und es *wahrscheinlich* ist, dass sie dem Unternehmen einen künftigen wirtschaftlichen Nutzen bringen[70].

66 Während die meisten Aktiven sich auf einen bestimmten *Rechtstitel* stützen, können in seltenen Fällen auch bloss *tatsächlich nutzbringende Positionen* des Unternehmens, die nicht als subjektive Rechte bezeichnet werden können, ein bilanzfähiges Aktivum abgeben, z.B. Knowhow, dessen Ertragspotential vom Unternehmen – etwa durch Geheimhaltung – beherrscht wird[71]. Typisch ist jedoch auch in einem solchen Fall, dass die Rechtsordnung das betreffende Gut mindestens *indirekt* schützt, nämlich im Fall von geheimen Verfahren durch die Strafandrohung für die Verletzung von Fabrikations- oder Geschäftsgeheimnissen[72] oder unter bestimmten Umständen durch das Verbot unlauteren Wettbewerbs[73].

### b) Verbindlichkeiten

67 Die *Verbindlichkeiten* («*liabilities*») werden von den IAS übereinstimmend mit der herkömmlichen Rechnungslegungslehre definiert. Stets geht es um das Vorhandensein einer Verpflichtung zu einem Tun oder einer Zahlung (gegebenenfalls auch zu einer Unterlassung), die sich in den meisten Fällen aus einer gesetzlichen Pflicht oder einem Vertrag ableitet. Nach IAS kann eine Verpflichtung jedoch ausnahmsweise auch

---

[70] IAS-Ausgabe 2000, Rahmenbestimmungen, para. 89.
[71] IAS-Ausgabe 2000, Rahmenbestimmungen, para. 57.
[72] Art. 162 StGB 1937.
[73] Art. 4 Bst. b, Art. 5 und 6 in Verbindung mit Art. 23 UWG 1986.

*rein tatsächlich* begründet sein, so als Konsequenz aus der Geschäftsusanz oder dem Wunsch, bestehende gute Beziehungen aufrecht zu erhalten; ähnlich kann der feste Entschluss, auch nach Ablauf der Gewährleistungsperiode noch Mängel von gelieferten Produkten auf eigene Kosten zu beheben[74], eine ausweispflichtige Verbindlichkeit begründen.

Verbindlichkeiten werden erfasst, wenn es *wahrscheinlich* ist, dass es als Ergebnis der Erfüllung der Verpflichtung zu einem Abfluss von wirtschaftlichem Wert kommen wird und der entsprechende Betrag *verlässlich gemessen* werden kann. 68

Auch nach IAS gilt wie in der herkömmlichen Buchführung das Prinzip, dass Verpflichtungen aus noch im Gleichgewicht stehenden *schwebenden Verträgen* (d.h. so lange nicht erfüllte Vertragspflichten einander ausgewogen gegenüberstehen) nicht passiviert werden[75]. Unerfüllte Verträge hinterlassen also auch nach IAS im Grundsatz in der Bilanz vorerst keine Spuren. Zur Erfassung in der Bilanz kommt es jedoch bei einer Störung des Gleichgewichts in der Vertragsabwicklung[76]. 69

### c) Ertrag

Ertrag («*income*»)[77] wird verstanden als ein Zuwachs an wirtschaftlichem Nutzen während des Rechnungszeitraumes in der Form von Zuflüssen oder Zuwachs an Aktiven (ohne Kapitaleinlagen der Beteiligten) oder durch Abnahme der Verbindlichkeiten. Ertrag führt stets zu einem Eigenkapitalzuwachs[78], aber nicht jeder Eigenkapitalzuwachs beruht auf Ertrag. Zum Ertrag gehören sowohl laufende Erträgnisse wie aperiodische, ausserordentliche oder nicht betriebstypische bzw. betriebsfremde Gewinne, vor allem auch Kapitalgewinne aus der Veräusserung von Anlagevermögen. 70

---

[74] IAS-Ausgabe 2000, Rahmenbestimmungen, para. 60.
[75] In der Praxis: «Verbindlichkeiten aus Verträgen, die gleichermassen proportional unerfüllt sind, zum Beispiel Schulden für bestellte, aber noch nicht erhaltene Warenvorräte», IAS-Ausgabe 2000, Rahmenbestimmungen, para. 91. Ausdrücklich so e contrario Art. 670 OR 1936, siehe nachfolgende Fussnote.
[76] Ebenso Art. 669 Abs. 1 Satz 2 OR 1991.
[77] Der Begriff «*income*» darf in diesem Zusammenhang nicht mit «*Einkommen*» und noch weniger mit «*Einnahmen*» übersetzt werden.
[78] IAS-Ausgabe 2000, Rahmenbestimmungen, para. 70 (a).

71 Ertrag wird *erfasst*[79], wenn ein Aktivenzuwachs oder eine Verminderung der Verbindlichkeiten *eingetreten* ist und *verlässlich gemessen* werden kann. Nur auf den ersten Blick sieht dies so aus, wie wenn damit die herkömmliche Lehre zur «*Realisation*» von Ertrag anwendbar wäre[80]. Es geht hinsichtlich der Ausweisbarkeit immerhin auch in den IAS um das «*requirement that revenue should be earned*»[81]: Ertrag wird dann ausgewiesen, wenn der wirtschaftliche Nutzen verlässlich gemessen werden kann und dafür ein hinreichender Grad von Gewissheit erreicht ist. Im typischen Fall ist in der Tat dieser Punkt bei der «Realisation» erreicht: wenn das Unternehmen einen durchsetzbaren, festen Anspruch gegen eine Marktgegenseite erworben hat[82]. Es ist nun aber eine Tatsache, dass das IASC immer mehr darauf hin tendiert, das Erfordernis der Realisation preiszugeben und Ertrag schon auszuweisen, wenn ein erhöhter «fair value» (Verkehrswert) eines Wirtschaftsgutes *nachweisbar* geworden ist. Das neue Prinzip ist in dieser Schärfe erst für bestimmte Bereiche klar vorgeschrieben (z.B. «available for sale financial assets» oder «financial assets and liabilities held for trading» nach IAS 39). Ein Wahlrecht für eine auf dem Verkehrswert beruhende Bewertung besteht für Investment Property, d.h. Immobiliaranlagen zu Renditezwecken (IAS 40), doch muss man den gegenwärtig ablaufenden Paradigmawechsel stets im Auge haben. Je stärker diese Tendenz sich in den IAS Gehör verschafft, desto mehr entfernt sich die Darstellung der Erträge und Aufwendungen von einer «*Erfolgsrechnung*» im engeren Sinne und nähert sich einer «*Wertschwankungsrechnung*» an. Im Gesamtbetrag des Jahresgewinns kann dann der Anteil von «realisierten» und «unrealisierten» Gewinnen unterschiedlich hoch sein; ist er hoch, so besteht die Gefahr, dass der Verwaltungsrat beim Antrag zur Festsetzung der Dividende auch unrealisierte Gewinne in die Abschätzung einbezieht und diese am Schluss «ausgeschüttet» werden.

---

[79] «*Recognition of income*», IAS-Ausgabe 2000, Rahmenbestimmungen, para. 92/93.
[80] Dazu *Peter Böckli* (1996) Kapitel 6, Rz 832.
[81] IAS-Ausgabe 2000, Rahmenbestimmungen, para. 93.
[82] Aber eben nur im typischen Fall, vgl. hinten z.B. IAS 28, 31 und 39.

## d) Aufwand

Aufwand («*expenses*»)[83] bezieht sich auf den Abfluss von wirtschaftlichem Nutzen, gewöhnlich durch den Geldabfluss oder die Wertminderung von Aktiven, sowie den Abgang von Beständen und Anlagen. Zu den Aufwendungen gehören aber auch alle Vermögenseinbussen («*losses*»), z.B. aus Unglücksfällen wie Feuer und Überschwemmung. Aufwand bilden auch die Kapitalverluste aus der Veräusserung von Anlagen[84] und die Wertberichtigungen aus nachträglicher Wertbeeinträchtigung bilanzierter Wirtschaftsgüter («*impairment*»)[85].

72

Aufwand wird *erfasst*[86], wenn die beiden klassischen IAS-Kriterien erfüllt sind – der Abgang an wirtschaftlichem Nutzen oder die Zunahme an Verbindlichkeiten ist eingetreten und kann verlässlich gemessen werden. Gerade in diesem Zusammenhang wird übrigens die uns vertraute *Verkettung von Bilanz und Erfolgsrechnung* auch von IAS als Grundsatz hervorgehoben[87]. Eine Buchung an der Erfolgsrechnung vorbei auf Eigenkapitalkonto ist nur in besonderen, freilich am Schluss dann doch zahlreichen Fällen gestattet.

73

Eine grosse Rolle spielt das Prinzip «*matching of costs with revenues*»[88]. Aufwand und Ertrag, die direkt und im Verbund durch die gleiche Transaktion ausgelöst werden, sind gleichzeitig oder gemeinsam zu erfassen. Die IAS verlangen, dass die verschiedenen Aufwandteile, welche die Kosten der verkauften Güter ausmachen, zur gleichen Zeit erfasst werden wie der Ertrag aus ihrem Verkauf.

74

Bei *langlebigen Wirtschaftsgütern*, deren Nutzen für das Unternehmen sich über mehrere Geschäftsjahre erstreckt, ist der Aufwand mit systematischen und nachvollziehbaren Zuordnungsverfahren auf diese Jahre

75

---

[83] Der Begriff «*Expenses*» darf auf keinen Fall mit «*Ausgaben*» wiedergegeben werden.
[84] IAS-Ausgabe 2000, Rahmenbestimmungen, para. 80.
[85] IAS 36.
[86] «*Recognised*», IAS-Ausgabe 2000, Rahmenbestimmungen, para. 94.
[87] «Dies bedeutet im Ergebnis, dass der Ausweis von Aufwand gleichzeitig mit dem Ausweis eines Zuwachses an Verbindlichkeiten oder einer Verminderung der Aktiven erfolgt», IAS-Ausgabe 2000, Rahmenbestimmungen, para. 94. Zur Verkettung nach herkömmlichem Schweizer Buchführungsrecht vgl. Peter Böckli (1996) Kapitel 6, Rz 850/51.
[88] IAS-Ausgabe 2000, Rahmenbestimmungen, para. 95.

zu verteilen, wenn die Zuordnung nur allgemein und indirekt möglich ist. Damit begründen die IAS das Verfahren der ordentlichen *Abschreibung* von Anlagevermögen und teilweise auch die *Amortisation* von Goodwill[89].

76 Zum Ausweis von *Aufwand* kommt es ferner, wenn ein Abgang von Wirtschaftsgütern nicht zu einem bilanzfähigen wirtschaftlichen Nutzen führt oder wenn das Unternehmen eine Verpflichtung eingeht, der kein bilanzfähiges Aktivum gegenübersteht, oder wenn sich eine Verpflichtung aus einer Sachgewährleistung bzw. Produktegarantie aktualisiert[90].

## 6. Begriffe des «Wertes» in den IAS

77 Eines der wesentlichen Kennzeichen des IAS-Regelungswerkes ist die bewusste Verwendung *verschiedener* Wertarten, je nach Zusammenhang. Zur Hauptsache kennen die IAS folgende Werte[91]:

### a) Historische Kosten (Anschaffungs- oder Herstellungswert) bzw. Kostenwert[92]

78 Die Bewertung zu *historischen Kosten* («historical cost») gilt als Bewertungsgrundlage in den IAS überall, wo nichts anderes vorgesehen ist. Lagerbestände (Vorräte) zum Beispiel werden zum historischen Wert, oder, wenn dieser niedriger ist, zum «net realisable value» (zum erzielbaren Nettowert) erfasst[93]. Im Grunde genommen wendet damit IAS wie schon die älteren Schweizer Vorschriften der Rechnungslegung auch im Umlaufvermögen eine Art von «impairment»-Regel an: der

---

[89] IAS-Ausgabe 2000, Rahmenbestimmungen, para. 96.
[90] IAS-Ausgabe 2000, Rahmenbestimmungen, para. 98.
[91] Die Zusammenfassung in IAS-Ausgabe 2000, Rahmenbestimmungen, para. 100, enthält lange nicht alle massgeblichen Wertarten; diese ergeben sich erst, wenn man die IAS alle durchgearbeitet hat.
[92] IAS-Ausgabe 2000, Rahmenbestimmungen, para. 100 (a) und 101.
[93] «*The lower of cost or market*» als vereinfachte Formel. IAS allerdings vermeidet hier den Begriff «market», da ein Markt im technischen, engeren Sinne nur unter bestimmten Voraussetzungen gegeben ist (vgl. Bst. c) und e) hiernach.)

Anschaffungs- und Herstellungskostenwert muss dann weichen, wenn er «beeinträchtigt» ist[94].

Als *Anschaffungskosten* gelten der Erwerbspreis einschliesslich der Einfuhrzölle und nicht erstattbaren (bzw. nicht durch Vorsteueranrechnung neutralisierbaren) indirekten Steuern[95] und aller *direkt* zurechenbaren Kosten für die Verbringung des Gutes an den Betriebsort (und, wenn es ein Anlagegut ist, in Betriebsbereitschaft für den beabsichtigten Zweck). Die *Herstellungskosten* («*cost of conversion*») umfassen die direkt mit der Erzeugung des Wirtschaftsgutes zusammenhängenden Kosten, darin inbegriffen direkte Arbeitskosten und die systematische Zuordnung von festen und beweglichen Produktionsgemeinkosten, die bei der Herstellung von fertigen Gütern anfallen[96]. 79

### b) Wiederbeschaffungswert («current cost»)

Dieser Wert[97] steht im Zentrum des Systems der sog. *Neubewertung* («*revaluation*»)[98]. Der Begriff wird insbesondere im Zusammenhang mit den erfolgsneutralen, direkt im Eigenkapital gebuchten sog. *Wertanpassungen zur Kapitalerhaltung* («*capital maintenance adjustments*») verwendet[99]. 80

---

[94] Gemäss IAS 36 sind freilich die *besonderen* Regeln über die Wertbeeinträchtigung nicht auf Warenvorräte anwendbar. Marktgängige Wertpapiere und alle weiteren verkäuflichen Finanzaktiven – «*available for sale*» – sind dagegen nicht den Lagerbeständen gleichgestellt, sondern sind grundsätzlich zum jeweiligen Verkehrswert («*fair value*») zu erfassen.

[95] Die *Vorsteuern* auf den von einem mehrwertsteuerpflichtigen Unternehmen angeschafften Gütern sind grundsätzlich, sofern sie im Bereiche der mehrwertsteuerpflichtigen Tätigkeit verwendet werden, abziehbar, d.h. sie werden nicht aktiviert.

[96] IAS 2 bietet in para. 10-12 nähere Abgrenzungen zur Zuordnung von fixen und beweglichen Herstellungsgemeinkosten. Kosten, die nach diesen Regeln *nicht* der Herstellung von Wirtschaftsgütern zugeordnet und damit aktiviert werden dürfen, sind als *Aufwand* der Rechnungsperiode auszuweisen.

[97] «*Current cost or replacement cost*».

[98] IAS 16, para. 29 ff. und 38 para. 64 ff.

[99] IAS-Ausgabe 2000, Rahmenbestimmungen, para. 108

International Accounting Standards (IAS)

### c) Erzielbarer Wert («realisable value»)

81 Die Bewertung zum «*erzielbaren Wert*» gilt für Werte des Umlaufvermögens, wobei als Wert derjenige Erlös gilt, der bei einer ordentlichen Veräusserung kurzfristig erhältlich ist. Der *erzielbare Nettowert* («*net realisable value*») bezieht sich vor allem auf Vorräte. Es ist der geschätzte Verkaufspreis, der in der ordentlichen Geschäftstätigkeit erzielt werden kann, abzüglich der geschätzten Kosten für die Fertigstellung und den Verkauf[100].

### d) Erfüllungswert («settlement value»)

82 Verbindlichkeiten werden, nicht abgezinst, mit dem Geldbetrag erfasst, der notwendig wäre, um die Schuld kurzfristig zu erfüllen («*settlement value*»).

### e) Verkehrswert («fair value») und Marktwert («market value»)

83 Diese Begriffe sind im Katalog der Werte in den Rahmenbestimmungen nicht erwähnt, haben aber in den neueren Standards einen wichtigen Platz errungen. IAS unterscheiden streng zwischen «*fair value*» und «*market value*», obgleich sie miteinander nahe verwandt sind und manche Stellen im Schrifttum und vor allem viele Praktiker für beide Begriffe den deutschen Ausdruck «Marktwert» setzen. Als «*fair value*» (Verkehrswert)[101] gilt der Betrag, für den ein Wirtschaftsgut in einer Transaktion unter Drittbedingungen («*arm's length transaction*») zwischen informierten und geschäftswilligen Parteien veräussert werden kann. Der Marktwert («*market value*») ist dagegen der Betrag, der für ein Wirtschaftsgut in einem «*aktiven Markt*» erhältlich ist.

---

[100] IAS 2, para. 4.
[101] IAS 16, para. 6; IAS 18, para. 7. Die in Deutschland verwendete Bezeichnung für «*fair value*» ist «*beizulegender Zeitwert*», je nach Zusammenhang auch «*Marktwert*», *Baetge et al.* (1997) 1513 und IAS (deutsche Ausgabe). Der Begriff «*Verkehrswert*» wird in der Schweiz ziemlich genau gleich definiert wie der «*fair value*» der IAS, weshalb dieser viel anschaulichere Ausdruck vorgezogen wird.

«*Fair value*» und «*market value*» fallen daher nur in den Fällen auseinander, wo für ein Wirtschaftsgut kein «aktiver Markt» vorhanden ist. Als *aktiver Markt* gilt nach IAS 38 ein Markt, der folgende Bedingungen erfüllt[102]: 84

(i) die Werte, die auf dem Markt gehandelt werden, sind *homogen* (d.h., etwas vereinfacht gesagt, sie sind unter sich austauschbar);

(ii) *interessierte Käufer und Verkäufer* können normalerweise zu jeder Zeit gefunden werden[103], und

(iii) die *Preise* sind der Öffentlichkeit zugänglich.

Hier wird «*market value*» stets mit «Marktwert» wiedergegeben, und «*fair value*» mit «Verkehrswert»[104]. 85

### f) Nettoveräusserungswert («net selling value»)

Dieser Wert (auch «*net selling price*») bezieht sich vor allem auf das *Anlagevermögen* und spielt bei den Betriebseinstellungen und Wertbeeinträchtigungen von Wirtschaftsgütern (IAS 36) eine Rolle. Es ist der Wert, der bei der Veräusserung eines Wirtschaftsgutes in einer Transaktion unter Drittbedingungen zwischen informierten und geschäftswilligen Parteien erzielt werden kann, nach Abzug der gesamten Kosten für die Veräusserung des Wirtschaftsgutes (darin eingeschlossen die Erstellung der Verkaufsbereitschaft)[105]. 86

### g) Nutzungswert («value in use»)

Dieser Wert bezieht sich auf das Anlagevermögen und ist wichtig vor allem für die Feststellung von *Wertbeeinträchtigungen* («*impairment*») im Anlagevermögen. Nutzungswert ist der Barwert der geschätzten künftigen Geldflüsse, die aus dem ständigen Gebrauch des Wirtschafts- 87

---

[102] IAS 38, para. 7.
[103] Dies ist eine sehr allgemeine Umschreibung der Anforderung der *Liquidität*. Notwendig ist für einen aktiven Markt dazu eine hinreichende *Tiefe* der Liquidität, weil es sonst zu erratischen Preisausschlägen kommt.
[104] Vgl. den Hinweis in Anm. 101 oben.
[105] IAS 36, para. 24.

gutes und aus der Veräusserung am Ende seiner Nutzungsdauer voraussichtlich erwirtschaftet werden können[106].

### h) Wiedereinbringlicher Betrag («recoverable amount»)

88 Der «*recoverable amount*», wiederzugeben als «*wiedereinbringlicher Betrag*»[107], spielt vor allem bei der Ermittlung von Wertbeeinträchtigungen (IAS 36) eine Rolle. Es geht um den wiedereinbringlichen Wert eines Wirtschaftsgutes am Bilanzstichtag; dies ist stets der *höhere* von zwei Werten, nämlich (i) des *Nettoveräusserungswertes* und (ii) des *Nutzungswertes*.

### i) Barwert («present value»)

89 Bei dieser Bewertung werden Aktiven zum *abgezinsten Wert* der künftigen Netto-Geldzuflüsse ausgewiesen, welche das Wirtschaftsgut im gewöhnlichen Geschäftsgang zu erbringen verspricht. Entsprechende Verbindlichkeiten müssen dann ebenfalls zum abgezinsten Wert ausgewiesen werden[108].

## 7. Finanzielle oder physische Kapitalerhaltung

90 Die IAS basieren – wenn auch mit abnehmender Begeisterung – auf dem Grundgedanken der *Erhaltung des finanziellen* oder *nominellen Kapitals*, und stellen damit grundsätzlich auf die *historischen Kosten* ab (Anschaffungs- oder Herstellungswert). Es ist aber auch grundsätzlich möglich, eine Rechnungslegung auf die Erhaltung des *physischen Kapitals* auszurichten; das Kapital gilt zum Ende der Rechnungsperiode nur dann als erhalten, wenn die Preisveränderungen während der Rech-

---

[106] IAS 36, para. 26 ff.
[107] IAS (deutsche Ausgabe 1999) übersetzt «*recoverable amount*» mit «*erzielbarer Betrag*», was zu nahe bei «*realisable value*» liegt und leider ausser Acht lässt, dass dieser Begriff *nicht* einen eigenständigen Inhalt hat, sondern stets den höheren von zwei inhaltlich unterschiedlichen Werten bezeichnet.
[108] Das Problem einer *Kohärenz* von Aktiven- und Passivenbewertung hat allgemeinere Bedeutung. Der *Erfüllungswert* dagegen wird ausdrücklich *nicht* abgezinst.

nungsperiode vorweg abgebucht worden sind; nur derjenige nominelle Wertzuwachs ist als Gewinn anzusehen, der über den allgemeinen Zuwachs des Preisniveaus in der gleichen Periode hinausgeht. Der Rest des Zuwachses wird als erfolgsneutrale Adjustierung zur Kapitaleinlage, d.h. als *Neubewertungsreserve*, direkt im Eigenkapital ausgewiesen[109]. Obwohl die IAS diese Praxis als alternative Bewertungsmethode im Grundsatz anerkennen, steht – abgesehen von Abschlüssen, die in Ländern mit Hyperinflation zu erstellen sind – immer noch das Prinzip der nominellen Kapitalerhaltung im Vordergrund. Die Mehrzahl der IAS-Abschlüsse beruht heute auf den historischen Kosten.

---

[109] IAS-Ausgabe 2000, Rahmenbestimmungen, para. 104 ff. Richtiger wäre der in Deutschland verwendete Begriff Neubewertungs*rücklage*.

## III. Übersicht über den wichtigsten Inhalt der IAS-Regeln

91 Die Reihenfolge der IAS-Regeln gibt den historischen Ablauf ihrer allmählichen Erarbeitung wieder und drückt keine innere Systematik aus. Für ein Verwaltungsratsmitglied oder einen andern auf «Financial Literacy» abzielenden Nichtspezialisten sind insgesamt wohl die folgenden Regeln die wichtigsten:

| | |
|---|---|
| IAS 1 | Darstellung des Jahresabschlusses |
| IAS 2 | Vorräte |
| IAS 7 | Geldflussrechnung |
| IAS 8 | Gewinn oder Verlust der Rechnungsperiode, grundlegende Fehler und Änderungen in der Rechnungslegung |
| IAS 10 | Ereignisse nach dem Bilanzstichtag |
| IAS 11 | Werkverträge* |
| IAS 12 | Gewinnsteuern |
| IAS 14 | Segment-Berichterstattung |
| IAS 15 | Offenlegung der Auswirkungen von Preisänderungen* |
| IAS 16 | Sachanlagen |
| IAS 17 | Leasing |
| IAS 18 | Ertrag |
| IAS 19 | Personalaufwand |
| IAS 20 | Subventionen* |
| IAS 21 | Fremdwährungsumrechnung |
| IAS 22 | Unternehmenszusammenschlüsse |
| IAS 23 | Fremdkapitalzinsen* |
| IAS 24 | Offenlegung von Beziehungen zu nahe stehenden Personen |
| IAS 25 | Bilanzierung von Finanzanlagen zu Renditezwecken |
| IAS 26 | Rechnungslegung und Berichterstattung von Personalvorsorgeeinrichtungen* |
| IAS 27 | Konsolidierung und Darstellung von Beteiligungen an Tochtergesellschaften |
| IAS 28 | Beteiligungen |
| IAS 29 | Rechnungslegung in Hochinflationsländern* |
| IAS 30 | Rechnungslegung von Banken und ähnlichen Finanzinstituten* |
| IAS 31 | Rechnungslegung für Anteile an Gemeinschaftsunternehmen (joint ventures)* |
| IAS 32 | Finanzinstrumente, Offenlegung und Darstellung |

IAS 33    Gewinn pro Aktie
IAS 34    Zwischenberichterstattung
IAS 35    Betriebseinstellungen*
IAS 36    Wertbeeinträchtigungen
IAS 37    Rückstellungen, Eventualverbindlichkeiten und Eventualguthaben
IAS 38    Immaterielle Güter
IAS 39    Finanzinstrumente, Erfassung und Bemessung
IAS 40    Immobiliaranlagen zu Renditezwecken

Die mit einem Sternchen* gekennzeichneten Standards sind für Verwaltungsräte und andere Nichtspezialisten von geringerer Bedeutung und werden bloss erwähnt oder kurz beschrieben.

## IAS 1  Darstellung des Jahresabschlusses (Fassung 1997)

92  Der IAS-Jahresabschluss besteht nach IAS 1 («*Presentation of Financial Statements*») stets aus fünf Teilen:
- Bilanz[110]
- Erfolgsrechnung[111]
- Veränderungen des Eigenkapitals[112]
- Geldflussrechnung[113]
- Anhang[114].

### 1.  Leitsätze

#### a)  Umfassende Befolgung der IAS-Regeln

93  Die IAS betonen – wie schon einleitend erwähnt –, dass ein Abschluss, der den Standards folgt, dies offenlegen sollte, anderseits aber dann *alle* Anforderungen jedes einzelnen Standards erfüllen und auch mit allen Auslegungsentscheidungen des «*Standing Interpretation Committee*» (SIC) übereinstimmen muss[115]. Die IAS schliessen somit nicht nur das «Rosinenpicken» unter den IAS-Regeln aus, sondern verpönen auch, dass man einen unzulässigen Ausweis durch eine Beschreibung der angewandten Methode oder durch Erklärungen im Anhang zurechtzubie-

---

[110] Zur Bilanz allgemein *Peter Böckli* (1996) Kapitel 6, Rz 898 ff.
[111] *Peter Böckli* (1996) Kapitel 6, Rz 875 ff.
[112] Das Rechnungslegungsrecht des OR 1991 kennt dieses Element der Jahresrechnung noch nicht, mit Ausnahme einzelner Aspekte in Art. 659a Abs. 2, Art. 663a Abs. 3 und 4, Art. 663b Ziff. 10 und 11 sowie Art. 663d Abs. 2.
[113] Die *Geldflussrechnung* wird im Rechnungslegungsrecht von Art. 662 ff. OR 1991 ebenfalls nicht ausdrücklich erwähnt, doch ist sie (oder mindestens eine auf die Veränderung des Nettoumlaufvermögens abzielende *Mittelflussrechnung*) praktisch unentbehrlich zur Darstellung der «*wirtschaftlichen und finanziellen Lage*» im Sinne von Art. 663d Abs. 1 OR. Dazu *Peter Böckli* (1996) Kapitel 6, Rz 998 ff.
[114] «*Accounting policies and explanatory notes*», IAS 1, para. 7.
[115] IAS 1, para. 11. «Financial Statements should not be described as complying with International Accounting Standards unless they comply with all the requirements of each applicable Standard and each applicable Interpretation of the Standing Interpretations Committee».

gen versucht[116]. Die «Teil-Testate» des Beginns der neunziger Jahre, die für einen Abschluss die Übereinstimmung nur mit einem grossen Teil der IAS-Regeln bestätigten, sind heute praktisch verschwunden.

b) **Einhaltung der IAS-Rahmenbestimmungen**

Die Grundsätze des Unternehmens müssen sich an die *IAS-Rahmenbestimmungen* halten. Es ist insbesondere Sache des Managements[117], jedesmal zu bestimmen, ob in Ereignissen oder Umständen wesentliche Ungewissheiten festzustellen sind, die erhebliche Zweifel an der Fähigkeit des Unternehmens zur Weiterführung des Betriebes aufkommen lassen. Sind solche Ungewissheiten vorhanden, so müssen sie offengelegt werden.   94

c) **Stetigkeit**

IAS 1 legt grossen Wert auf die *Stetigkeit* («*consistency of presentation*»)[118]. Der Standard erlaubt Änderungen in Darstellung und Gliederung nur, wenn eine erhebliche Änderung in der Natur des Geschäftes oder eine Neubeurteilung seiner Abschlussdarstellung gegeben ist und die Änderung zu einer zweckmässigeren Darstellung der Geschäftsvorfälle führt, oder aber die IAS selbst oder ein Auslegungsentscheid des SIC einen Wechsel verlangen[119].   95

---

[116] Unter «*äusserst seltenen Umständen*», wenn nämlich die Anwendung eines Standards geradezu zu einem *irreführenden Ergebnis* führen würde, ist eine Abweichung von den IAS (mit entsprechender Erklärung im Anhang) zulässig, IAS 1, para. 13.

[117] Der Begriff «*Management*» muss, insoweit als das Schweizer Gesellschaftsrecht in Frage steht, für die Aktiengesellschaft mit «*Verwaltungsrat*» (vgl. Art. 716a Abs. 1 Ziffer 3 OR 1991) bzw. im Falle der Delegation nach Art. 716b OR 1991 mit «*Verwaltungsrat und Geschäftsleitung*» und im Falle der GmbH mit «*Geschäftsführung*» wiedergegeben werden. IAS-Ausgabe 2000, Rahmenbestimmungen, para. 23.

[118] Art. 662a Abs. 2 Ziff. 5 OR 1991.

[119] IAS 1, para. 27.

## d) Einzelbewertung[120]

96 Jeder wesentliche Gegenstand muss im Abschluss *separat* ausgewiesen (und damit: separat bewertet) werden. Unwesentliche Beträge können mit Gegenständen ähnlicher Art zusammengefasst werden. Weiter gehende Zusammenfassungen sind dennoch aufgrund der Vorschriften einzelner Standards zulässig (z.B. Vorräte[121]).

## e) Verrechnung[122] und Nettoausweis

97 *Aktiven und Passiven*[123] dürfen nicht verrechnet werden («*offsetting*»), ausser wenn dies von einem Standard verlangt oder erlaubt wird[124]. *Erträge und Aufwände* müssen und dürfen nur dann verrechnet werden, wenn ein IAS dies verlangt oder erlaubt, oder wenn Kapitalgewinne oder -verluste und damit zusammenhängende Aufwendungen, die sich aus dem gleichen oder einem ähnlichen Geschäftsvorfall ergeben, nicht wesentlich sind[125].

98 IAS grenzt dabei die unstatthafte Verrechnung gegenüber der *erlaubten Nettoerfassung* ab, und zwar wie folgt: Zulässig ist die Erfassung von Aktiven nach Abzug von Wertberichtigungen[126], im Umlaufvermögen vor allem bei *Vorräten*, und der Vorwegabzug von Wertberichtigungen für das Risiko der Uneinbringlichkeit bei *Forderungen*[127]. Ferner ist die Erfassung zum Nettobetrag gestattet im Anlagevermögen bei *Veräusserung* von langfristig gehaltenen Wirtschaftsgütern; es wird in der Er-

---

[120] «*Each material item should be presented separately in the financial statements*», IAS 1, para. 29. Das OR 1991 kennt den Grundsatz der Einzelbewertung noch nicht.
[121] IAS 2.
[122] So der Begriff des Art. 120 OR. Der in Deutschland gebräuchliche Begriff ist «*Aufrechnung*».
[123] Im engeren Sinne von Verbindlichkeiten zu verstehen.
[124] Zur *Verrechnung* vgl. auch IAS 32, IAS 1, para. 35 sowie Art. 662a Abs. 2 Ziff. 6 OR 1991.
[125] IAS 1, para. 34.
[126] «*Valuation allowances*».
[127] Bis zu einem bestimmten Punkt kann daher die *Vorwegkürzung* von Forderungen im Umlaufvermögen nach Schweizer Landesbrauch durchaus IAS-gerecht sein. Allerdings anerkennt IAS nicht einen *allgemeinen festen Prozentsatz*; dieser muss vielmehr einem echten Geschäftsrisiko des betreffenden Unternehmens entsprechen.

folgsrechnung nicht der Veräusserungserlös brutto gezeigt, sondern das Nettoergebnis (Gewinn oder Verlust) nach Abzug des massgeblichen Buchwertes und der mit der Veräusserung zusammenhängenden Kosten[128]. Die Nettoerfassung ist zulässig auch bei den (nach IAS definitionsgemäss seltenen) *aussergewöhnlichen Geschäftsvorfällen*[129].

### f) Angabe von Vorjahreszahlen

Zur Verbesserung des Vergleichs sind die *Vorjahreszahlen*[130], vorbehältlich abweichender Regeln in den IAS, stets anzugeben und durch erläuternde Ausführungen zu ergänzen, wenn dies für das Verständnis des Jahresabschlusses erforderlich ist[131].

99

Wenn im Abschluss eine *Änderung* vorgenommen wird, sind Vorjahresangaben, damit die Vergleichbarkeit der beiden Perioden gewährleistet bleibt, *rückwirkend* umzugliedern («*reclassified*»), d.h. im neuen Jahr in einer andern Gliederung oder Grösse anzugeben als im Vorjahr[132].

100

### g) Vermischungsverbot

Eine Vermischung des Jahresabschlusses mit *andern Informationen* im gleichen Dokument ist unzulässig. Jeder Bestandteil des Abschlusses muss klar identifiziert sein[133].

101

---

[128] IAS 1, para. 36 (a).
[129] IAS 1, para. 36 (c). Die IAS schränken den Begriff des *ausserordentlichen* Ertrags oder Aufwands stark ein.
[130] «*Comparative information [...] in respect of the previous period*», IAS 1 para. 38.
[131] Art. 662a Abs. 1 Satz 2 OR 1991.
[132] IAS 1, para. 40. Das Unternehmen muss im Anhang die Natur, den Betrag und die Begründung einer solchen Umklassifizierung offenlegen oder, wenn eine rückwirkende Umklassifizierung für die Zwecke des Ausweises der Vorjahreszahl gar nicht machbar ist, die Begründung offenlegen und die Natur der Änderungen aufzeigen, die *hätten* vorgenommen werden müssen, falls die Beträge umklassifiziert worden *wären*.
[133] IAS 1, para. 44 und 46.

### h) Zeitnähe

102 Der IAS-Abschluss muss mindestens jährlich erstellt und spätestens *sechs Monate* nach dem Bilanzstichtag vorgelegt werden[134]. Diese sehr allgemein gehaltene Mindestanforderung stimmt mit derjenigen des Schweizer Rechts durchaus überein (Art. 699 Abs. 2), ja ist eigentlich noch weniger anspruchsvoll, weil die 20-tägige Einberufungsfrist des Art. 700 OR es praktisch unerlässlich macht, dass die Jahresrechnung nach Art. 662 ff. OR spätestens *fünf* Monate nach dem Bilanzstichtag dem Verwaltungsrat in endgültiger Fassung zum Studium und zur Genehmigung vorgelegt wird[135].

## 2. Bilanz

### a) Aktiven

103 Wenngleich IAS 1 eine Abweichung nicht völlig ausschliesst, baut doch das Regelwerk auf der *gleichen Hauptunterscheidung* auf, wie sie in Art. 663a OR festgeschrieben ist: Umlaufvermögen und Anlagevermögen einerseits, und kurzfristige und langfristige Verbindlichkeiten sowie Eigenkapital anderseits[136]. Entscheidend für die Fristigkeit sowohl der Aktiven wie der Verbindlichkeiten ist der gewöhnliche Betriebszyklus des Unternehmens[137], im Zweifel die *Zwölfmonats-Grenze*. Setzt sich ein Aktivum oder eine Verbindlichkeit aus Elementen zusammen, die vor und nach der Grenze für kurzfristige Aktiven oder Passiven dem Unternehmen zugehen bzw. fällig werden, muss der längerfristige Teil separat ausgewiesen werden[138].

104 Die IAS brauchen für Umlaufvermögen den Begriff «kurzfristig gehaltene Wirtschaftsgüter» («*current assets*») und für Anlagevermögen «nicht kurzfristig gehaltene Wirtschaftsgüter» («*non-current assets*»). In dieser Publikation werden dafür stets die deutschen Kurzbegriffe

---

[134] IAS 1, para. 49 und para. 52.
[135] Art. 716a Abs. 1 Ziff. 6 in Verbindung mit Art. 662 Abs. 1 OR 1991.
[136] IAS 1, para. 53 ff.
[137] «*Normal course of the enterprise's operating cycle*», der länger als 12 Monate sein kann, IAS 1, para. 57.
[138] Offenbar kann der andere, kürzerfristige Teil aggregiert, d.h. mit einem andern Ausweis zusammengefasst werden.

«Umlauf- bzw. Anlagevermögen» verwendet. Zu den kurzfristig gehaltenen Aktiven, d.h. dem *Umlaufvermögen*, gehören Vorräte und Forderungen aus Lieferungen und Leistungen[139], diese in Abweichung von der allgemeinen Regel selbst dann, wenn die Realisierung nicht innerhalb von zwölf Monaten nach dem Bilanzstichtag erwartet wird. Marktgängige Wertpapiere dagegen sind kurzfristig nur dann, wenn ihre Realisierung innerhalb der als allgemeine Abgrenzung dienenden Spanne von zwölf Monaten zu erwarten steht.

### b) Verbindlichkeiten

Die *kurzfristigen Verbindlichkeiten* werden analog klassifiziert. Schulden aus Lieferungen und Leistungen[140], Personalaufwand und anderen betrieblichen Aufwendungen im normalen Betriebszyklus des Geschäftes sind «geborene» kurzfristige Posten; sie werden als kurzfristig auch dann eingestuft, wenn sie später als nach zwölf Monaten zahlbar werden. Andere Verbindlichkeiten werden grundsätzlich nur dann als kurzfristig eingestuft, wenn sie innerhalb von zwölf Monaten fällig sind. 105

Zinstragende *langfristige Verbindlichkeiten*, die innerhalb von zwölf Monaten nach dem Bilanzstichtag fällig werden, gelten trotzdem als langfristig, wenn die *Refinanzierung* feststeht[141]. 106

### c) Mindestgliederung

Die *Mindestgliederung* der Bilanz nach IAS 1 stellt sich wie folgt dar[142]: 107

(1) Sachanlagen (Grundstücke, Gebäude und Ausrüstungen),
(2) immaterielle Werte oder Anlagen,
(3) Finanzanlagen,

---

[139] In der Schweiz wurde dieser Posten früher kurz «*Debitoren*» genannt.
[140] In der Schweizer Praxis früher kurz «*Kreditoren*» genannt.
[141] D.h. wenn (i) die Absicht besteht, sie auf einer langfristigen Basis zu refinanzieren und (ii) ein Vertrag, der vor der Genehmigung des Jahresabschlusses durch den Verwaltungsrat abgeschlossen worden ist, dies bekräftigt. Diese Tatsachen sind im Anhang offenzulegen, IAS 1, para. 63.
[142] IAS 1, para. 66.

International Accounting Standards (IAS)

(4) Beteiligungen, die nach der «equity»-Methode ausgewiesen werden,
(5) Vorräte,
(6) Forderungen aus Lieferungen und Leistungen sowie andere Forderungen,
(7) Bargeld und bargeldähnliche Mittel,
(8) Verbindlichkeiten aus Lieferungen und Leistungen und andere Verbindlichkeiten,
(9) Steuerschulden (und gegebenenfalls Steuerguthaben[143]),
(10) Rückstellungen,
(11) zinstragende langfristige Verbindlichkeiten,
(12) Minderheitsanteile, und
(13) Aktienkapital und Reserven (Rücklagen).

108 IAS 1 verlangt *weitere Unterteilungen* in der Bilanz, wenn dies nach der Geschäftsart des Unternehmens angebracht ist. Forderungen und Schulden gegenüber verbundenen Unternehmen sind separat auszuweisen[144].

### d) Ergänzende Offenlegung

109 IAS 1 verlangt ferner, entweder als Bestandteil der Bilanz oder – wohl als Normalfall – im Anhang, die *Offenlegung* folgender Angaben[145]:

110 (i) für jede *Aktienkategorie*[146] die Anzahl der autorisierten Aktien (d.h. des bedingten bzw. des genehmigten Kapitals[147]), die Anzahl der ausstehenden voll und nur teilweise einbezahlten Aktien, den Nennwert pro Aktie oder die Angabe, dass die Aktien nennwertlos sind[148], Abstimmung der Anzahl ausstehender Aktien zu

---

[143] Dazu eingehend IAS 12.
[144] Entsprechend Art. 663 Abs. 663a Ziff. 4 OR 1991.
[145] IAS 1, para. 74.
[146] Die *Partizipationsscheine* des Schweizer Rechtes (Art. 656a ff. OR 1991) sind unter den Gesichtspunkten der IAS stimmrechtslose Aktien.
[147] Vgl. Art. 651 und 653 OR 1991; *Peter Böckli* (1996) Kapitel 2, Rz 183 ff.
[148] Im Schweizer Aktienrecht sind bisher weder nennwertlose Aktien (echte nennwertlose Aktien bzw. Quotenaktien) noch Stückaktien nach deutschem Modell vorgesehen, *Peter Böckli* (1996) Kapitel 3, Rz 301 ff.

Beginn und zum Ende des Rechnungsjahres; die Rechte, Vorrechte und Einschränkungen, die mit jeder Aktienkategorie verbunden sind, darin eingeschlossen gegebenenfalls Einschränkungen hinsichtlich der Ausschüttung von Dividenden und der Rückzahlung des Kapitals; eigene Aktien[149] oder von verbundenen Unternehmen gehaltene eigene Aktien, und Vorratsaktien, die für die Ausgabe unter Optionen oder bestimmten Verträgen reserviert sind, zusammen mit den Bedingungen und Beträgen;

(ii) *Reserven (Rücklagen)*: Angaben über die Natur und den Zweck jeder einzelnen Kategorie der Rücklagen[150] innerhalb des Eigenkapitals; 111

(iii) *Ausschüttung*: Betrag der beantragten, aber noch nicht beschlossenen Dividende[151], und 112

(iv) den Betrag von kumulativen *Vorzugsdividenden*, die noch nicht ausgerichtet worden sind[152]. 113

## 3. Erfolgsrechnung

### a) Mindestgliederung

Die Erfolgsrechnung kann grundsätzlich als Produktionserfolgsrechnung (wie in Art. 663 OR)[153] oder als Absatzerfolgsrechnung[154] aufgebaut werden. 114

---

[149] Vgl. dazu Auslegungsbeschluss SIC Nr. 16, hinten bei IAS 32 (am Ende), und Art. 659 ff. OR 1991; *Peter Böckli* (1996) Kapitel 3, Rz 362 ff.

[150] In der *Konzernbilanz* sind dies in erster Linie die *Kapitalreserve* (Kapitalrücklage) für einbezahltes, nicht auf Nennkapital gebuchtes Kapital (Agio), und die *Gewinnreserve* (Gewinnrücklage) für die zurückbehaltenen Gewinne («*retained earnings*»).

[151] Dieser Betrag darf gemäss der Revision im Jahre 1999 (IAS 10, para. 11) im Abschluss nicht mehr als *Verbindlichkeit* erfasst werden.

[152] Vgl. Art. 656 Abs. 2 OR 1991, «*Vorrecht auf die Dividende mit Nachbezugsrecht*». Es handelt sich rechtlich nicht um eine Verbindlichkeit der Gesellschaft gegenüber den Vorzugsaktionären, sondern um einen Betrag, der künftige Dividendenansprüche der *Stammaktien* kürzt.

[153] «*Gesamtkostenverfahren*» in der in Deutschland gebräuchlichen Ausdrucksweise.

[154] Im Sprachgebrauch Deutschlands «*Umsatzkostenverfahren*».

Die *Mindestgliederung* nach IAS 1 ist die folgende[155]:

(1) Ertrag (Rohertrag im Sinne von Umsatz),

(2) Ergebnis der Betriebstätigkeit (Betriebsgewinn)[156],

(3) Finanzaufwand,

(4) Anteil an den Gewinnen und Verlusten nahe stehender Unternehmen und Gemeinschaftsunternehmern (Joint Ventures), die nach der «*equity*»-Methode ausgewiesen werden[157],

(5) Steueraufwand,

(6) Gewinn oder Verlust aus den ordentlichen Tätigkeiten,

(7) ausserordentliche Erträge und Aufwendungen,

(8) Minderheitsanteile und

(9) Reingewinn oder Reinverlust für die Periode.

### b) Analyse der Aufwendungen

115 IAS 1 verlangt zudem – entweder als Bestandteil der Erfolgsrechnung oder des Anhangs – eine *Analyse der Aufwendungen*, entweder nach dem Prinzip der Kostenart oder jenem der betrieblichen Funktion. IAS bevorzugt dabei nach angelsächsischem Brauch klar die «*cost of sales*»-Methode (Absatzerfolgsrechnung) mit dem Ausweis nach Kostenfunktion, indem die Aufwendungen nach ihrer Funktion entweder als Teil der «*cost of sales*» oder als Teil der Vertriebs- oder der Verwaltungstätigkeit klassifiziert werden[158]. Das Beispiel sieht wie folgt aus:

---

[155] IAS 1, para. 75. Vgl. Art. 663 OR 1991.
[156] Siehe das Beispiel bei Anm. 158 hiernach.
[157] Ausweis zum gleichen Prozentsatz wie der Anteil am Eigenkapital, vgl. IAS 28.
[158] IAS 1, para. 82.

| | |
|---|---:|
| Ertrag (Umsatz nach Umsatzsteuern) | x |
| Kosten der verkauften Güter | (x) |
| Bruttogewinn | x |
| andere Betriebserträge | x |
| Vertriebskosten | (x) |
| Verwaltungsaufwand | (x) |
| anderer Betriebsaufwand | (x) |
| Betriebsgewinn[159] | x) |

IAS 1 verlangt, dass der in der Erfolgsrechnung praktisch stets in *Staffelform* gebotene Ausweis nach Kostenfunktion (Absatzerfolgsrechnung) *ergänzt* wird durch zusätzliche Angaben über die Natur der Gesamtaufwendungen, darin eingeschlossen vor allem *Abschreibungen* und *Amortisation*[160] sowie *Personalkosten*[161]. 116

c) **Jahresdividende**

Schliesslich verlangt IAS 1, sei es auf der gleichen Seite wie die Erfolgsrechnung[162], sei es im Anhang die Angabe über den Betrag der *Dividende pro Aktie*, die für den Rechnungszeitraum beschlossen oder beantragt ist. 117

## 4. Aufstellung über die Veränderung des Eigenkapitals (Eigenkapitalausweis)

Während die herkömmliche Buchführungspraxis grundsätzlich alle Veränderungen des Eigenkapitals – abgesehen von Vorgängen der Eigenkapitalfinanzierung – gemäss dem Prinzip der Verkettung von Bi- 118

---

[159] «*Profit from operating activities*». Diese Grösse steht dem *EBIT* (Earnings before Interest and Taxes) nahe.
[160] In erster Linie die Amortisation von *Goodwill* aus Unternehmensübernahmen, vgl. IAS 38.
[161] IAS 1, para. 83.
[162] Die Dividende bezieht sich mindestens rechtlich auf die Bilanz, nicht die Erfolgsrechnung. Heute gehört die Angabe über die *aktuelle* Dividende in den Anhang.

lanz und Erfolgsrechnung als erfolgswirksam betrachtete, kennt IAS eine Vielzahl von *nicht* erfolgswirksamen Zu- und Abbuchungen direkt im Eigenkapital. Anders als das Schweizer Aktienrecht verlangt daher IAS 1 eine vollständige Aufstellung über die *Veränderung des Eigenkapitals im Berichtsjahr*[163], mit folgenden Mindestangaben:

(1) *Periodenerfolg* (Gewinn oder Verlust für die Periode),

(2) *direkte Zu- und Abbuchungen* im Eigenkapital gemäss IAS (nach einzelnen Beträgen und im Gesamtbetrag),

(3) die Gesamtauswirkung von *Änderungen in den Rechnungslegungsgrundsätzen und Berichtigungen grundlegender Fehler*[164].

119 Als Teil dieses Eigenkapitalausweises oder gegebenenfalls im Anhang[165] sind ferner Angaben zu liefern über:

(4) *Kapitalerhöhungen* und *-herabsetzungen* sowie *Gewinnausschüttungen*,

(5) Veränderung der *zurückbehaltenen Gewinne* (d.h. normalerweise: der Gewinnreserve) zwischen dem ersten und dem letzten Tag der Rechnungsperiode, und die Bewegungen während dieser Periode,

(6) Abstimmung zwischen dem ausgewiesenen Betrag jeder Kategorie des *Aktienkapitals* und des verbuchten *Agios*[166] und jedem Reservekonto zu Beginn und am Ende der Periode, mit einer separaten Angabe jeder Bewegung.

Die Einzelheiten der Aufstellung über die Eigenkapitalveränderungen nach IAS sind anspruchsvoll[167].

---

[163] IAS 1, para. 86.
[164] Gemäss IAS 8.
[165] IAS 1, para. 86.
[166] D.h. der *Kapitalreserven* (der nicht auf Nennkapital gebuchten Kapitaleinlagen). Art. 671 Abs. 2 Ziff. 1 OR.
[167] Vgl. Appendix zu IAS 1.

## 5. Geldflussrechnung

Die Geldflussrechnung («*Cash Flow Statement*»)[168] ist ein wichtiger obligatorischer Bestandteil des IAS-Abschlusses. Sie richtet sich nach IAS 7, worauf zu verweisen ist.

120

## 6. Anhang

Der *Anhang* zum IAS-Jahresabschluss («*Notes to the Financial Statements*») ist ungleich umfassender als der Anhang gemäss Art. 663b OR[169].

121

### a) Erläuterungen

Die einzelnen Anmerkungen sind so anzuordnen, dass jede dadurch erläuterte Position der Bilanz, der Erfolgsrechnung und der Geldflussrechnung den Leser mit einer Ordnungsnummer auf die entsprechende Stelle des Anhanges verweist (Querverweisung, *cross reference*). Die «*notes*» geben die Grundlagen für die Aufbereitung des Abschlusses und die angewendeten Rechnungslegungsgrundsätze wieder, bringen alle von IAS verlangten Angaben, die man anderswo im Abschluss nicht findet, und bieten zusätzliche Informationen, welche im Rechenwerk des Abschlusses nicht enthalten sind, aber für eine den tatsächlichen Verhältnissen entsprechende Darstellung notwendig sind[170].

122

### b) Rechnungslegungsgrundsätze

Die Darlegung der *Rechnungslegungsgrundsätze* im ersten Teil des Anhangs beschreibt die Grundsätze für die Bewertung und jeden Rech-

123

---

[168] Bislang zog man in der Schweiz den Begriff «*Mittelflussrechnung*» vor, der stärker auf den Fonds des *Nettoumlaufvermögens* («*net working capital*») abzielte.
[169] Dazu *Peter Böckli* (1996) Kapitel 6, Rz 939 ff.
[170] «*Necessary for the fair presentation*», IAS 1, para. 91 (c).

nungslegungsgrundsatz, der für das Verständnis des Abschlusses notwendig ist[171], und zwar insbesondere:

(1) die Regeln für die Erfassung von *Ertrag* («*revenue recognition*»)[172],

(2) *Konsolidierungskreis* und *-grundsätze*,

(3) *Unternehmenszusammenschlüsse*,

(4) *Gemeinschaftsunternehmen* (Joint Ventures),

(5) *Erfassung* von materiellen (und immateriellen) Gütern sowie deren *Abschreibung* (bzw. *Amortisation*),

(6) *Aktivierung*[173] von Kreditkosten und anderen Aufwendungen,

(7) *Werkverträge*,

(8) *Immobiliaranlagen zu Renditezwecken*,

(9) *Finanzinstrumente und -anlagen*,

(10) *Leasing*,

(11) *Forschungs- und Entwicklungskosten* («F&E»),

(12) *Vorräte*,

(13) *Steuern* (darin eingeschlossen latente Steuern),

(14) *Rückstellungen*,

(15) *Personalaufwand*[174],

(16) *Umrechnung von Fremdwährungen* und *Absicherungsgeschäfte* («hedging»),

---

[171] IAS 1, para. 99.

[172] IAS *vermeiden*, wie schon erwähnt, weitgehend den in der Schweizer Rechnungslegungspraxis – auch wegen der Einbindung der Jahresrechnung in das Unternehmenssteuerrecht aufgrund des Massgeblichkeitsprinzips – so wichtigen Begriff der «*Realisation*» (verstanden als Entstehung eines festen Anspruchs gegen eine Marktgegenseite aus einem Umsatzvorgang). Der Auslöser für eine «*recognition*», d.h. den Ausweis von Ertrag, ist jedoch auch nach IAS wohl in den meisten Fällen durchaus das, was man herkömmlicherweise in der Schweizer Praxis als eine «Realisation» bezeichnet hat.

[173] «*Capitalisation*».

[174] «*Employee benefits*» mag etwas weiter gehen als Personalaufwand, trifft im Wesentlichen aber genau dies.

(17) Definition von *Segmenten* (Geschäftssegmenten und geographischen Segmenten) und Angabe der Basis für die Zuordnung von Aufwand und Ertrag zu diesen Segmenten,

(18) Definition von *Bargeld* und bargeldähnlichen Mitteln,

(19) Rechnungslegung in *Hochinflationsländern* («inflation accounting»), und

(20) behördliche *Subventionen* und *Zuschüsse*[175].

### c) Weitere Angaben

Ferner verlangt IAS die *Offenlegung weiterer Angaben im Anhang* (falls diese nicht anderswo im Rahmen des Jahresabschlusses publiziert werden), nämlich: 124

(21) *Sitz und Rechtsform* des Unternehmens und das *Land* der Registrierung (sowie die Adresse der Hauptverwaltung, falls diese sich nicht am Sitz befindet),

(22) Beschreibung der *Natur des Geschäftsbetriebes* und der wichtigsten *Tätigkeiten*,

(23) *Firmennamen der Muttergesellschaft* und der obersten Dachholding des Konzerns, und

(24) Anzahl *Angestellte* (am Ende der Periode oder im Durchschnitt während der Periode).

Es versteht sich, dass die einzelnen Standards eine grosse Anzahl von zusätzlichen *Offenlegungen* im Anhang verlangen.

## 7. Inkrafttreten

IAS 1 trat in seiner 1997 überarbeiteten Fassung für Abschlüsse in Kraft, deren Rechnungsperiode am 1. Juli 1998 oder danach begann. 125

---

[175] Dazu gibt es einen eigenen Standard, IAS 20 («*Accounting for Government Grants and Disclosure of Government Assistance*»).

## 8. Auslegungsbeschluss SIC 8 zu IAS 1 (erstmalige Anwendung von IAS)

### a) Auslegungsfrage

126 Wie ist zu verfahren, wenn ein Unternehmen früher die Grundsätze der örtlichen Gesetzgebung zur Rechnungslegung («*national GAAP*») angewendet hat und nun erstmals auf IAS umstellt?

### b) Konsens

127 Der erste IAS-Abschluss ist so zu erstellen, als ob das Unternehmen schon immer nach den Standards und Auslegungsbeschlüssen abgeschlossen hätte, welche in der Periode der ersten Anwendung in Kraft stehen. Dies führt zur Notwendigkeit, diese Standards und Auslegungsbeschlüsse *rückwirkend* anzuwenden. Davon kann nur dann abgewichen werden, wenn Übergangsbestimmungen ein anderes Vorgehen vorsehen oder der Betrag der Anpassungsbuchungen, die sich auf frühere Rechnungsperioden beziehen, nicht in einer vernünftigen Weise bestimmt werden kann. Vergleichszahlen sind für die Vorperiode zu bieten, und die Anpassungsbuchungen, die sich aus dem Übergang zu IAS ergeben, werden nicht erfolgswirksam, sondern direkt als *Veränderungen der Gewinnreserve* in der ersten nach IAS dargestellten Rechnungsperiode erfasst.

## 9. Auslegungsbeschluss SIC 6 zu IAS 1, para. 11 (Aktivierung von Software-Aufwendungen)

### a) Auslegungsfrage

128 Unternehmen können erhebliche Beträge zur Aufrüstung von bestehenden *Software-Systemen* aufwenden, z.B. zur Bewältigung des (berühmt-berüchtigten) «Millennium-Bug»[176] oder im Zusammenhang mit der

---

[176] Die 1996 bis 1999 weltweit gehegte Befürchtung, dass beim Übergang von der Jahreszahl 1999 zu 2000 elektronische Systeme mit zweistelliger Erfassung der Jahreszahlen den Wechsel von «99» zu «00» als «1900» oder «alles löschen» missverstehen oder ihm überhaupt keinen im Programm vorgegebenen Sinn zuzuordnen vermögen.

Einführung einer neuen Währung (z.B. des «Euro»). Die Frage ist, ob solche Kosten sofort als Aufwand auszuweisen oder zu aktivieren seien.

b)      **Konsens**

Insoweit als die *Kosten* dazu dienen, den künftigen wirtschaftlichen Nutzen, den das Unternehmen von den ursprünglich festgelegten Leistungsstandards existierender Software-Systeme erwarten kann, wieder herzustellen oder aufrecht zu erhalten, müssen die Kosten als *Aufwand* ausgewiesen werden, sobald sie anfallen. Der Ausweis bezieht sich auf das Rechnungsjahr, in dem die Wiederherstellung oder «*maintenance*» ausgeführt wird. 129

Die Begründung für diese Entscheidung liegt darin, dass eine *Aktivierung* nur dann erlaubt ist, wenn Aufwendungen zu spezifisch zuzuordnendem künftigem wirtschaftlichem Nutzen führen, der über den ursprünglich festgelegten Leistungsstandard hinausgeht. 130

## IAS 2 Vorräte (Fassung 1993)

131 IAS 2 («*Inventories*») deckt ungefähr das ab, was in Art. 666 OR angesprochen wird, aber mit ungleich grösserer Differenzierung. Der Standard ist anwendbar im Zusammenhang mit dem System der *historischen Kosten*, das von IAS in diesem Zusammenhang immer noch bevorzugt und in fast allen nach diesen Standards erstellten Abschlüssen angewendet wird. Der Standard bezieht sich weder auf Waren in Arbeit unter Werkverträgen (IAS 11) noch auf Finanzinstrumente (IAS 32 und 39) oder gar Urprodukte[177].

### 1. Begriffsbestimmung

132 Als *Vorräte* gelten Wirtschaftsgüter, die entweder für den Verkauf im Rahmen der ordentlichen Geschäftstätigkeit (*Endprodukte*) bestimmt sind oder die in der Herstellung im Hinblick auf den Verkauf (*Zwischenprodukte*) oder als Rohstoffe oder Lieferungen im Herstellungsprozess bzw. für die Erbringung von Dienstleistungen verwendet werden sollen.

### 2. Wichtigste Regeln

#### a) Bewertung

133 Vorräte sind zu den *historischen Kosten* zu erfassen oder zum *erzielbaren Nettowert*[178], wenn dieser niedriger ist[179]. Als historische Kosten gel-

---

[177] *Urprodukte* sind einerseits die Erzeugnisse der Land-, Forst- und Fischereiwirtschaft, anderseits vor allem jene des Bergbaus und des Abbaus von Kohlenwasserstofflagern (Erdöl und Erdgas). Dazu wird ein Standard vorbereitet.

[178] Im Gegensatz zu Art. 666 Abs. 2 OR heisst es nicht «*der am Bilanzstichtag allgemein geltende Marktpreis*», sondern der «*erzielbare Nettowert*» («*net realisable value*»), d.h. der um die Fertigstellungs- und Verkaufskosten gekürzte, in der ordentlichen Geschäftstätigkeit erzielbare Erlös. Das Prinzip des erzielbaren Nettowertes wird auch angewendet z.B. für Rohmaterialien, für welche eigentlich ein Marktwert besteht.

ten alle Anschaffungskosten[180], die Herstellungskosten[181] und alle weiteren Kosten, die angefallen sind, um die Vorräte an den jetzigen Ort und in ihre jetzige Beschaffenheit zu bringen. IAS 2 enthält detaillierte Ausführungen zur Erfassung der Anschaffungskosten einerseits und der Herstellungskosten anderseits. Aus der Kostenbasis der Vorräte ausdrücklich ausgeschlossen sind die Lagerkosten, abnormer Ausschuss, die administrativen Gemeinkosten und die Verkaufskosten[182]. Für die Zuordnung der Kosten zu den Vorräten bevorzugt IAS 2 die *«first in first out»*-Methode («*FIFO*») oder die Formel des gewichteten Durchschnitts[183]; möglich ist auch «*LIFO*» («*last in first out*»). Als erzielbarer Nettowert der Vorräte («*net realisable value*») gilt, wie vorn erwähnt, der geschätzte Verkaufspreis, der in der ordentlichen Geschäftstätigkeit erzielt werden kann, abzüglich der geschätzten Kosten für die Fertigstellung und den Verkauf[184]. Sinkt der erzielbare Wert unter den Kostenwert, so kommt es zur Wertberichtigung («*write-down*»).

### b) Wiederzuschreibung (rückgängig gemachte Wertberichtigung)

IAS 2 sieht vor, dass eine Wertberichtigung für Vorräte («*write-down*») nachträglich *rückgängig* gemacht wird, d.h. eine *Wiederzuschreibung* vorgenommen wird, wenn der herabgesetzte Wert zufolge des späteren Wegfalls des Reduzierungsgrundes nicht mehr gerechtfertigt ist. Dies trifft zu, wenn z.B. ein Wirtschaftsgut des Inventars wegen sinkender Verkaufspreise wertberichtigt worden ist und in der darauffolgenden Periode der Verkaufspreis sich wieder erholt[185]. Dem entsprechenden Zuschreibungsbetrag[186] entspricht dann keine «Realisation», wohl aber

134

---

[179] Eine *Ausnahme* gilt für *Produktionsmaterial*: dieses wird gewöhnlich *nicht* unter den Kostenwert wertberichtigt, ausser wenn anzunehmen ist, dass die Kosten des Fertigproduktes den für dieses erzielbaren Nettowert übersteigen werden. IAS 2, para. 29.
[180] Einschliesslich der *Einfuhrzölle* und anderer nicht rückerstattbarer Abgaben. Die *Einfuhrumsatzsteuer* ist bei einem mehrwertsteuerpflichtigen Unternehmen grundsätzlich (durch Vorsteuerabzug) erstattbar.
[181] Vorn Abschnitt II/6/a.
[182] IAS 2, para. 14.
[183] IAS 2, para. 21.
[184] IAS 2, para 4.
[185] IAS 2, para. 30.
[186] «*Reversal of a write-down*».

ein nachvollziehbarer und zu belegender Anstieg des erzielbaren Nettowertes.

### c) Erfassung

135 Den Aufwand im Zusammenhang mit *Verkäufen aus Vorräten* erfasst das Unternehmen in der Periode, in welcher der entsprechende Ertrag erzielt wird, mit dem Buchwert des verkauften Gegenstandes[187]. Wird eine Wertberichtigung später zufolge des Wiederanstiegs des realisierbaren Nettowertes unnötig und daher *rückgängig* gemacht, so erscheint dieser erfolgswirkssame Posten nach IAS nicht als separater Ertrag, sondern dient zur *Minderung des Aufwandes* für die Vorräte in der gleichen Periode[188].

## 3. Offenlegung im Anhang

136 IAS 2 verlangt die *Offenlegung* folgender Angaben (in der Regel im Anhang):

(1) Grundsätze für die *Bewertung* der Vorräte, einschliesslich der verwendeten Kostenformel,

(2) *gesamter Buchwert* der Vorräte sowie Buchwert nach Kategorien, die für das Unternehmen zweckmässig sind (z.B. Rohstoffe, Waren in Arbeit, Handelsware),

(3) Buchwert von Vorräten, die zum *erzielbaren Nettowert* ausgewiesen werden (nämlich weil der massgebliche Wert am Bilanzstichtag unter die Kostenbasis gesunken ist),

(4) Betrag von *rückgängig gemachten Wertberichtigungen*[189] («Wiederzuschreibungen») während der Rechnungsperiode, und Umstände oder Ereignisse, die zu der Rückgängigmachung von Wertberichtigungen führten, und

---

[187] IAS 2, para. 31.
[188] IAS 2, para. 31.
[189] «Reversal of write-down», IAS 2, para. 34 (d).

(5) Buchwert von Vorräten, die als *Sicherheit* für Verbindlichkeiten verpfändet sind[190].

IAS 2 verlangt sodann, dass die *Kosten der Vorräte* entweder nach dem System der Produktions- oder der Absatzerfolgsrechnung erfasst werden. 137

## 4. Auslegungsbeschluss SIC 1 zu IAS 2 (Vorräte)

### a) Auslegungsfrage

IAS 2 erlaubt in Para. 21 und 23 verschiedene *Kostenformeln* (FIFO, gewichtete Durchschnittskosten oder LIFO) für Vorräte, die gewöhnlich austauschbar sind oder nicht für bestimmte Projekte hergestellt und ausgesondert werden. Die Frage lautet, ob ein Unternehmen verschiedene Kostenformeln für verschiedene Arten von Vorräten anwenden darf. 138

### b) Konsens

Ein Unternehmen muss die *gleiche Kostenformel* für alle Vorräte anwenden, die ähnlicher Natur sind und im Unternehmen dem gleichen Zweck dienen. Dagegen können für Vorräte, die anderer Natur sind oder einem andern Zweck dienen (z.B. bestimmte Rohmaterialien zum Gebrauch in einem der Geschäftssegmente und die gleiche Art von Rohmaterialien für ein anderes Geschäftssegment), abweichende Kostenformeln gerechtfertigt werden. Eine blosse Verschiedenheit in der geographischen Lage der Vorräte (und in den entsprechend anwendbaren steuerlichen Vorschriften) ist jedoch für sich allein nicht eine hinreichende Rechtfertigung für die Anwendung von verschiedenen Kostenformeln. 139

---

[190] Das geltende Schweizer *Sachenrecht* erschwert wegen des Erfordernisses der Besitzübertragung (Art. 884 und Art. 888 in Verbindung mit Art. 717 ZGB) sowohl die Errichtung eines Fahrnispfandrechts wie die Durchführung einer gültigen Sicherungsübereignung im Zusammenhang mit Vorräten.

International Accounting Standards (IAS)

## IAS 4 Planmässige Abschreibungen (Fassung 1994, aufgehoben 1999) [191]

140 Der vierte Standard («*Depreciation Accounting*») beschrieb die *ordentlichen oder planmässigen Abschreibungen* der Wirtschaftsgüter im Anlagevermögen. Dieser Standard wurde durch Beschluss des IASC vom November 1999 als überflüssig *aufgehoben*, weil die Standards 16 (Sachanlagen) und 38 (Immaterielle Güter) alle nötigen Regeln über die Abschreibungen enthalten. Die Grundsätze, die in IAS 4 enthalten waren und im Wesentlichen weiter gelten, können hier aus didaktischen Gründen dennoch in aller Kürze festgehalten werden:

141 1. Als *abschreibungsfähige Wirtschaftsgüter* betrachten die IAS Aktiven, deren betrieblicher Einsatz über mehr als eine Rechnungsperiode zu erwarten ist, die eine begrenzte Nutzungsdauer haben und die vom Unternehmen zur Verwendung in der Herstellung oder zur Lieferung von Gütern, zur Erbringung von Dienstleistungen, für die Vermietung oder für administrative Zwecke gehalten werden.

142 2. Die *Nutzungsdauer* («*useful life*») wird bemessen entweder nach der Periode, über welche ein abschreibungsfähiges Wirtschaftsgut voraussichtlich durch das Unternehmen genutzt wird, oder nach der Anzahl von Produktionseinheiten oder ähnlichen Einheiten, die das Unternehmen durch die Verwendung des Wirtschaftsgutes zu erwirtschaften erwartet.

143 3. Der *abschreibungsfähige Betrag* eines Wirtschaftsgutes versteht sich als Differenz zwischen dem Anschaffungs- oder Herstellungswert und einem eventuellen Restwert. Dieser Betrag muss während der Nutzungsdauer auf einer *systematischen Basis* jeder einzelnen Rechnungsperiode zugeordnet werden. Die Abschreibung muss planmässig auch dann weitergeführt werden, wenn im Einzelfall wegen eines Wertanstiegs in der Rechnungsperiode der Abschreibungsschritt als nicht erforderlich erscheinen mag.

---

[191] IAS 4 wurde aufgehoben für Jahresrechnungen, die am oder nach dem 1. Juli 1999 begannen. IAS 3 wurde schon früher aufgehoben und ersetzt durch IAS 27 und 28.

4. Für die *Schätzung der Nutzungsdauer* spielen die voraussichtliche physische Abnützung, das Veralten («*obsolescence*») und rechtliche oder andere Einschränkungen der Verwendung des Wirtschaftsgutes eine Rolle. 144

5. Das Unternehmen kann nach seinem eigenen sachgemässen Urteil die *lineare* oder die *degressive* Methode wählen[192]. Die gewählte Abschreibungsmethode muss indessen stetig von Periode zu Periode beibehalten werden, so lange nicht veränderte Umstände einen Wechsel rechtfertigen. 145

---

[192] Vgl. dazu *Peter Böckli* (1996) Kapitel 6, Rz 1015.

## IAS 7  Geldflussrechnung (Fassung 1992)[193]

146  Die *Geldflussrechnung* («*Cash Flow Statement*») ist nebst Bilanz, Erfolgsrechnung, Anhang und Eigenkapitalausweis einer der fünf obligatorischen Bestandteile des IAS-Jahresabschlusses.

### 1. Definition

147  Gemäss IAS 7 umfasst der Begriff *Bargeld* («*cash*») sowohl Bargeld im engeren Sinn als auch Sichteinlagen. Als bargeldähnliche Mittel («*cash equivalents*») gelten andere kurzfristige und hoch liquide Anlagen, die ohne weiteres in Bargeld umgewandelt werden können und einem unbedeutenden Wechselkursrisiko unterliegen.

148  Nach IAS 7 gelten als «*cash flow*» alle Zu- und Abflüsse von Bargeld oder bargeldähnlichen Mitteln im Unternehmen, keineswegs nur die Geldschöpfung aus betrieblicher Leistungserstellung. Daher gelten nach IAS 7 als «*cash flow*» auch der Geldzufluss aus dem Abbau (bzw. umgekehrt, als negativer «*cash flow*», die Mittelbindung aus dem Aufbau) von Lagerbeständen oder die Geldflüsse aus der Anschaffung oder der Veräusserung von Anlagevermögen[194]:

149  (i)  Als *betriebliche Tätigkeiten* («*operating activities*») gelten die hauptsächlichen ertragswirksamen Tätigkeiten des Unternehmens sowie andere Aktivitäten, die weder aus Investitionen noch Finanzierungsvorgängen bestehen.

(ii)  Als *Investitionen* («*investing activities*») gelten der Erwerb oder die Veräusserung von «langfristigen» Wirtschaftsgütern (d.h. Aktiven mit längerer Nutzungsdauer) und andere Mittelbindungen, die nicht aus Anlagen in bargeldähnliche Mittel bestehen.

(iii)  *Finanzierungsvorgänge* («*financing activities*») sind alle Tätigkeiten, die zu einer Veränderung im Umfang oder in der Zusam-

---

[193]  Die früheren Standards 5 und 6 wurden aufgehoben und sind ersetzt durch IAS 1 bzw. 15.
[194]  Auslösendes Ereignis ist dabei stets der Geldfluss als *Konsequenz* des Geschäftsvorfalls, nicht der Geschäftsvorfall selbst.

mensetzung des Eigenkapitals bzw. des Fremdkapitals eines Unternehmens führen.

## 2. Gliederung der Geldflussrechnung

IAS 7 verlangt die Gliederung der Geldflussrechnung in drei Klassen: 150
- betriebliche Tätigkeit,
- Investitionen,
- Finanzierungsvorgänge.

### a) Betriebliche Tätigkeit

Hierzu gehören die Geldzu- und -abflüsse aus den *hauptsächlichen ertragswirksamen betrieblichen Tätigkeiten* der Unternehmung, namentlich aus dem Verkauf von Gütern und der Erbringung von Dienstleistungen, aus passiven Einkünften (Royalties und Zinsen), aus Geldabflüssen an Lieferanten und Angestellte, sowie Zahlungen an Steuerbehörden. IAS 7 bezeichnet diesen Teil der Geldflussrechnung, den man früher (und teilweise noch heute) in der Schweiz für sich allein kurz als «Cashflow» zu bezeichnen pflegte, als «*key indicator*»[195]. 151

### b) Investitionen

Der separate Ausweis der Geldzu- und -abflüsse aus *Investitionstätigkeit* ist notwendig, weil es hier um Mittelbindung und (bei Veräusserungen) um Mittelschöpfung des Unternehmens im Bereiche der auf *künftigen Nutzen* ausgerichteten Anlagen des Unternehmens geht. Typische Beispiele in diesem Bereich sind Geldabflüsse für den Erwerb von Grundstücken, Gebäuden und Maschinen (Sachanlagen) oder immateriellen Gütern, und umgekehrt Geldzuflüsse aus deren Verkauf. Zu den investiven Geldabflüssen gehören ferner der Einkauf in andere Unternehmen, die Gründung von Gemeinschaftsunternehmen (Joint Ventures), die Gewährung von Darlehen und Termingeschäfte, die nicht mit den betrieblichen Tätigkeiten zusammenhängen. 152

---

[195] IAS 7, para. 13 ff.

### c) Finanzierungsvorgänge

153 Hier geht es um den Mittelzu- und -abfluss aus dem Wachsen oder Schrumpfen des Fremdkapitals oder des Eigenkapitals. Beispiele sind Geldzuflüsse aus Ausgabe von Aktien oder anderen Beteiligungsrechten, aus zusätzlichen Krediten (Verschuldung), oder der Geldabfluss aus Kapitalherabsetzungen und aus Rückzahlung von Krediten (Tilgung).

## 3. Weitere Regeln für die Geldflussrechnung

### a) Indirekte oder direkte Methode

154 IAS 7 anerkennt nur noch mürrisch die in der Schweiz immer noch vorherrschende *indirekte* Methode zur Berechnung des Cashflows. Diese geht vom Reingewinn aus und berichtigt diesen hinsichtlich der nicht bargeldwirksamen Transaktionen (insbesondere der Abschreibungen und der Rückstellungsveränderungen). Wer mit der indirekten Methode arbeitet, muss, um aus dem «accrual»-System in das von der Geldflussrechnung anvisierte «cash»-System zu gelangen, die Veränderungen des Nettoumlaufvermögens einbeziehen. IAS 7 befürwortet eindeutig die *direkte* Methode, die nicht vom Reingewinn ausgeht, sondern unmittelbar vom Geldfluss, indem grössere Kategorien von Bruttogeldzuflüssen und Bruttogeldabflüssen ermittelt und als solche offengelegt werden[196]. In wenigen Fällen erlaubt IAS 7 den Ausweis von Geldflüssen auf einer Nettobasis[197]. Geldflüsse in fremder Währung sind in die Währung des Abschlusses zum Wechselkurs am Tage des Geldflusses (d.h. *nicht* des Quartalsendes oder gar des Bilanzstichtages) umzurechnen[198]. Die sich daraus ergebenden praktischen Probleme werden durch die Verwendung eines Durchschnittskurses gelöst.

### b) Besondere Vorgänge

155 IAS 7 verlangt eine separate Erfassung aller Geldflüsse aus *ausserordentlichen Vorgängen*, und zwar wiederum eingeteilt in die drei Kate-

---

[196] IAS 7, para. 18.
[197] IAS 7, para. 22 und 24.
[198] IAS 7, para. 25.

gorien der betrieblichen Tätigkeiten, der investiven Tätigkeiten und der Finanzierungsvorgänge[199]. Geldflüsse aus *Zinsen* und *Dividenden* sind getrennt auszuweisen, und zwar entsprechend der Natur dieser Vorgänge unbekümmert darum, ob ein Zins als Aufwand verbucht oder aktiviert worden ist. Ebenfalls separat auszuweisen sind Geldflüsse für *Gewinnsteuern*, wobei diese gewöhnlich den betrieblichen Tätigkeiten zuzuordnen sind, ausser wenn sie sich spezifisch auf Finanzvorgänge oder Investitionstätigkeiten beziehen[200].

## 4. Offenlegung ausserhalb des Zahlenwerkes der Geldflussrechnung

IAS 7 verlangt, dass jene Investitions- und Finanzvorgänge, die *ohne* Geldflüsse abgewickelt werden (wie z.B. Tausch, Erwerb von Gütern gegen Schuldübernahme oder in einem Finanzierungsleasing, Übernahme eines Unternehmens gegen Hingabe bestehender oder Ausgabe neuer Aktien oder Umwandlung von Schulden in Eigenkapital) aus der Geldflussrechnung ausgeklammert werden. Solche Vorgänge sind anderswo im Jahresabschluss – nämlich in der Regel im *Anhang* – offenzulegen, und zwar auf eine Weise, die alle relevanten Informationen über diese Investitionen und Finanzvorgänge liefert[201]. 156

Das Unternehmen legt im Anhang die *Zusammensetzung der Barmittel* und der bargeldähnlichen Mittel offen und stimmt die Beträge in der Geldflussrechnung mit den entsprechenden Angaben in der Bilanz ab. 157

Schliesslich legt das Unternehmen *Sperrguthaben* offen, d.h. erhebliche Bestände an Bargeld und bargeldähnlichen Mitteln, die z.B. wegen Devisenbewirtschaftung effektiv *nicht* für den Gebrauch durch den Konzern zur Verfügung stehen[202]. 158

---

[199] IAS 7, para. 29. Es ist zu beachten, dass die IAS den Begriff der ausserordentlichen Vorgänge *enger* fasst als die Schweizer Praxis nach Art. 663 OR 1991.
[200] IAS 7, para. 35.
[201] IAS 7, para. 43/44.
[202] IAS 7, para. 48.

## IAS 8  Gewinn oder Verlust der Rechnungsperiode, grundlegende Fehler und Änderungen in der Rechnungslegung (Fassung 1993)

159 IAS 8 («*Net Profit or Loss for the Period, Fundamental Errors and Changes in Accounting Policies*») enthält einen vom geltenden OR-Rechnungslegungsrecht abweichenden Leitgedanken: auch aperiodische Vorgänge gehören grundsätzlich zum ordentlichen Ergebnis. Ausserdem befasst er sich mit dem im herkömmlichen Rechnungslegungsrecht nicht abgehandelten Thema der Fehler und der Änderungen[203].

160 Nach dem Prinzip der *Vollständigkeit* sind alle Erträge und Aufwendungen, die sich in einer Periode verwirklichen, in die Bestimmung des Reingewinns oder Verlustes einzubeziehen, insoweit jedenfalls, als die Standards nichts anderes erfordern oder erlauben.

### 1. Ordentliches und ausserordentliches Ergebnis; «nicht-routinemässige» Posten oder «bedeutsame Vorgänge»

a) Zurückdrängen der «ausserordentlichen» Erträge und Verluste

161 Der Standard behandelt vor allem die Unterscheidung zwischen *ausserordentlichen* und *ordentlichen* Erträgnissen. Sowohl der Reingewinn wie der Verlust sind in der Erfolgsrechnung in ordentliche und ausserordentliche Gewinne oder Verluste zu gruppieren; dabei sind die Natur und der Betrag jedes ausserordentlichen Gewinns oder Verlustes separat auszuweisen. Praktisch gehören jedoch nach IAS die weitaus meisten Aufwand- und Ertragsposten des Jahres zur *ordentlichen* Tätigkeit des Unternehmens, und nur in seltenen Fällen wird ein Vorfall oder eine Transaktion dem ausserordentlichen Gewinn oder Verlust zugeordnet[204].

---

[203] Das IASC hat 1999 gewisse Teile, die sich auf Betriebseinstellungen («*discontinuing operations*») bezogen, aus IAS 8 entfernt.

[204] IAS 8, para. 12; in striktem Gegensatz dazu steht Art. 663 Abs. 1 OR 1991, wo ausserordentliche Erträge gesondert auszuweisen sind und z.B. Gewinne

Zu den seltenen Fällen gehören nach IAS die Enteignung, Erdbeben oder andere Naturkatastrophen. Man kann das so zusammenfassen, dass nach IAS 8 der Begriff «ausserordentlicher Gewinn oder Verlust» in einem Jahresabschluss im Regelfall überhaupt nicht mehr vorkommt.

### b) Kennzeichnung von «bedeutsamen Vorgängen»

Da dann aber *periodische* betriebliche Gewinn- und Verlustelemente, die für die nachhaltige *Ertragskraft repräsentativ* sind, mit solchen, die es eindeutig *nicht* sind, in einem Haufen ausgewiesen werden, führt IAS 8 eine besondere *Offenlegungspflicht* für die zweite Kategorie ein. IAS betont, dies seien deswegen jedoch noch nicht «ausserordentliche» Posten im engeren Sinne: sie sind gewissermassen «nicht-routinemässige» oder eben «bedeutsame Vorgänge», was zur Kennzeichnungspflicht führt. Innerhalb des Gewinns oder Verlustes aus der *ordentlichen* Betriebstätigkeit sind Erträge und Aufwendungen deshalb separat offenzulegen, wenn sie nach Umfang, Natur oder Auswirkungen zur Erklärung des Erfolgs des Unternehmens in der Periode relevant sind. Man kennzeichnet solche Geschäftsvorfälle in der Praxis etwa als «*significant financial events*» (bedeutsame Finanzvorgänge) innerhalb der ordentlichen Erträge. Dazu können gehören[205]:

162

(1) *Wertberichtigungen* in Vorräten oder Sachanlagen und deren Rückgängigmachung[206];

(2) *Restrukturierungen*;

(3) Veräusserungen von *Sachanlagen* (oder *langfristigen Finanzanlagen*[207]);

(4) *Betriebseinstellungen*;

(5) Erledigung von grossen *Rechtsstreitigkeiten*;

(6) andere *Auflösungen* von Rückstellungen.

---

aus Veräusserung von Anlagevermögen als «*ausserordentlich*» verstanden werden.
[205] IAS 8, para. 18.
[206] IAS 8, para. 18 (a), «*reversal*».
[207] Vgl. IAS 25.

## 2. Änderung von Schätzungen

163 Muss wegen neuer Informationen, einer Änderung von relevanten Tatsachen oder einer neuen, auf Erfahrungen gestützten Beurteilung eine für den Abschluss erhebliche *Schätzung geändert* werden, so ist die Auswirkung in der gleichen Periode erfolgswirksam auszuweisen[208]. Die einzelne Veränderung (z.B. Qualität der Forderungen, Veralten der Vorräte oder Verkürzung der Nutzungsdauer von Sachanlagen) darf nach dem bekannten Prinzip der IAS *nicht* als ausserordentlicher Posten klassifiziert werden, ist aber offenzulegen, falls sie wesentlich ist[209].

## 3. Grundlegende Fehler im Jahresabschluss

164 In IAS 8 finden sich die Regeln für die Berichtigung von *grundlegenden Fehlern* («*fundamental errors*»), welche später entdeckt werden und so bedeutend sind, dass sie die Verlässlichkeit des ganzen Rechenwerks in Frage stellen[210]. Als Beispiele nennt IAS 8 eine irrtümliche Verbuchung von Waren in Arbeit oder Forderungen, die sich aus einem betrügerischen und daher unwirksamen Vertrag ableiten. Der entscheidende Ansatz zur Bewältigung eines solchen Problems besteht darin, dass die Zahlen der Periode, in welcher der grundlegende Irrtum sich *ausgewirkt* hat, in einem «*restatement*» berichtigt werden. Anschliessend wird die *Gewinnreserve* («*retained earnings*») der Folgeperiode entsprechend korrigiert.

165 Nicht zu den grundlegenden Fehlern gehören dagegen *Änderungen von Schätzungen* im vorerwähnten Sinn. War eine Eventualverbindlichkeit bisher nicht als Verbindlichkeit verbucht, und erlauben neue Umstände eine Schätzung oder ergibt sich aus ihnen sogar eine bestimmte, feste Schuld, so sind dies Vorgänge, die nicht unter die Regel von den grundlegenden Fehlern fallen[211], sondern unter jene von den Änderungen in den Schätzungen.

---

[208] Und auch in den *folgenden Perioden*, falls die Wirkung der Änderung andauert, z.B. bei einer Änderung der Nutzungsdauer, IAS 8, para. 26.
[209] IAS 8, para. 26, 28 und 30.
[210] IAS 8, para. 6.
[211] IAS 8, para. 33.

Die notwendige Berichtigung ist im *Anhang* offenzulegen, unter Angabe der Natur des grundlegenden Fehlers und des Betrags der Änderung im Gewinn oder im Verlust der Rechnungsperiode[212]. 166

## 4. Änderungen in den Grundsätzen der Rechnungslegung

IAS 8 erlaubt *Änderungen in den einmal angenommenen Grundsätzen der Rechnungslegung* nur einschränkend, nämlich dann, wenn das Gesetz oder ein Selbstregulierungs-Gremium für die Rechnungslegung es verlangt, oder wenn die Änderung zu einer zweckmässigeren Wiedergabe von Ereignissen oder Geschäftsvorfällen im Jahresabschluss führt[213]. IAS 8 enthält Vorschriften für die erforderlichen Änderungsbuchungen. 167

---

[212] IAS 8, para. 40 (mit weiteren Einzelheiten).
[213] IAS 8, para. 42. *Einzelheiten* wenden sich in erster Linie an den Spezialisten und würden hier zu weit führen.

## IAS 10  Ereignisse nach dem Bilanzstichtag (Fassung 1999)[214]

### 1. Einführung

168 Das Rechnungslegungsrecht des OR 1991 kennt noch keine Bestimmungen über die Auswirkung von *Ereignissen nach dem Bilanzstichtag*. IAS 10 («*Events After the Balance Sheet Date*»)[215] visiert günstige oder ungünstige Ereignisse an, die zwischen dem Bilanzstichtag und dem Tag der Genehmigung des Jahresabschlusses eintreten, also in der Regel in der Spanne der ersten drei bis fünf Monate des neuen Geschäftsjahres. Als Tag der Genehmigung gilt in der Regel der Augenblick, in dem die Jahresrechnung vom Verwaltungsrat mit der Einberufung der ordentlichen Generalversammlung festgestellt und zur Offenlegung freigegeben wird[216]. IAS 10 unterscheidet zwischen

(a) Ereignissen, die *neues Licht* auf die vor dem Bilanzstichtag herrschenden Umstände werfen, und

(b) Ereignissen, die auf *aktuelle* Lageentwicklungen *nach* dem Bilanzstichtag hinweisen.

### 2. Aufhebung der bisherigen Regeln über «Contingencies» in IAS 10

169 Durch den 1998 erlassenen Standard IAS 37 wurden die bisher ebenfalls in IAS 10 enthaltenen Bestimmungen über «*Contingencies*» (Erfolgsunsicherheiten) aufgehoben und ersetzt durch die im Zusammenhang mit den Rückstellungen neu gefassten Regeln der para. 18 und 20 von IAS 37.

---

[214] IAS 9 wurde aufgehoben.
[215] Zu den «*Contingencies*», die früher im Titel von IAS 10 erwähnt waren, siehe Ziffer 2 hiernach.
[216] Art. 699, 700 und 716a Abs. 1 Ziff. 6 OR 1991.

## 3. Regeln zu den Ereignissen nach dem Bilanzstichtag

Die Grundregel besteht darin, dass neue Erkenntnisse über *alte* Tatsachen zur Anpassung der Bilanz, Erkenntnisse über *neue* Entwicklungen zu einer Offenlegung führen.

### a) Neues Licht auf alte Tatsachen

Ereignisse nach dem Bilanzstichtag, die zu neuen Erkenntnissen und dadurch zu einer *besseren Schätzung von Bilanzposten* führen, die sich auf am Bilanzstichtag bereits existierende Umstände beziehen, machen eine Anpassung in den Aktiven bzw. den Verbindlichkeiten der Bilanz notwendig[217]. Eine Adjustierung in Aktiven und Passiven ist ferner nötig, wenn solche Ereignisse anzeigen, dass die Fortführungsprämisse hinsichtlich der Gesamtheit oder eines Teils des Unternehmens nicht mehr angebracht ist. Als Beispiel für ein Ereignis nach dem Bilanzstichtag, das zu einer Änderung der Bilanz führt, nennt IAS 10 den nach dem Bilanzstichtag eintretenden Konkurs eines Kunden, der eine Wertberichtigung der ausgewiesenen Forderung aus Lieferung und Leistungen nötig macht.

### b) Neue Tatsachen

Haben *Ereignisse nach dem Bilanzstichtag* nicht Auswirkungen auf den Zustand von Aktiven und Verbindlichkeiten am Bilanzstichtag selbst, sind sie aber von einer solchen Wichtigkeit, dass die Unterlassung der Offenlegung die Fähigkeit der Benützer des Jahresabschlusses zu einer angemessenen Einschätzung und Entscheidung beeinträchtigen würden, so sind diese Ereignisse (normalerweise im Anhang) *offenzulegen*. Die Jahresrechnung selbst wird nicht angepasst[218]. Als Beispiel nennt IAS 10 einen ungewöhnlichen Wertschwund einer Vermögensanlage zwischen dem Bilanzstichtag und der Bilanzgenehmigung oder die Zerstörung einer wichtigen Fabrikationsanlage durch Feuer oder eine wichtige Unternehmensübernahme in dieser Zeitspanne.

---

[217] IAS 10, para. 7 ff..
[218] IAS 10, para. 10.

173 Die vom Verwaltungsrat beantragte *Dividende* für das mit dem Bilanzstichtag schliessende Geschäftsjahr ist offenzulegen[219].

## 4. Offenlegung

174 IAS 10 verlangt sowohl bei einem Ereignis, das neues Licht auf die alten Zustände wirft, wie bei einem neue Umstände bewirkenden Ereignis nach dem Bilanzstichtag die Offenlegung im *Anhang*:

(i) hinsichtlich der *Natur* des Ereignisses und

(ii) verbunden mit einer *Schätzung* der finanziellen Auswirkungen oder der Angabe, dass eine Schätzung unmöglich ist.

---

[219] IAS 10, para. 11 und 12. Bis 1999 konnte das Unternehmen den Betrag der vorgesehenen Dividende auch schon gerade als Verbindlichkeit bilanzieren. Das ist nach der Revision von IAS 10 nicht mehr zulässig.

# IAS 11    Werkverträge (Fassung 1993)

Dieser besondere, hier nur kurz zu erwähnende Standard bezieht sich auf den Ausweis von länger dauernden Werkverträgen im Jahresabschluss von Unternehmen. Anvisiert werden *langfristige Fertigungsaufträge*, d.h. solche, die sich über mehr als ein Jahr erstrecken, wie im Anlagebau, bei Grossüberbauungen oder komplexen Projekten. 175

Im Wesentlichen lässt IAS 11 nur eine einzige Methode des Ertragsausweises zu: die *«percentage-of-completion method»*, die zur Aktivierung nach dem anteiligen Fertigungsstand führt und den Gewinn über die Fertigungsdauer verteilt. Der anteilige Gewinnausweis entfällt nur dann, wenn der Ausgang des Projektes unsicher ist. IAS wendet sich damit bei solchen langfristigen Vorgängen gegen eine aus dem «Vorsichtsprinzip» der herkömmlichen Rechnungslegung abzuleitende Verschiebung des ganzen Gewinnausweises auf das Endstadium der Fertigung bzw. die Ablieferung. Es gilt aber auch die anderswo ausgesprochene Mahnung, Erträge nicht einfach im Rhythmus der Akontozahlungen auszuweisen[220]. 176

---

[220]    Vgl. IAS 18, para. 24 (Rz 265).

# IAS 12 Gewinnsteuern (Fassung 1996)

177 Eines der schwierigsten Kapitel der IAS ist die Behandlung der Auswirkungen der *nach dem Gewinn*[221] *bemessenen Steuern* («*Income Taxes*») im Jahresabschluss. Die nachfolgende Darstellung kann eine Erläuterung der methodischen Grundgedanken bieten; für Einzelregelungen (mit zahlreichen Beispielen in den Anhängen) ist auf IAS 12 zu verweisen. Vorweg zu beachten ist, dass die Fassung von 1996 die im ursprünglichen Standard 12 (Fassung von 1979) noch vorgesehenen Wahlrechte stark eingeschränkt und den internationalen Siegeskranz allein der nun zu erläuternden «*balance sheet liability method*» verliehen hat.

## 1. Methodische Grundlagen

178 Das IAS-System unterscheidet streng zwischen der Verbuchung von *laufenden* Steuerschulden der Periode und *latenten* Steuerschulden. Das wird besser verständlich, wenn man zuerst das Feld der Tatsachen abschreitet, in dem sich dieser Standard bewegt. Man muss sich mit einer Reihe von Begriffen und Methoden vertraut machen, die interaktiv wirken und zudem einerseits aus der spezifisch *kontinental-europäischen* Denkschule stammen (so z.B. «Einzelbilanz», «Handelsbilanz», «Massgeblichkeitsprinzip», «Vorsichtsprinzip» und «Realisationsprinzip»), anderseits jedoch aus der von ihr in Zielen und Vorgehensweisen abweichenden *angelsächsischen* Methodik (so z.B. Konzernabschluss, Loslösung der Steuerbilanz von der Handelsbilanz, betriebswirtschaftliche Betrachtungsweise, «vorübergehende steuerwirksame Differenz»). Was dann am Schluss quer darüber liegt, ist der Standard IAS 12 «*Gewinnsteuern*».

---

[221] In der deutschen Wiedergabe der IAS findet man für «*Income Taxes*» den Begriff «*Ertragssteuern*». Da jedoch gar nicht der *Ertrag* (als Bruttoposten der Ertragsseite), sondern der nach Abzug des Aufwands verbleibende *Gewinn* die Bemessungsgrundlage für die hier anvisierte Steuer abgibt, und in der Schweiz nach Inkrafttreten der Steuerharmonisierung ab 1. Januar 2001 für Kapitalgesellschaften einheitlich der Begriff «*Gewinnsteuer*» gilt, gebührt diesem Ausdruck hier der Vorzug.

## a) Der handelsrechtliche Einzelabschluss

In praktisch allen Fällen ist jede Konzerngesellschaft durch die an ihrem Sitz in Kraft stehenden Gesetze verpflichtet, einen *Einzelabschluss* nach den lokal geltenden Rechnungslegungsprinzipien zu erstellen, Prinzipien, die fast immer erheblich von den IAS abweichen oder sogar methodisch völlig anders aufgebaut sind. Das ist z.B. der Fall für eine *Konzerntochtergesellschaft* mit Sitz in der Schweiz, die ihre Jahresrechnung nach Art. 662 ff. OR zu erstellen und der Generalversammlung zur Genehmigung zu unterbreiten hat. Es trifft aber auch, falls sie in der Schweiz registriert ist, für die *Konzerndachgesellschaft* – als Einzelgesellschaft gesehen – zu.

179

## b) Die örtlich vorgeschriebene Steuerbilanz

Jede Einzelgesellschaft (sowohl die Tochter- wie die Muttergesellschaft) muss aufgrund der öffentlich-rechtlichen Vorschriften des örtlich anknüpfenden Steuerrechts eine *Steuerbilanz* erstellen. Diese kommt im kontinental-europäischen System grundsätzlich anders zu Stande als im angelsächsischen[222]:

180

*(i)    Massgeblichkeitsprinzip*

Im *kontinental-europäischen System* (dem insbesondere Deutschland, Frankreich, Belgien und die Schweiz folgen) gibt es zwar auch praktisch immer eine eigene «*Steuerbilanz*» der Einzelgesellschaft, aber diese weicht vom lokalen handelsrechtlichen Abschluss (kurz «*Handelsbilanz*») relativ wenig ab, weil das sog. «*Massgeblichkeitsprinzip*» gilt. Dies bedeutet: das Gewinnsteuerrecht «adoptiert» – in einem kühnen Schritt der dynamischen Verweisung – das Ergebnis des handelsrechtlichen Jahresabschlusses als grundsätzlich massgeblich auch für die Bemessung der Gewinnsteuer[223] («Körperschaftsteuer»; «impôt sur les sociétés»).

181

Freilich räumt dann der Steuergesetzgeber der Veranlagungsbehörde doch die Möglichkeit von sog. «*Korrekturen*» ein. Dies ist so, weil die Handelsbilanz im kontinentalen System methodisch stärker auf das

182

---

[222]  Dies gilt praktisch im ganzen angelsächsischen Traditionskreis, vor allem USA, Kanada, Grossbritannien, Neuseeland, Australien und auch Holland.
[223]  Art. 58 Abs. 1 Bst. a DBG 1990.

Vorsichts- und Imparitätsprinzip ausgerichtet ist, eine Methode, welche einseitig Buchungen fördert, die die steuerliche Bemessungsgrundlage kürzen (d.h. Tendenz zu späterem Ausweis von Gewinn, verstärktem Ausweis von Abschreibungen und Rückstellungen). Um der Abschreibungsfreude der Unternehmer Grenzen zu setzen, geben z.b. die Steuerbehörden Höchstsätze für die steuerlich abzugsfähigen planmässigen Abschreibungen heraus[224]. Im kontinental-europäischen System ergibt sich für die Veranlagungsbehörde zusätzliche Veranlassung zur Vornahme von «*Korrekturen*» (oder «*Hinzurechnungen*»), weil viele Ersteller der Handelsabschlüsse der Versuchung nicht widerstehen können, über das handelsrechtlich Gebotene und Zulässige hinaus in den gesellschaftsrechtlichen Abschluss weitere Kürzungen der Bemessungsgrundlage einzubauen. Der Übergang von der Optimierung zur Steuerumgehung und zur versuchten Steuerhinterziehung ist fliessend. Klassische Beispiele sind die Gewinnvorwegnahmen (z.b. Abzweigung von Teilen des Ertrags an eine off-shore-Gesellschaft), die verdeckten Gewinnausschüttungen (z.b. Verkauf einer Liegenschaft zu stark ermässigtem Preis an den Hauptaktionär), die geschäftlich nicht zu rechtfertigenden Aufwandbuchungen (z.b. Familienferienreise und Sportwagen des Sprösslings im Werbeaufwand).

183 Schliesslich gibt es aber auch in jedem Staat *steuergesetzliche Normen, die direkt eingreifen* und von der Handelsbilanz abweichende, «autonome» Bemessungsnormen für die Gewinnsteuer aufstellen. Insoweit wird das Massgeblichkeitsprinzip teilweise ausser Kraft gesetzt. Gewisse handelsrechtlich zulässige und sogar gebotene Buchungen werden steuerlich schlicht nicht anerkannt (z.b. Steueraufwand für die Periode, gewisse Rückstellungen, zeitliche Beschränkung der steuerlichen Wirksamkeit von Verlustvorträgen). Oder es werden – umgekehrt – neuartige sog. «Rückstellungen» als steuerliche Anreize für die Wirtschaft, die handelsrechtlich niemals echten Aufwand der betreffenden Periode darstellen (z.b. Forschungs- und Entwicklungsrückstellungen)[225], zum Abzug zugelassen. Das Ergebnis der Veränderungen der Handelsbilanz durch alle erzwungenen Buchungen und Korrekturen ist die *Steuerbilanz* als Bemessungsgrundlage für die örtliche Gewinnsteuer. Diese Steuerbilanz stimmt jedoch in weiten Bereichen immer noch mit der

---

[224] *Merkblatt* der Eidg. Steuerverwaltung über die Abschreibungen auf Anlagevermögen geschäftlicher Betriebe, ASA 63 (1994/95) 632 ff.

[225] Z.B. Art. 63 Abs. 1 Bst. d DBG 1990.

Handelsbilanz überein: die handelsrechtlichen Buchwerte entsprechen, wo die Behörde nicht mit einer «Korrektur» eingegriffen hat, genau den gewinnsteuerlich massgeblichen Buchwerten. Die kontinental-europäische Steuerbilanz weicht daher in der Regel nur in Einzelpositionen von der Handelsbilanz ab: wegen der steuerlich vorgenommenen «Korrekturen», meist für aus der Sicht der Steuerbehörde *«nicht geschäftsmässig begründete»* Aufwände, sind gewisse Buchwerte höher, gewisse Rückstellungen tiefer, und bestimmte Darlehensschulden erscheinen als Eigenkapital – kurz, das Eigenkapitalkonto der Steuerbilanz ist fast immer *höher* als das der Handelsbilanz.

*(ii)    Angelsächsisches System*

Anders verfährt das *angelsächsische System*. Dieses kennt kein Massgeblichkeitsprinzip. Das Steuerrecht bietet einen vollständigen und weitgehend autonomen Satz von Normen zur Erstellung der Bemessungsgrundlage für die Gewinnsteuer, d.h. die Grösse *«steuerbarer Jahresgewinn»*. Zwar gibt es schon aus funktionalen Gründen dann doch wieder manche Ähnlichkeiten, aber das Ergebnis ist eine methodisch anders aufgebaute, *unabhängige Steuerbilanz*, die von der Handelsbilanz stark abweicht. Wegen dieser «Unmassgeblichkeit» der Handelsfür die Steuerbilanz wurde man im angelsächsischen Raum viel früher und stärker mit der Frage konfrontiert, wie in der Handelsbilanz die sich definitionsgemäss allein aus der Steuerbilanz ergebenden steuerlichen Auswirkungen der geschäftlichen Tätigkeit widerzuspiegeln seien. Die Antwort lautet: durch die *«deferred taxes»*, die latenten Steuern. 184

## c)    Konzerneinheitliche Einzelbilanz

Nicht genug mit der Handelsbilanz und der Steuerbilanz. Jede Konzerngesellschaft muss innerhalb des Konsolidierungskreises *notwendigerweise* noch einen dritten Jahresabschluss erstellen: das aus dem örtlichen Einzelabschluss nach den Konsolidierungsregeln des Konzerns – z.B. eben den IAS – herausentwickelte, nach den einheitlichen Konsolidierungsregeln *«umgebaute»* Zahlenwerk für die Zwecke der Erstellung der konsolidierten Gesamtrechnung (der Konzernrechnung). Dieses vom handelsrechtlichen Einzelabschluss oft stark abweichende Rechenwerk geht mit seinen Zahlensätzen dann direkt – mit gewissen Anpassungen und Eliminationen – in die Konzernrechnung ein. Der in diesem vereinheitlichten und aggregierten Rechenwerk stehende Buchwert ist die für IAS massgebende Grösse: der sog. *«carrying amount»*, 185 der «*Konzernbuchwert*», der Ausgangspunkt für die Berechnung der latenten Steuerschuld nach IAS 12.

### d) Konzernrechnung

186 Die Konzernrechnung schliesslich, als krönendes viertes Rechenwerk, ist die *Zusammenfassung* der konzerneinheitlichen Abschlüsse aller zu konsolidierenden Gesellschaften, unter Vornahme der wegen der Aggregierung auf dieser Stufe nötigen Eliminierungen und Anpassungen («*Konsolidierungsbuchungen*»).

## 2. «Latente Steuerguthaben» und «latente Steuerschulden» in der Bilanz

187 IAS 12 schliesst daran methodisch nahtlos an: Man klärt ab, ob zwischen dem erwähnten, in der Konzernrechnung ausgewiesenen Buchwert, dem «*carrying amount*» (dieser stammt effektiv stets aus einer der konzerneinheitlichen Einzelbilanzen), und dem entsprechenden lokal massgeblichen Steuerbilanzwert (der sog. «*tax base*») ein *Unterschied* besteht. Ist dies der Fall, so sind die steuerlichen Auswirkungen dieser Differenz als ein latentes Steuerguthaben oder eine latente Steuerschuld auszuweisen.

### a) Latente Steuerguthaben

188 Ist der steuerlich massgebliche Buchwert der Einzelbilanz («*tax base*») *höher* als der Konzernbuchwert, so fällt später bei der den gesetzlichen Steuertatbestand erfüllenden Realisierung *weniger* Gewinnsteuer an, als man aus der Betrachtung des Konzernabschlusses entnehmen würde. Der Konzernabschluss für sich allein zeigt daher die wirkliche finanzielle Lage etwas zu ungünstig. Es ist – jedenfalls im reinen Modell – ein *latentes Steuerguthaben* zu aktivieren, das dem in diesem Posten vorhandenen, rechnerisch nachvollziehbaren wirtschaftlichen Vorteil entspricht.

## b) Latente Steuerschuld

Ergibt umgekehrt die Anwendung des lokal massgeblichen Steuerrechts und der entsprechend aufgestellten Steuerbilanz der Einzelgesellschaft (eben der sog. «*tax base*»), dass die Konzernrechnung eine künftig anfallende Steuer nicht voll erkennen lässt, so ist das Bild der Konzernbilanz zu günstig, und es ist im Betrag der Differenz eine *latente Steuerschuld* auszuweisen. Dies ist der Fall, wenn der steuerlich massgebliche Buchwert («*tax base*») *tiefer* ist als der Buchwert in der Konzernrechnung. Dann fällt im Zeitpunkt der Verwirklichung des Steuertatbestandes (d.h. in der traditionellen Ausdrucksweise des Steuerrechtes: bei der Realisierung des Gewinns) ein *höherer* Steuerbetrag an; der steuerbare Gewinn berechnet sich bei gegebenem Erlös von einer niedrigeren Basis aus und muss daher zu einer höheren Steuerschuld führen. Der künftige Veräusserungserlös ist also, «*netto Steuern*» gesehen, weniger wert als der gleiche Erlös in einer Gesellschaft mit einer höheren «*tax base*».

189

## 3. Latenter Steueraufwand bzw. -ertrag in der Erfolgsrechnung

In der *Erfolgsrechnung* ihrerseits finden die latenten Steuern systemgemäss ihren Niederschlag, wenn während der Rechnungsperiode eine *Veränderung* des Gesamtbetrages der latenten Steuerschulden oder -guthaben der Bilanz stattfindet:

190

(i) *Latenter Steueraufwand* ist in der Erfolgsrechnung auszuweisen, wenn am letzten Tag der Rechnungsperiode die latenten Steuerschulden höher oder die latenten Steuerguthaben tiefer sind als am ersten Tag;

(ii) *latenter Steuerertrag* findet seinen Niederschlag in der Erfolgsrechnung im umgekehrten Fall, wenn also die unsichtbaren steuerlichen Schulden insgesamt in der Periode abgenommen oder die latenten Steuerguthaben zugenommen haben.

## 4. Berechnung der latenten Steuerschulden bzw. -guthaben

191  So weit erscheint das alles als folgerichtig. Die IAS machen es nun aber einem Nichtspezialisten recht schwierig, ihren Gedankengängen zu folgen, weil sie manchmal *Begriffe* verwenden, die theoretisch verdienstvoll und richtig, für den Praktiker aber eher verwirrend sein können. Es ist unerlässlich, gewisse Begriffe einzuführen:

### a) «Vorübergehende steuerwirksame Differenz»

192  Ein wichtiger Hilfsbegriff ist die *«temporary taxable difference»*. Die entscheidende Aussage für die Methodik der IAS ist die folgende: Jedes Unternehmen verbraucht die verbuchten Wirtschaftsgüter – entweder sofort oder im Lauf der Zeit. Jeder aktivierte Posten kann insoweit als zeitlich etwas aufgeschobener, aber notwendigerweise anfallender *Aufwand* verstanden werden. Diesen Aufwand muss das Unternehmen unter dem Axiom der Kapitalerhaltung durch seine betriebliche Tätigkeit immer wieder hereinholen; dieses «Wiederhereinholen» liegt im Erzielen von *Ertrag*, und Ertrag löst Gewinnsteuern aus. Wenn nun die beiden steuerwirksamen Grössen im Augenblick der Steuerauslösung *nicht* dem Bild entsprechen, das sich aus der Konzernbilanz ergibt, liegt eine *«temporary taxable difference»* vor, eine vorübergehende steuerwirksame Differenz. «Vorübergehend» ist sie, weil sich mit der Zeit der Unterschied notwendigerweise wieder ausgleicht. So wird die Aussage der IAS erst verständlich: Ein Unternehmen muss – mit bestimmten seltenen Ausnahmen – eine latente Steuerschuld (*«deferred tax liability»*) ausweisen, *wenn die Wiederhereinholung des konsolidierten Buchwertes des Wirtschaftsgutes künftige Steuerzahlungen grösser macht, als sie wären, wenn diese Wiederhereinholung keine steuerlichen Konsequenzen hätte*[226].

193  In dieser Sicht ist entscheidend der erwähnte Begriff der *«tax base»*: es ist der nach der *lokalen* Steuerbilanz ermittelte *«steuerlich massgebliche Buchwert»*. Darin wird methodisch eine dynamische Grösse gesehen, ein Betrag lokal steuerwirksamer Abzüge von künftig lokal steuerwirksamen Erträgen (nämlich: der Gesamtheit der künftigen Erträge,

---

[226] IAS 12, para. 10.

die das Unternehmen betriebswirtschaftlich und axiomatisch unter dem Prinzip der Kapitalerhaltung zur Wiederhereinholung dieses als Aktivum verbuchten Kostenpostens erzielen muss[227]. Das Unternehmen muss den zum früheren oder späteren Verzehr verurteilten Buchwert – soll es nicht zu der soeben methodisch ausgeschlossenen Kapitalvernichtung kommen – durch die Nutzung des Wirtschaftsgutes wieder durch Ertrag voll hereinholen. Letztlich wird also, so schwer das aus herkömmlicher Sicht auch zu verstehen ist, der lokale steuerlich massgebliche Buchwert als «*künftiger steuerlich wirksamer Aufwand*» verstanden, als steuermindernder Posten gewertet und mit dem «*carrying amount*», dem Buchwert der Konzernbilanz, verglichen.

### b) Anwendbarer Steuersatz

Die *latente Steuerschuld* ergibt sich nun ganz einfach aus der ermittelten Differenz durch die Anwendung der lokal geltenden Steuersätze. Ist die vorübergehende steuerwirksame Differenz – in traditioneller Sprache die Abweichung des Konzernbilanzwertes vom Steuerbilanzwert – 160 und der Steuersatz 25 %, so ist die latente Steuerschuld 40.

194

## 5. Erfassung der latenten Steuerschulden und -guthaben in der Bilanz

### a) Steuerschuld

IAS 12 verlangt auf der erläuterten methodischen Grundlage die Erfassung einer *latenten Steuerschuld* («*deferred tax liability*») für jede vorübergehende steuerwirksame Differenz zwischen dem Konzernbuchwert und dem lokal steuerlich massgeblichen Buchwert. Die latenten Steuerschulden werden grundsätzlich nach den am Bilanzstichtag geltenden oder angekündigten[228] Steuersätzen berechnet, aber so, dass aus

195

---

[227] «*Recover the carrying amount by using the asset*», IAS 12, para. 52 (Beispiel B).
[228] IAS 12 betont, dass von der Regierung angekündigte *Satzänderungen*, wenn sie erfahrungsgemäss zu einer entsprechenden Gesetzesänderung mit Rückwirkung führen, zu berücksichtigen sind. IAS 12, para. 48.

International Accounting Standards (IAS)

diesen auf die bei der Realisierung wahrscheinlich geltenden künftigen Steuersätze geschlossen wird. Eine Ausnahme[229] gilt für Goodwill[230].

196 Wird ein Wirtschaftsgut bis auf den Marktwert *aufgewertet* oder *neu bewertet* (IAS 16 und IAS 25), so entsteht – wenn das Gewinnsteuerrecht diese Aufwertung als Erfüllung des Steuertatbestandes, d.h. als *steuerauslösendes Ereignis* behandelt – ein für die gleiche Periode auszuweisender *effektiver*, laufender Steueraufwand. In diesem Falle gilt die «*tax base*» als steuerwirksam auf das neue Niveau angehoben, und es kommt gar nicht zu einer vorübergehenden steuerwirksamen Differenz. Es versteht sich, dass ein Unternehmen, welches zum «*fair value accounting*» übergeht, in praktisch allen Fällen mit der Entstehung von latenten Steuerschulden rechnen muss. Denn durch die Änderung der Konzernbuchwerte im IAS-Abschluss ändert sich der steuerlich massgebende Buchwert nicht.

197 Schiebt jedoch das *lokale Steuergesetz* – in Abweichung von der Behandlung in der Konzernrechnung – die Steuererhebung bei der Aufwertung oder Neubewertung auf, bleibt die «*tax base*» (der steuerlich massgebliche Buchwert) vorerst unverändert. Es entsteht folglich eine steuerwirksame vorübergehende Differenz, und nach IAS ist eine latente Steuerschuld in der Bilanz (und für die Zunahme der Last in der Periode ein latenter Steueraufwand in der Erfolgsrechnung) auszuweisen[231].

b) Steuerguthaben

198 Spiegelsymmetrisch behandelt IAS 12, wie schon eingangs erwähnt, auch *latente Steuerguthaben* («*deferred tax assets*») als ausweispflich-

---

[229] IAS 12, para. 15 (a). Die Ausnahme ist offenbar dadurch begründet, dass die Amortisierung des Goodwills von den Steuerbehörden manchmal nicht als steuerlich wirksamer Aufwand akzeptiert wird und eine methodisch exakte Berechnung zu kompliziert wäre.

[230] Besondere Regeln gelten für latente Steuerschulden in *verbundenen Unternehmen* (Tochtergesellschaften, steuerlich selbständig behandelten Betriebsstätten und nahe stehenden Gesellschaften) gemäss IAS 12, para. 15 Abs. 2 und IAS 39.

[231] IAS 12, para. 20. IAS verlangt den Ausweis einer *latenten Steuerschuld* auch dann, wenn das anwendbare Steuergesetz im Falle einer Veräusserung eines Wirtschaftsgutes mit nachfolgender Wiederinvestition einen Steueraufschub gewährt. In der Schweiz Art. 8 Abs. 4 StHG und Art. 64 Abs. 2 DBG.

tig. Diese entstehen dadurch, dass das Unternehmen über künftig steuerlich wirksame *Abzüge*, kurz eine höhere «*tax base*» verfügt, die in der Konzernbilanz nicht ersichtlich ist. Die Regeln sind zwar analog gefasst, doch muss stets eine zusätzliche Voraussetzung für den Ausweis eines solchen «latenten Steuerguthabens» gegeben sein: Nur wenn es *wahrscheinlich* ist, dass künftig *hinreichender steuerbarer Gewinn* erarbeitet wird, gegen den in der Zukunft die aufgeschobene Abzugsmöglichkeit verwendet werden kann, darf das Unternehmen ein latentes Steuerguthaben in die Aktiven aufnehmen und entsprechend für die Differenz in der Erfolgsrechnung einen latenten Steuerertrag ausweisen. Ähnlich ist vorzugehen, wenn nach dem lokal anwendbaren Steuerrecht entweder ein zeitlich begrenzter[232] oder ein unbegrenzter *Verlustvortrag* steuerwirksam geltend gemacht werden kann.

Weist das Unternehmen ein latentes Steuerguthaben aus, und *sinkt die Wahrscheinlichkeit*, dass künftig hinreichender steuerbarer Gewinn erwirtschaftet wird, so muss das Aktivum entsprechend aufwandwirksam reduziert werden. Eine solche Reduktion ist vorübergehend; sie kann später *rückgängig* gemacht werden, wenn die Aussichten auf steuerbaren Gewinn sich wieder verbessern[233].

## 6. Erfassung der laufenden Gewinnsteuern («current tax»)

### a) Gewinnsteuern der Periode

Methodisch völlig anders und viel einfacher ist die Behandlung der in der Rechnungsperiode laufend anfallenden Steuerbeträge («*current tax*»). Für die *laufenden Gewinnsteuern* der Periode und der Vorperiode ist in Höhe des noch nicht bezahlten Betrages in der Bilanz eine Verbindlichkeit auszuweisen. Diese Zahl stammt notwendigerweise aus den lokalen Steuerabschlüssen und wird ausschliesslich bestimmt durch die Anwendung der lokal für die Rechnungsperiode geltenden Steuergesetze. Die *Schulden aus laufenden Gewinnsteuern* für die Rechnungs-

---

[232] In der *Schweiz* heute meist 7 Jahre.
[233] IAS 12, para. 56. Es gibt also auch in dieser Situation *kein* «Zuschreibungsverbot» insoweit, als es um ein sachlich begründetes und quantitativ belegbares *Rückgängigmachen einer früheren Wertberichtigung* geht («*reversal*»).

periode werden nach den Beträgen bemessen, die das Unternehmen nach den *am Bilanzstichtag* geltenden Steuersätzen voraussichtlich an die Steuerbehörden abzuführen hat.

201 Der wirtschaftliche Nutzen aus einem gesetzlich erlaubten *Verlustrücktrag*, mit dem Steuerzahlungen einer früheren Periode zurückgefordert werden können, ist als Aktivum auszuweisen[234].

### b) Kapitalsteuern der Periode

202 Der *Bund* hat seine *Kapitalsteuer* auf 1. Januar 1998 aufgehoben, doch die meisten *Kantone* kennen diese ertragsunabhängige Unternehmenssteuer immer noch. Die für das Rechnungsjahr geschuldete Kapitalsteuer kann besonders bei ertragsschwachen Unternehmen sehr ins Gewicht fallen. Diese Steuerbeträge sind nach der hier vertretenen Auffassung getrennt vom laufenden Steueraufwand (der sich nur auf gewinnabhängige Steuern bezieht) im Betriebsaufwand auszuweisen.

## 7. Art der Erfassung

### a) Nach IAS

203 Die Erfassung der Gewinnsteuern folgt stets der *buchhalterischen Behandlung* des Wirtschaftsvorganges, auf den sich die latente Steuerschuld oder die laufende Steuer bezieht[235]. Wird der Vorgang, auf den die Steuer sich bezieht, direkt dem Eigenkapital belastet bzw. diesem zugeschrieben[236], so sind sowohl laufende wie latente Steuerschulden ebenfalls direkt dem Eigenkapital zu belasten bzw. zuzuschreiben.

204 Latente Steuerschulden werden nicht abgezinst[237]. An sich wäre eine *Abzinsung*, da es um künftige Geldabflüsse geht, sachgemäss und entspräche der methodischen Unerbittlichkeit, welche die IAS auszeichnet, aber IAS befürchtet eine zu hohe Komplexität der Abzinsungslisten und eine mangelnde Vergleichbarkeit zwischen den einzelnen Unternehmen.

---

[234] Das Schweizer Steuerrecht kennt bekanntlich den Verlustrücktrag nicht.
[235] IAS 12, para. 57.
[236] IAS 12, para. 61.
[237] IAS 12, para. 53 und 54.

Steuerschulden und -guthaben, welche die Periode betreffen, sind separat auszuweisen[238]. Die *latenten* Steuerschulden und -guthaben sind von den *laufenden* Steuerschulden und -guthaben zu unterscheiden, d.h. jede Vermischung mit aktuellen Steuerschulden oder -guthaben[239] (und vor allem eine Zusammenrechnung in *einem* Passivposten «Steuerrückstellung») ist nach IAS ausdrücklich verboten. Teilt das Unternehmen (wie es IAS empfiehlt) die Bilanz in Umlauf- und Anlagevermögen auf («*current and non-current assets*»), so sind, nach der hier vertretenen Meinung, nur die Ausweise der laufenden Steuer entsprechend aufzuteilen[240]. Latente Steuerschulden und -guthaben dürfen *nie* als «current» ausgewiesen werden[241].

IAS schliesst es aus, Steueraufwand, der sich auf die ordentliche Geschäftstätigkeit bezieht, anderswo als innerhalb der *Erfolgsrechnung* auszuweisen, d.h. es ist nicht zulässig, diese Zahl in den Anhang zu verbannen[242]. 205

In der *Erfolgsrechnung* erscheint als Gesamtposten ein Steueraufwand («*tax expense*»), der sich aus zwei Unterposten zusammensetzt: 206

(i) *latenter* Steueraufwand der Periode;

(ii) *laufende* Steuer der Periode.

### b) Vergleich mit der früheren Schweizer Praxis

In der *Schweizer Praxis* hatte man bis in die siebziger Jahre des soeben vergangenen Jahrhunderts – ja teilweise noch später – die Gewinnsteuern des Bundes[243] und der Kantone[244] in der Rechnungslegung mit Vor- 207

---

[238] IAS 12 enthält in para. 71 und 74 auch detaillierte Regeln für die stark eingeschränkte Erlaubnis, laufende bzw. latente Steuerschulden und -guthaben im Abschluss unter sich zu *verrechnen*. Verrechnung ist praktisch nur dann erlaubt, wenn öffentlich-rechtlich ein Verrechnungsanspruch gegen die Steuerbehörde besteht, was nur möglich ist, wenn der positive und der negative Betrag sich auf die gleiche Steuer bzw. Steuerbehörde beziehen.
[239] IAS 12, para. 69.
[240] IAS 12, para. 69 und 70.
[241] IAS 12, para. 70.
[242] IAS 12, para. 77.
[243] «*Direkte Bundessteuer*», Art. 1 DBG 1990.

liebe nach dem «*Ausgaben/Einnahmen*»-System behandelt; die Steuerzahlung (und sie allein) führte zu einem Ausweis in der Erfolgsrechnung. Der Gedanke, dass Gewinnsteuern wichtige Teile des Aufwandes eines Unternehmens ausmachen und daher in einer auf Ermittlung des Periodenerfolges abzielenden Rechnungslegung ebenfalls nach dem «*accrual*»-System *der Periode der Vorgänge, die zur Entstehung der Steuerschuld führen* (und nicht der Periode der Zahlung) *zuzuordnen sind*[245], wurde lange Zeit hartnäckig zurückgewiesen[246]. Diese Praxis konnte vor allem unter dem früheren System der zweijährigen Vergangenheitsbemessung zu erheblichen unsichtbaren Steuerschulden führen.

## 8. Offenlegung im Anhang

208   IAS 12 verlangt eine ergänzende *Offenlegung der Einzelheiten zu den Gewinnsteuern im Anhang*[247], eine Regelung die in einem denkbar scharfen Kontrast zu den in der Schweiz bislang geltenden Bräuchen der Intransparenz in Sachen Steuern steht. Das OR-Rechnungslegungsrecht von 1991 kennt den Begriff «*Steuern*» noch nicht, doch ergibt sich die Notwendigkeit ihrer Berücksichtigung immerhin indirekt aus den Grundsätzen ordnungsmässiger Rechnungslegung[248].

### a) Wichtige Angaben

209   Hinsichtlich der *Gewinnsteuern*, die in der Erfolgsrechnung erscheinen, wird die Offenlegung aller «wichtigen Bestandteile»[249] im *Anhang* verlangt. Dies bezieht sich insbesondere auf folgende Punkte:

---

[244] Ab 1. Januar 2001 sind diese Steuern harmonisiert gemäss dem Bundesgesetz über die Harmonisierung der direkten Steuern der Kantone und Gemeinden vom 14. Dezember 1990 («*StHG*») in seiner mehrmals abgeänderten Fassung.
[245] Vgl. *Peter Böckli* (1996) Kapitel 6, Rz 1059 ff.
[246] Eine Beschreibung dieses «Schweizer Standpunktes» ist in der Schrift *Carl Helblings* (1980) zu finden.
[247] IAS 12, para. 79 ff.
[248] Dazu *Peter Böckli* (1996) Kapitel 6, Rz 891 ff. und 1059 ff.
[249] «*Major components*», IAS 12, para. 79.

*Laufende Steuern*

(i) *Laufender Steueraufwand* der Periode («*current tax*»);

(ii) während der Periode verbuchte *Differenzen* betreffend die laufenden Steuern von Vorperioden (man denkt hier vor allem an die Differenzen zwischen dem am Bilanztag geschätzten und dem effektiv bezahlten Steueraufwand);

*Latente Steuern*

(i) Betrag von *latentem Steueraufwand(-ertrag)*, der sich auf neu entstandene oder veränderte steuerwirksame vorübergehende Differenzen bezieht;

(ii) Betrag von latentem Steueraufwand(-ertrag), der sich nicht auf einen Vorgang bei den steuerwirksamen Differenzen bezieht, sondern sich durch die *Änderung von Steuersätzen* oder die Einführung *neuer Steuern* ergibt;

(iii) Anrechnung von *Steuervorteilen*, die in den Vorperioden nicht aktiviert waren;

*Änderungen in der Methodik*

Steueraufwand, der sich auf *Änderungen* in der *Rechnungslegungsmethode* bezieht.

### b) Ergänzende Informationen

Zudem müssen getrennt *offengelegt* werden[250]: 210

(1) Gesamtbetrag der laufenden und der latenten Steuern, die während der Periode direkt dem *Eigenkapital* belastet oder gutgeschrieben wurden;

(2) Erklärung des *Verhältnisses zwischen Steueraufwand und Gewinn vor Steuern*, und zwar mit einer zahlenmässigen Abstimmung unter Verwendung der Steuerbeträge oder der massgeblichen Steuersätze (unter Angabe, wie diese Steuersätze errechnet wurden);

---

[250] IAS 12, para. 81.

(3) Betrag (mit Ablaufdatum) *latenter Steuerguthaben*, die *nicht* zur Erfassung (mit einem Aktivposten) in der Bilanz geführt haben;

(4) *nicht verbuchte latente Steuern* in Bezug auf Investitionen in verbundenen Unternehmen;

(5) für jede Art von vorübergehenden steuerwirksamen Differenzen:
- der in der *Bilanz* als *latente Steuerguthaben oder -schuld* erfasste Betrag;
- der in der *Erfolgsrechnung* als *latenter Steueraufwand oder -ertrag* verbuchte Betrag.

211 Das Thema «*Ausweis und Offenlegung von Gewinnsteuern*» ist wohl eines der Sachgebiete, in denen die IAS am weitesten von den helvetischen Landesbräuchen abweichen und gegebenenfalls der Wille, die IAS nur teilweise anzuwenden, hierzulande am stärksten ist[251].

## 9. Inkrafttreten

212 IAS 12 trat in der überarbeiteten Fassung von 1996 für Abschlüsse in Kraft, deren Rechnungsperiode am 1. Januar 1998 oder danach begann.

---

[251] Eine solche Teilanwendung der IAS ist indessen nicht statthaft, IAS 1, para. 11.

# IAS 14    Segment-Berichterstattung (Fassung 1997)

## 1.    Einführung

Die *Segment-Berichterstattung* («*segment reporting*») war früher in der Schweizer Praxis kaum bekannt; das Aktienrecht von 1991 weiss nichts von *Teilzahlenwerken* über Sparten und Regionen[252]. Erst seit dem allmählichen Eindringen angloamerikanischer Usanzen und vor allem der IAS-Praxis aufgrund des ursprünglichen Standards IAS 14 fand man in den Konzernrechnungen kotierter Unternehmen ab Anfang der neunziger Jahre häufiger eine Segment-Berichterstattung. 213

*Ziel* der Segment-Berichterstattung ist es, ein informiertes Urteil («*informed judgement*») über die Leistung, die Risiken und die Zukunftsaussichten eines Unternehmens dadurch qualitativ zu verbessern, dass die nach Produkten oder geographischen Räumen verschiedenartigen Ertragspotentiale, Wachstumschancen und Risiken erkennbar gemacht werden. Es geht in börsenkotierten Unternehmen darum, die in der Gesamtrechnung aggregierten Daten (meist aufgrund des internen Management System) sinnvoll zu *gruppieren*, so nämlich, wie sie erscheinen *würden*, wenn die Gesellschaft für die Produktegruppen und für die geographischen Bereiche je separate Abschlüsse erstellte. 214

Die Einführung der Segment-Berichterstattung hat offensichtlich *zwei Auswirkungen*, worin auch die Gründe für den lang andauernden Widerstand der Schweizer Konzerne gegen diesen angelsächsischen Brauch zu suchen waren: 215

(i)   die Einführung der Segment-Berichterstattung ist *arbeitsintensiv*. Es ist z.B. kaum möglich, die Segment-Berichterstattung anders in die Praxis umzusetzen, als durch ein systematisches Abhaken der zahlreichen Offenlegungspunkte in den Checklisten zu IAS 14[253];

(ii)  der *dämpfende, ausgleichende Effekt*, den die Aggregierung bewirkt – gewissermassen wie ein nasses Tuch, das sich über das innere Auf und Ab in den verschiedenen Produktegruppen und

---

[252]   Der Ausweis von Segmenten ist freilich erlaubt im *Anhang*, dazu *Peter Böckli* (1996) Kapitel 6, Rz 965f (7).
[253]   IAS-Ausgabe 2000, IAS 14 (Fassung 1997) Appendix 3: Zusammenfassung.

geographischen Räumen legt – fällt weitgehend weg. Der Leser gewinnt einen *verbesserten Einblick* in die inneren Stärken und Schwächen des Unternehmens in seinen verschiedenen Bereichen, und vor allem auch in die wirtschaftlichen Transaktionen zwischen den einzelnen Segmenten. Ein typischer derartiger Leser ist der Veranlagungsbeamte.

216 Die Unternehmensleitungen machen manchmal zur Vermeidung einer transparenten Segment-Berichterstattung erfindungsreiche *Klimmzüge*. So kann ein kühn zusammenfassender Begriff dazu dienen, durch die Schaffung eines entsprechend umfassenden Produktesegmentes eine separate Segment-Berichterstattung für Produkte mit stark unterschiedlicher Gewinnmarge zu vermeiden. Ein solches Vorgehen ist mit Treu und Glauben im Rechnungslegungsbereich nicht zu vereinbaren.

## 2. Grundgedanke

217 Der Grundgedanke besteht darin, dass das Unternehmen – unter Anwendung stets der gleichen Rechnungslegungsgrundsätze – über die einzelnen Geschäftssegmente und geographischen Gebiete, in denen es tätig ist, hinsichtlich der betrieblichen Aktivitäten je eine *vereinfachte Ergebnisrechnung* und eine *vereinfachte Bilanz* (Aufstellung der dem Segment zuzuordnenden Aktiven und Passiven) erstellt.

218 Entscheidend ist dabei der Begriff des *«reportable segment»* (berichtpflichtiges Segment)[254]: Das Unternehmen ist *verpflichtet*, eine Segment-Berichterstattung zu erstellen, sobald die massgeblichen Elemente der Definition eines «Geschäftssegmentes» bzw. «geographischen Segmentes» erfüllt sind. Es ist, wie mehrere Schweizer Unternehmen zu ihrem Leidwesen erleben mussten, unmöglich, einen IAS-Bestätigungsvermerk zu erhalten, wenn die obligatorische Segment-Berichterstattung nicht durchgeführt wird:

219 (i) Ein *Geschäftssegment* (oft kurz «Sparte») ist ein unterscheidbarer Teil eines Unternehmens, der sich individuell bestimmbaren Produkten oder Dienstleistungen widmet und durch Risiken oder Erträge gekennzeichnet ist, die sich von jenen anderer Geschäftssegmente unterscheiden.

---

[254] IAS 14, para. 9.

(ii) Ein *geographisches Segment* ist ein abgrenzbarer Teil eines Unternehmens in einer besonderen Wirtschaftsregion, der sich wiederum nach Risiken oder Erträgen von denjenigen unterscheidet, welche für die in andern Wirtschaftsregionen tätige Teile des Unternehmens kennzeichnend sind. 220

## 3. Regeln

*Praktisch* richtet sich IAS 14 nach der im Unternehmen *bestehenden internen Struktur* von Organisation und Finanzberichterstattung[255]. Je nach dem vom Unternehmen selbst getroffenen Entscheid richtet sich auch die Definition des geographischen Segments entweder nach den Produktionsstandorten oder dem Ort der Märkte und Kunden[256]. IAS verlangt von jedem Unternehmen einen *nachvollziehbaren Entscheid*, der im Wesentlichen von der unternehmensinternen Organisation hinsichtlich Produktegruppen und geographischen Organisationseinheiten abhängt. 221

IAS verlangt vom Unternehmen – übrigens abweichend von US GAAP – weiter, dass es *eine* der beiden *Arten* von Segmenten als primär bezeichnet («*primary segment reporting format*»). Jedes Unternehmen muss also entweder vorrangig nach geographischen Räumen oder nach Sparten Bericht erstatten. Praktisch hängt der Entscheid von der Beurteilung der Frage ab, ob die vorherrschende Risiko- und Ertragslage sich eher in den verschiedenen Produktegruppen oder eher in den verschiedenen geographischen Gebieten manifestiert[257]. 222

Ein «*reportable segment*», d.h. die Pflicht zum Ausweis entweder eines «*Geschäftssegmentes*» oder eines «*geographischen Segmentes*», ist gegeben, wenn der grösste Teil des Umsatzes bei externen Kunden erzielt wird und einer von mehreren Wesentlichkeitstests (quantifiziert mit je 10%) erfüllt ist. Dies ist der Fall, wenn der Umsatz aus Verkäufen dieser Art und Transaktionen mit andern Segmenten 10 % oder mehr des gesamten Umsatzes (intern und extern) erreicht oder das Segmentergeb- 223

---

[255] IAS 14, para. 27. Man stellt auf das *Management Information System* («*MIS*») ab.
[256] IAS 14, para. 13 und 14.
[257] IAS 14, para. 26 und 32.

International Accounting Standards (IAS)

nis 10 % oder mehr des kombinierten Ergebnisses erreicht[258], oder schliesslich die Wirtschaftsgüter des Segmentes 10 % oder mehr des Gesamtbetrages aller Aktiven ausmachen[259].

224 Es versteht sich, dass das Unternehmen die relevanten Produkttypen bzw. die Definition des geographischen Segmentes offenzulegen hat[260]. Für die Segment-Berichterstattung gelten an sich die gleichen Rechnungslegungsgrundsätze wie für die Konzernrechnung[261]. Angabepflichtig sind auch Veränderungen in den Rechnungslegungsgrundsätzen, die sich spezifisch auf die Segment-Berichterstattung auswirken[262].

225 Für die *primären Segmente* sind eine auf das Segment bezügliche, vereinfachte Bilanz und Erfolgsrechnung zu bieten (meist sind es die auf Produktesegmente abstellenden Spartenrechnungen)[263]. Eine Geldflussrechnung für das Segment ist nicht erforderlich, wird aber empfohlen. Über die *sekundären Segmente* (meist sind es geographische Segmente) sind nach IAS 14 verkürzte Informationen zu liefern[264].

226 IAS 14 verlangt eine *Abstimmung* zwischen der Segmentinformation und der aggregierten Information im Konzernabschluss[265], und zwar sowohl hinsichtlich des Umsatzes mit externen Kunden wie auch hinsichtlich des Gewinns und der im Segment investierten Aktiven und der ihnen zugeordneten Verbindlichkeiten.

---

[258] Als «*kombiniertes Ergebnis*» gilt die Summe aller Ergebnisse mit Gewinnen für die Beurteilung der Frage, ob das Unternehmen ein Teilzahlenwerk für ein gewinnbringendes Segment offenlegen muss, und analog wird für verlustbringende Segmente vorgegangen.
[259] IAS 14, para. 35. Es gibt dazu noch eine Ausnahmeregel in para. 37 sowie Ergänzungsregeln in para. 41 bis 43.
[260] IAS 14, para. 81.
[261] IAS 14, para. 44.
[262] IAS 14, para. 76.
[263] IAS 14, para. 50 ff.
[264] IAS 14, para. 69 bis 71.
[265] IAS 14, para. 67.

## 4. Transaktionen zwischen den Segmenten

Für manche Unternehmen belastend ist die Pflicht zur Offenlegung der  227
Zahlungsströme aus internen Geschäftsvorgängen zwischen mehreren
Segmenten («*inter-segment transfers*»). Ganz offensichtlich gibt es
Dritte, die an diesen Angaben interessiert sind: die Steuerbehörden, die
aus ihrer Sicht die Angemessenheit der Verrechnungspreise überprüfen
wollen. Basis der Offenlegung sind die vom Unternehmen effektiv angewandten Verrechnungspreise, und verlangt wird die Angabe der
Grundlagen für die Preisfestsetzung[266] und der daran vorgenommenen
Veränderungen.

## 5. Inkrafttreten

IAS 14 trat in der überarbeiteten Fassung von 1997 für Abschlüsse in  228
Kraft, deren Rechnungsperiode am 1. Juli 1998 oder später begann.

---

[266] «*Basis of pricing*».

## IAS 15 Offenlegung der Auswirkungen von Preisänderungen (Fassung 1981)

229 Dieser Standard («*Information Reflecting the Effects of Changing Prices*») ist durch einen Beschluss des IASC Board vom Oktober 1989 als nicht-obligatorisch erklärt worden. Auf die Darstellung wird hier verzichtet.

# IAS 16　Sachanlagen (Fassung 1998)

## 1.　Einführung

Im Wesentlichen geht es bei diesem Standard («*Property, Plant and Equipment*») um die Regeln, die in Art. 665 OR festgehalten sind, nämlich um den Zeitpunkt der Einbuchung, das Prinzip des Kostenwertes, dessen Bemessung und die Abschreibung. 230

## 2.　Ursprünglicher Buchwert der betrieblichen Anlagen

### a)　Begriff

Sachanlagen («*property, plant and equipment*») dienen dem Unternehmen zur Leistungserstellung (darin eingeschlossen Verwaltungszwecke) und werden im Hinblick auf die Nutzung in mehr als einer Rechnungsperiode gehalten. Sie werden ausgewiesen, d.h. aktiviert, wenn es wahrscheinlich ist, dass im Zusammenhang mit ihnen dem Unternehmen künftig wirtschaftlicher Nutzen zufliessen wird und ihre Kosten verlässlich gemessen werden können. Praktisch verlangen die IAS als Voraussetzung für die Aktivierung den *Übergang von Risiko und Nutzen* auf das Unternehmen[267]. Der Anlagebegriff kann quer durch bestimmte Arten von Wirtschaftsgütern hindurchgehen: Während man gewöhnliche Ersatzteile und Geräte für den Unterhalt als *Vorräte* behandelt und bei der Verwendung als Aufwendung verbucht, sind wichtige Ersatzteile und Hilfsgeräte als *Sachanlagen* zu behandeln, wenn sie zur Verwendung in mehr als einer Rechnungsperiode bestimmt sind. 231

### b)　Kostenwert

Die betrieblichen Anlagen werden zum *Kostenwert* eingebucht[268]. Als Kosten gelten der *Anschaffungspreis* einschliesslich der Einfuhrzölle 232

---

[267] IAS 16, para. 7 und 9.
[268] IAS 16, para. 14.

und nicht erstattbaren indirekten Steuern[269] und aller direkt zurechenbaren Kosten für die Verbringung des Gutes an den Betriebsort und in Betriebsbereitschaft für den beabsichtigten Zweck. Dazu gehören auch die Kosten für die Aufbereitung des Standortes, die Lieferungs- und Installationskosten sowie professionelle Honorare für Architekten und Ingenieure. Die geschätzten Kosten des Abbruchs und der Entsorgung sowie der Wiederherstellung des Standortes werden nicht zum Kostenwert hinzugerechnet[270].

233 *Nicht* zu den Anschaffungskosten gehören Preisabschläge und Rückerstattungen (es sind Aufwandminderungen) oder auch Verwaltungs- und andere Gemeinkosten sowie Anlaufkosten (ausser wenn sie nötig sind, um die Anlage in Betriebsbereitschaft zu versetzen).

234 *Selbst hergestellte* Betriebsanlagen werden nach den analogen Grundsätzen bewertet, wobei keine internen Gewinnelemente eingerechnet werden dürfen.

235 Spätere *wertvermehrende Aufwendungen* für betriebliche Anlagen werden ihrem Buchwert hinzugeschlagen, jedoch nur dann, wenn sie zu wirtschaftlichem Nutzen führen, der dem Unternehmen über den ursprünglich veranschlagten Leistungsstandard hinaus zu Gute kommt. Alle andern zusätzlichen Aufwendungen, auch wenn sie im übrigen als wertvermehrend verstanden werden könnten, sind Aufwand der laufenden Periode[271].

## 3. Alternative: Neubewertung zum Wiederbeschaffungswert

236 Als Alternative, «*allowed alternative treatment*», lässt IAS 16 zu, dass betriebliche Sachanlagen später zum jeweiligen *Verkehrswert* neu

---

[269] Der dem Lieferanten geschuldete oder bezahlte Betrag der *Mehrwertsteuer* wird daher, wenn er durch Vorsteuerabzug wieder neutralisiert werden kann, nicht aktiviert.

[270] Dazu gibt es nach IAS 16, para. 15 (e) eine dunkle Ausnahme für den Fall, dass unter IAS 37 eine *Rückstellung* erfasst wird. Eine Rückstellung wird auf jeden Fall nur dann ausgewiesen, wenn für den künftigen Geldabfluss bereits in der Rechnungsperiode eine rechtliche (oder eine einer rechtlichen gleichwertige tatsächliche) *Verpflichtung* besteht, vgl. IAS 37.

[271] IAS 16, para. 23. Vgl. Auslegungsbeschluss SIC 6, vorn bei IAS 1, am Ende.

bewertet werden[272]. Liegt kein Verkehrswert vor, so wird unter der Herrschaft dieser Methode der Buchwert aus den abgeschriebenen Wiederbeschaffungskosten ermittelt[273]. Ein Unternehmen, das dieses alternative System wählt, muss Neubewertungen mit hinreichender Regelmässigkeit durchführen.

Wird eine betriebliche Sachanlage unter dem alternativen System neu bewertet, so muss das Unternehmen gerade die *ganze Klasse* von Sachanlagen, zu denen diese Anlage gehört, neu bewerten[274]. Der Betrag der Aufwertung wird ertragsneutral direkt dem Eigenkapital unter der Bezeichnung «*Neubewertungsrücklage*» zugeschrieben[275]. 237

## 4. Planmässige Abschreibungen[276]

Gemäss den Rahmenbestimmungen werden betriebliche Sachanlagen *systematisch über die Nutzungsdauer abgeschrieben*. Die gewählte Abschreibungsmethode soll die Art und Weise widerspiegeln, in welcher der wirtschaftliche Nutzen aus der Sachanlage vom Unternehmen verbraucht wird[277]. 238

IAS 16 betont, dass *schneller abzuschreiben* ist, wenn mit technischem Veralten zu rechnen ist oder die Sachanlage öfters stillsteht, und dass die betriebliche Nutzungsdauer kürzer sein kann als die Dauer der rein technischen Gebrauchsfähigkeit. Hier wie anderswo ruft IAS das Urteilsvermögen des Unternehmers auf[278]. 239

Im Gegensatz zu verbreiteter Schweizer Usanz[279] werden in der Bilanz *Grundstücke und Gebäude* separat ausgewiesen. Land ist nicht ab- 240

---

[272] «*Fair value*», IAS 16, para. 29.
[273] IAS 16, para. 31.
[274] IAS 16, para. 34. Als solche Klassen gelten z.B. Land und Gebäude.
[275] IAS 16, para. 37. Der umgekehrte Vorgang ist jedoch gemäss para. 38 je nach den Umständen als Aufwand oder erfolgsneutral direkt an Eigenkapital zu buchen.
[276] Grundsätze wurden bereits vorn, bei dem Ende 1999 aufgehobenen IAS 4, dargestellt.
[277] Vgl. IAS 4.
[278] IAS 16, para. 41 und 44.
[279] Die steuerlichen Abschreibungsgrundsätze der Eidg. Steuerverwaltung erlauben die Anwendung eines «*Mischsatzes*» für in *einem* Posten ausgewiese

schreibungsfähig[280]. Erlaubt sind grundsätzlich die *lineare* und die *degressive* Methode. Für die Wahl entscheidend ist die erwartete Art und Weise des wirtschaftlichen Nutzens, wobei allerdings die lineare Methode die gebräuchlichste ist. Die gewählte Methode ist stetig von Periode zu Periode anzuwenden, ausgenommen, wenn eine Veränderung in der erwarteten Art und Weise des wirtschaftlichen Nutzens aus der Sachanlage festgestellt wird.

241 Abschreibungen führen zu *Aufwand*, es sei denn, ein Teil der Abschreibungen – vor allem bei Produktionseinrichtungen – werde in die Herstellungskosten von Warenvorräten einbezogen (IAS 2)[281].

242 Die angenommene *Nutzungsdauer* und die gewählte *Abschreibungsmethode* müssen periodisch überprüft werden; bei relevanten Änderungen sind die Abschreibungssätze bzw. die Abschreibungsmethode für die laufende und die künftigen Perioden anzupassen[282].

243 Was in der herkömmlichen Buchführung als «ausserordentliche Abschreibung» (oder manchmal nicht ganz korrekt als «Sonderabschreibung») bezeichnet wird, erscheint in den IAS im Wesentlichen als «Wertbeeinträchtigung» («*impairment*»). Diese Regeln sind in einem eigenen Standard festgehalten (IAS 36).

## 5. Abgang von betrieblichen Anlagen

244 Sachanlagen werden *ausgebucht*, wenn sie veräussert oder dauernd stillgelegt werden (im zweiten Fall jedoch nur, wenn kein künftiger wirtschaftlicher Nutzen mehr von ihrer Veräusserung erwartet werden kann). Buchgewinne oder -verluste aus dem Abgang von Sachanlagen werden bemessen nach der Differenz zwischen dem Restbuchwert und dem Reinerlös aus der Veräusserung. Die Differenz ist als Ertrag oder

---

[280] Grundstücke und Gebäude. Im Sinne der *«umgekehrten Massgeblichkeit»* schlägt diese steuerliche Regel dann auf die Handelsbilanzen durch. IAS 16, para. 45. Denkbar ist aber ein «*impairment*», eine Wertbeeinträchtigung, vgl. IAS 36.
[281] IAS 16, para. 48.
[282] IAS 16, para. 49 und 52.

Aufwand in der Erfolgsrechnung zu erfassen[283], mit Ausnahme von speziellen Regeln für aufgewertete Anlagen.

Wird eine betriebliche Anlage gegen ein *ähnliches Ersatzobjekt* mit vergleichbarem Marktwert ausgetauscht, so wird das angeschaffte Ersatzgut erfolgsneutral eingebucht[284]. Betriebliche Anlagen, die stillgelegt und zur Veräusserung bereitgehalten werden, können vorläufig noch zum Restbuchwert fortgeführt werden, doch zu jedem Bilanzstichtag muss das Unternehmen nach IAS 36 das Objekt auf «Wertbeeinträchtigung» («*impairment*») prüfen und gegebenenfalls die eingetretene Werteinbusse («*impairment loss*») als Aufwand verbuchen. 245

## 6. Offenlegung im Anhang

IAS 16 verlangt eine in die Einzelheiten gehende *Offenlegung* hinsichtlich der Sachanlagen, für die es im Rechnungslegungsrecht des Obligationenrechtes[285] noch nichts Vergleichbares gibt. Für jede *Klasse* von betrieblichen Sachanlagen findet man im IAS-Jahresabschluss (in der Regel im *Anhang*) u.a. Angaben wie folgt: 246

(1) *Bemessungsbasis* für die Bestimmung des Bruttobuchwertes,

(2) angewandte *Abschreibungsmethode*[286],

(3) *Nutzungsdauer* (oder die angewandten Abschreibungssätze),

(4) *Bruttobuchwerte* und die aufgelaufenen *Abschreibungsbeträge* (zusammengefasst mit den aufgelaufenen Aufwandbuchungen aus Wertbeeinträchtigungen[287]) zu Beginn und zum Ende der Periode,

(5) *Anlagenspiegel* (mit Angaben zu Beginn und zum Ende der Periode hinsichtlich der Anschaffungen, Erwerbungen oder Abgänge durch Unternehmensübernahmen, Aufwandbuchungen und Rückgängigmachungen von Aufwand aus Wertbeeinträchti-

---

[283] IAS 16, para. 55 und 56.
[284] IAS 16, para. 57.
[285] Art. 663b OR («Anhang») ist in dieser Hinsicht besonders rückständig. Auch der Expertenvorschlag *Mengiardi* (1998) enthält im neu vorgeschlagenen Art. 22 VE-RRG 1998 für kleinere Unternehmen nichts Vergleichbares.
[286] Vgl. IAS 4.
[287] Vgl. IAS 36.

gungen nach IAS 36, Abschreibung und Nettokursdifferenzen aus der Umrechnung von Abschlüssen einer ausländischen Geschäftseinheit),

(6) *Einschränkungen des Rechtstitels* und als Sicherheit für Verpflichtungen *verpfändete* Sachanlagen (mit den Beträgen), und

(7) Betrag von Aufwendungen für Sachanlagen während ihres *Herstellungsprozesses* und Betrag der Verpflichtungen für den *Erwerb* von betrieblichen Sachanlagen[288].

## 7. Inkrafttreten

247 IAS 16 trat in der überarbeiteten Fassung für Abschlüsse in Kraft, deren Rechnungsperiode am 1. Juli 1999 oder danach begann.

## 8. Auslegungsbeschluss SIC 14 zu IAS 16 (Sachanlagen)

### a) Auslegungsfrage

248 Kommt es zu einer Wertbeeinträchtigung einer Sachanlage, so erhält das Unternehmen nicht selten von Dritten eine *Entschädigung* als Ausgleich, z.B. von einem Versicherer im Falle von Naturkatastrophen, Diebstahl oder Bedienungsfehlern, Entschädigung im Falle von Enteignung oder Landumlegung.

### b) Konsens

249 Die Wertbeeinträchtigung einer Sachanlage, darauf bezügliche Entschädigungszahlen Dritter oder Ansprüche gegen Dritte und jeder spätere Erwerb oder Bau eines Ersatzgutes sind *unterschiedliche Geschäftsvorfälle* und werden *separat* erfasst. Die Wertbeeinträchtigung wird als Aufwand erfasst. Die Entschädigung eines Dritten für im Wert

---

[288] IAS 16, para. 60 und 61. U.a. muss ein Unternehmen, das die Verbuchung zum *Wiederbeschaffungswert* gewählt hat, nach para. 64 weitere Angaben machen.

beeinträchtigte Sachanlagen wird als Ertrag ausgewiesen, und der Kostenwert von wiederhergestellten, gekauften oder gebrauchten Ersatzgütern ist unter IAS 16 zu bestimmen und darzustellen.

## IAS 17 Leasing (Fassung 1997)

250 Die Behandlung der *geleasten Anlagegüter* wurde im Jahre 1997 einschneidend verändert. Es kann hier nicht die Aufgabe sein, technische Einzelheiten der Verbuchungspraktiken wiederzugeben. Für das Verständnis der IAS ist es vielmehr wichtig, die *Grundsätze* zu kennen. Entscheidend ist die Klassifizierung der Leasingverträge als *Finanzierungsleasing* oder *Betriebsleasing*. Verträge der ersten Art werden ähnlich wie eine Anschaffung auf Kredit behandelt, jene der zweiten Art ähnlich wie eine Miete.

### 1. Finanzierungsleasing

251 Ein *Finanzierungsleasing* liegt vor, wenn im Wesentlichen das ganze Risiko und der ganze aus dem Eigentum ableitbare Nutzen der Sachanlage auf das Unternehmen übergehen. Von einem Betriebsleasing spricht man in allen andern Fällen[289]. Der Entscheid hängt nicht von der Form des Vertrages, sondern von seinem wirtschaftlichen Gehalt ab («*substance rather than form*»).

252 Typische Anhaltspunkte für *Finanzierungsleasing* sind jene, welche erkennen lassen, dass das Geschäft auf die Beschaffung von Produktionsgütern ausgerichtet ist:

(i) das *Eigentum* an der geleasten Sachanlage geht am Ende der Leasingdauer auf den Leasingnehmer über;

(ii) der Leasingnehmer hat eine *Kaufoption*, deren Ausübungspreis voraussichtlich so viel *tiefer* als der Verkehrswert ist, dass es vernünftig ist anzunehmen, die Option werde zur gegebenen Zeit ausgeübt[290];

(iii) die Leasingdauer umfasst den grössten Teil der wirtschaftlichen *Nutzungsdauer* des Gutes;

---

[289] IAS 17, para. 3 und 6. Nach para. 7 ist es möglich, dass wegen der verschiedenartigen Umstände, in denen die beiden Parteien des Leasingvertrages stehen, der *gleiche* Leasingvertrag beim Leasingnehmer und beim Leasinggeber *verschieden* klassifiziert wird.

[290] IAS 17, para. 8 (b). Die Kaufoption ist also «*in the money*» konstruiert.

(iv) bei Beginn des Leasings entspricht der *Barwert der gesamten Mindestleasinggebühren* mindestens dem Verkehrswert des geleasten Gutes, und

(v) die geleaste Sachanlage hat *spezifische Eigenschaften*, so dass nur der Leasingnehmer sie ohne grössere Modifikationen gebrauchen kann[291].

Die Anschaffung eines Wirtschaftsgutes unter einem *Finanzierungsleasingvertrag* wird sowohl als Aktivum wie als Verbindlichkeit zu dem Betrag bilanziert, der dem Verkehrswert des Gutes zu Beginn der Leasingdauer entspricht. Ist der Barwert der Mindestleasinggebühren niedriger als der Verkehrswert, so ist dieser niedrigere Betrag massgeblich. Für die Ermittlung des Barwertes ist die Abzinsung zu dem Diskontfaktor vorzunehmen, der im Leasingvertrag eingebaut ist[292]. 253

Die *Leasinggebühren* werden *zerlegt* in den Zinsteil und den Tilgungsteil, d.h. den Teil, um den sich die Restschuld reduziert. Das Finanzierungsleasing führt ähnlich wie bei Sachanlagen für jede Rechnungsperiode einerseits zu einer planmässigen *Abschreibung* des geleasten Gutes (und dadurch zu periodischem Abschreibungsaufwand) und anderseits zu einem *zinsähnlichen Finanzaufwand*. Die Abschreibungsgrundsätze für geleaste Güter sollen mit jenen übereinstimmen, die für vergleichbare eigene Güter angewendet werden. 254

## 2. Betriebsleasing

*Betriebsleasing* («*operating leases*») wird grundsätzlich gleich behandelt wie *Miete*, ebenfalls mit einer weitgehenden Offenlegungspflicht hinsichtlich der Konditionen. 255

---

[291] Weitere Hinweise in IAS 17, para. 9, 10 und 11.
[292] IAS 17, para. 12. Der «*interest rate implicit in the leasing*» ist derjenige, der vom Leasinggeber bei der Ermittlung der finanziellen Bedingungen angewendet worden ist.

## 3. Offenlegung im Anhang

256 Die IAS verlangen eine umfassende und detaillierte *Offenlegung* aller bestehenden Leasingverhältnisse mit allen ihren Eckwerten und Konditionen[293]. Das Ziel der Offenlegung besteht darin, dem Benützer des Rechenwerkes ein *praktisch vollständiges Bild* der sich aus dem Vertrag ergebenden finanziellen Folgen bis zum Vertragsablauf zu vermitteln, einschliesslich der Verlängerungs-, Options- und Anpassungsklauseln. Anzugeben sind vor allem auch die dem Leasingnehmer vertraglich auferlegten Einschränkungen für sein Finanzgebaren während der Vertragsdauer[294].

## 4. Inkrafttreten

257 IAS 17 trat für Abschlüsse in Kraft, deren Rechnungsperiode am 1. Januar 1999 oder danach begann.

## 5. Auslegungsbeschluss SIC 15 zu IAS 17 (Betriebsleasing)

### a) Auslegungsfrage

258 In den Verhandlungen um ein neues oder zu erneuerndes Betriebsleasing kann der Leasinggeber sich veranlasst sehen, dem Leasingnehmer *besondere Vorteile* als Anreiz zum Vertragsabschluss zu versprechen, z.B. einen zu Beginn zahlbaren Barbetrag oder die Übernahme von Kosten des Leasingnehmers. Möglich ist auch das Zugeständnis einer gebührenfreien Anfangsperiode.

### b) Konsens

259 Alle im Zusammenhang mit einem neuen oder erneuerten Betriebsleasing *als Anreiz gebotenen Vorteile* sind als integrierender Bestandteil

---

[293] Einen Ansatz zu dieser Offenlegung findet man in Art. 663b Ziff. 3 OR 1991.
[294] IAS 17, para. 23 (e) (iii).

des Entgeltes für den Gebrauch der geleasten Wirtschaftsgüter zu behandeln, unbekümmert um die Natur, die Form oder die zeitliche Ansetzung von Zahlungen. Der Leasinggeber weist die Gesamtkosten der gewährten Vorteile als *Ertragsminderung* über die Dauer des Leasings, normalerweise auf linearer Basis, aus. Der Leasingnehmer zeigt den Gesamtnutzen aus den gewährten Vorteilen analog als *Aufwandminderung*. Der Leasingnehmer muss Kosten, auch wenn sie vom Leasinggeber übernommen worden sind, als solche ausweisen.

## IAS 18 Ertrag (Fassung 1993)

260 Gegenstand und Zweck des Standards 18 («*Revenue*») ist die Definition der *Bemessung* und die Bestimmung des *Zeitpunktes* der Erfassung («*recognition*») von verschiedenen Arten von Bruttoerträgen (d.h. Umsatz). Der herkömmliche Begriff der «Realisation» von Ertrag wird in den IAS vermieden[295].

261 IAS stellt auf den Verkehrswert des Entgelts ab, das von der *Marktgegenseite* fest versprochen wird. Alle auf die Einzeltransaktion bezogenen Preisabschläge und die nach Volumen berechneten Rabatte sind vorweg abzuziehen[296].

### 1. Warenverkäufe

262 *Ertrag aus Warenverkauf* wird erfasst, wenn Nutzen und Gefahr auf den Käufer übergegangen sind, das Entgelt verlässlich bewertet werden kann und der Nutzen daraus dem Unternehmen wahrscheinlich zufliessen wird. Gesteht das Unternehmen der Marktgegenseite bei den Zahlungsbedingungen bestimmte Vorteile zu, die einen Verkehrswert haben, so gilt als Ertrag der um diese Vorteile gekürzte Nettobetrag.

263 IAS 18 setzt weiter voraus, dass das Unternehmen die *Verfügungsmacht* über die verkauften Güter *aufgegeben* hat und in Bezug auf diese nach der Lieferung keine weiterdauernden betrieblichen Dispositionen[297], wie sie für einen Eigentümer typisch sind, vornimmt. Ausserdem müssen die mit der Transaktion zusammenhängenden Kosten verlässlich gemessen werden können[298].

---

[295] Vorn «Rahmenbestimmungen», Ziff. 5/c.
[296] IAS 18, para. 9 und 10.
[297] «*No continuing managerial involvement to the degree usually associated with ownership*», IAS 18, para. 14 (b).
[298] IAS 18, para. 14 (e).

## 2. Dienstleistungen

Bei Dienstleistungen wird der *Ertrag* im Verhältnis zum *Stand der Arbeiten am Bilanzstichtag* erfasst; der Stand der Auftragserfüllung am Stichtag ist vom Unternehmen nach einer Methode zu bestimmen, welche die geleisteten Dienste verlässlich misst. Abgestellt werden kann auf die Messung der bereits geleisteten *Arbeit* (Arbeitseinheitsmethode), einen bis zu einem bestimmten Tag geleisteten *Prozentsatz der gesamten Leistung* (Prozentmethode) oder eine Zuordnung nach dem Verhältnis der bis zum Bilanzstichtag *aufgelaufenen* Kosten zu den geschätzten *gesamthaften* Kosten (Kostenanteilmethode)[299]. Bei dieser zweiten Methode muss das Unternehmen freilich Vorsorge dagegen treffen, dass bei übersetzten Kosten in den frühen Phasen Scheinerträge ausgewiesen werden. 264

IAS 18 warnt davor, *Akontozahlungen* und *Vorschüsse* für sich allein als Anhaltspunkte für den Stand der Auftragserfüllung und damit für den Ausweis als Ertrag zu verwenden[300]. 265

Wenn das *Endergebnis* des Auftrages *nicht verlässlich* vorausgesehen werden kann, so darf als Ertrag nur erfasst werden, was an Aufwendungen aufgelaufen ist und dem Kunden belastet werden kann[301]. 266

## 3. Zinsen, Lizenzgebühren und Dividenden

Die Strenge der angelsächsischen Rechnungslegung zeigt sich in der Verbuchung sogar eines scheinbar einfachen Vorgangs wie einer *Zinszahlung*. Obgleich der fällige Betrag Bemessungsgrundlage auch für die Quellensteuern und deren Rückerstattung bzw. Anrechnung ist, zählt nicht das Inkasso des «Coupons», sondern die mathematische Ertragsgrösse. 267

---

[299] IAS 18, para. 20 und 24.
[300] IAS 18, para. 24.
[301] IAS 18, para. 26.

### a) Zinsen

268 Der Ertrag wird im zeitlichen Verhältnis erfasst, unter Berücksichtigung der effektiven Verzinsung[302]. Als Zins behandelt man auch die *Amortisierung eines Diskonts* oder einer *Prämie* (oder einer andern Differenz zwischen dem Erwerbspreis eines Forderungspapiers und dem Tilgungsbetrag zur Zeit der Fälligkeit[303]). *Stückzinsen* oder, wie man in der Schweiz sagt, *Marchzinsen* sind die *nach* dem Erwerb eines zinstragenden Wertes für die Zeit *vor* diesem Stichtag fällig werdenden Zinsen; sie werden nur für die Zeit nach dem Erwerb als Zinsertrag ausgewiesen.

### b) Lizenzgebühren

269 Ertrag aus der Überlassung der Nutzung von Wirtschaftsgütern an Dritte (zum Beispiel Waren- oder Dienstleistungsmarken, Patente, Software, Urheberrechte) wird in Übereinstimmung mit dem entsprechenden Vertrag erfasst, ausgenommen wenn eine spezielle Regelung im Vertrag eine andere Basis als zweckmässiger erscheinen lässt.

### c) Dividenden

270 Die Dividende wird als Ertrag erfasst, wenn das *Recht* der Aktionäre auf die Ausschüttung entstanden ist, d.h. mit dem Beschluss des Verwaltungsrates (nach amerikanischer Tradition) bzw. der Generalversammlung (nach europäischer Tradition).

271 In allen Fällen wird Ertrag nur erfasst, wenn es *wahrscheinlich* ist, dass der Nutzen dem Unternehmen effektiv zufliessen wird. Hat das Unternehmen einen Betrag bereits als Ertrag ausgewiesen, dessen Eingang später ungewiss wird, so ist der als ungewiss zu betrachtende oder uneinbringliche Betrag als finanzieller *Aufwand*, nicht als Berichtigung des ursprünglich ausgewiesenen Ertrages zu zeigen[304].

---

[302] «*Effective yield on the asset*», para. 30.
[303] IAS 18, para. 30 (a) und para. 31.
[304] IAS 18, para. 34.

## 4. Offenlegung im Anhang

IAS 18 verlangt im Anhang die *Offenlegung* der *Rechnungslegungsgrundsätze* für die Erfassung des Ertrags, darin eingeschlossen die Methoden für die Bestimmung des Standes der Auftragserfüllung bei Dienstleistungen und die Erfassung der Erträge nach Kategorien (Warenverkäufe, Dienstleistungen, Zinsen, Lizenzgebühren, Dividenden) sowie die Methode für eine Erfassung von Ertrag aus Tauschgeschäften. 272

International Accounting Standards (IAS)

## IAS 19 Personalaufwand (Fassung 1998)

273 Der Standard 19 über die «*Employee Benefits*» wurde 1998 wesentlich überarbeitet und perfektioniert. Es handelt sich heute um eine technische Regelung, die sich einer knappen Darstellung entzieht; freilich ist es möglich und sinnvoll, die *Grundsätze* dieses Standards hervorzuheben.

### 1. Übersicht: Leistungen aufgrund des Arbeitsverhältnisses

274 IAS 19 umfasst alle Formen von *Vermögensvorteilen für Arbeitnehmer* und deren Behandlung in der Rechnungslegung. Der Standard teilt die Leistungen an Arbeitnehmer in fünf Kategorien ein:

a) ***kurzfristige Leistungen an Arbeitnehmer***: Löhne, Saläre, Sozialversicherungsbeiträge, Lohnfortzahlung bei Krankheit, Gewinnbeteiligung und Boni (falls sie innerhalb von zwölf Monaten nach dem Ende der Rechnungsperiode zahlbar sind) und *nicht in Geld bestehende* Leistungen wie Krankenversicherungsprämien, Wohnungsbeiträge, Zurverfügungstellung eines Autos oder im Preis ermässigter Bezug von Gütern und Dienstleistungen (der Wert dieser Naturalleistungen ist zu ermitteln und erfolgswirksam zu erfassen);

b) ***Leistungen nach dem Ende des Arbeitsverhältnisses***: Pensionen und andere Leistungen wie Lebensversicherung und Krankenversicherung;

c) ***andere langfristige Leistungen an Arbeitnehmer***: langfristige Beurlaubung oder Sabbaticals, Jubiläums- oder Dienstaltersgeschenke, langfristige Invaliditätsleistungen sowie, wenn sie *später* als zwölf Monate nach dem Ende der Rechnungsperiode zahlbar sind, Gewinnbeteiligungen, Boni und vor allem die in der angelsächsischen Welt verbreiteten *aufgeschobenen Lohnzahlungen* («*deferred compensation*»)[305];

---

[305] *Lohn* und alle anderen Entgelte für die in der Periode geleistete Arbeit sind nach den in der Schweiz vorherrschenden steuerlichen Grundsätzen vom Arbeitnehmer in der Periode zu versteuern, in welche die Arbeitsleistung fällt

d) *Abgangsentschädigungen* und

e) *Mitarbeiterbeteiligung* und andere Pläne zum Bezug von Aktien oder andern Eigenkapitalanteilen durch Arbeitnehmer («*equity compensation benefits*»).

## 2. Kurzfristige Leistungen an Arbeitnehmer

Alle kurzfristigen Leistungen an Arbeitnehmer werden nach Massgabe der Zeit erfasst, in welcher der Angestellte *seine Arbeit leistet* (pro rata laboris). Die Verbuchung kurzfristiger Leistungen an Arbeitnehmer erfolgt, wie IAS selbst sagt, «*straightforward*»[306]. Es ist lediglich eine passive Rechnungsabgrenzung in der Schweiz nötig, wenn aus irgend einem Grund die geschuldete Vergütung nicht vollständig ausgerichtet wurde, und umgekehrt ist eine Überzahlung zu aktivieren, falls das Unternehmen den Überschuss durch eine Kürzung späterer Leistungen oder eine Erstattung wieder hereinholen kann[307]. Nach bestimmten Standards können Teile des Personalaufwandes aktiviert werden (IAS 2 über Vorräte, IAS 16 über Herstellung von Sachanlagen).

275

IAS 19 verpflichtet die Unternehmen auch, sich über Verbindlichkeiten aus *Abwesenheiten* (Ferien, Krankheit, Verhinderung, Mutterschaft, Militärdienst etc.) der Mitarbeiter Rechenschaft abzulegen. Dies war in der Schweiz bis in eine jüngere Vergangenheit keineswegs üblich. Verschafft das Gesetz oder der Vertrag dem Arbeitnehmer einen kumulativen Anspruch[308], so ist der erwartete Kostenbetrag zu passivieren.

276

---

(pro rata laboris), sofern in dieser Zeitspanne auf das Entgelt ein *fester Anspruch* entsteht. Bei «*deferred compensation*» trifft dies je nach der vertraglichen Ausgestaltung zu. Besteht ein fester Anspruch, so ist dieser zu dem nach der Zeitdauer des Aufschubs *abgezinsten Betrag* vom Arbeitgeber in der Periode der Arbeitsleistung als Aufwand auszuweisen und vom Arbeitnehmer als Einkommen aus unselbständigem Erwerb zu versteuern. Anders sind Abgangsentschädigungen oder reglementarische Vorsorgeleistungen zu behandeln.

[306] IAS 19, para. 9.
[307] IAS 19, para. 10 (a).
[308] D.h. der erworbene Anspruch wird, wenn er nicht voll bezogen wurde, auf eine spätere Periode vorgetragen und kann dann verwendet oder in bar bezogen werden.

277 Auch die erwähnten Kosten aus *Gewinnbeteiligungen* und *Bonusplänen* sind als Verbindlichkeit zu erfassen, wenn dafür eine gegenwärtige rechtliche oder qualifizierte tatsächliche Verpflichtung besteht[309].

## 3. Leistungen nach dem Ende des Arbeitsverhältnisses: Personalvorsorge nach Beitrags- und Leistungsprimat

278 Die Leistungen nach dem Ende des Arbeitsverhältnisses werden aufgeteilt in solche nach *Beitragsprimat* und nach *Leistungsprimat*.

### a) Beitragsprimat

279 Der Beitragsprimat («*defined contribution plan*») ist in den Jahresabschlüssen nach IAS unvergleichlich weniger kompliziert darzustellen als die Situation nach Leistungsprimat. Aufwendungen für die Personalvorsorge unter einem System des *Beitragsprimats* werden nach dem zeitlichen Verhältnis der erbrachten Arbeitsleistungen ausgewiesen (pro rata laboris). Grundsätzlich gelten ähnliche Regeln wie für die Darstellung der Verpflichtungen aus kurzfristigen Leistungen an Arbeitnehmer. Im *Anhang* ist der Betrag der Aufwendungen für Pläne unter dem Beitragsprimat offenzulegen[310].

### b) Leistungsprimat

280 Der Ausweis der finanziellen Folgen von Plänen nach dem *Leistungsprimat* («*defined benefit plan*») werden in einer streng versicherungstechnischen und in die Einzelheiten gehenden Regelung erfasst und führen zu entsprechenden Offenlegungen. Ziel ist eine möglichst vollständige, vorgezogene *Anlastung des Barwertes* der künftigen Zahlungen im Zeitraum, in welchem der Arbeitnehmer seine Dienste leistet (pro rata laboris). IAS verlangt u.a.

281 (i) Berücksichtigung nicht nur der gesetzlich durchsetzbaren Verpflichtungen, sondern auch aller *qualifizierten tatsächlichen Ver-*

---

[309] Und diese im Betrag verlässlich geschätzt werden kann, IAS 19, para. 17.
[310] IAS 19, para. 46.

*pflichtungen*, die aus der vom Unternehmen geübten Praxis entstehen[311];

(ii) wiederholte Bestimmung des *Barwertes* aller Verpflichtungen aus dem Leistungsprimat und des *Marktwertes* der ihnen gegenüberstehenden Aktiven mit hinreichender Regelmässigkeit; 282

(iii) Anwendung der «*projected unit credit method*» zur Messung der Verpflichtungen und Kosten. Diese baut darauf auf, dass man aus jeder Zeitperiode, in der ein Arbeitnehmer im Arbeitsverhältnis steht, eine zusätzliche Einheit an Versicherungsleistungen ableitet, wobei jede einzelne dieser Einheiten separat berechnet wird, um den Endbetrag der Verpflichtung des Arbeitgebers aufzubauen; 283

(iv) Zuordnung von künftig fällig werdenden Leistungen zu den *Arbeitsperioden* des Mitarbeiters, unter Berücksichtigung der Tatsache, dass die Arbeitsleistungen in späteren Jahren zu einem wesentlich höheren Leistungsanspruch als jene in früheren Jahren führen; 284

(v) Anwendung von «*neutralen*» und unter sich kompatiblen *versicherungsmathematischen Annahmen* hinsichtlich der demographischen und der finanziellen Variablen; 285

(vi) Anwendung von *Abzinsungssätzen gemäss Marktverhältnissen* in einer Währung und Fristigkeit, die den Verpflichtungen aus dem Leistungsprimat entspricht. 286

Dazu kommt eine grosse Zahl weiterer versicherungsmathematischer («*actuarial*») Einzelheiten, die sich an den Spezialisten wenden[312]. 287

In der *Bilanz* des Unternehmens ist entweder die versicherungsmathematisch ermittelte, abgezinste und nach Verkehrswerten berichtigte totale Nettoverbindlichkeit aus dem Personalvorsorgeplan zu *passivieren* oder – was erstaunlicher ist – der am Schluss herauskommende totale Nettoüberschussbetrag zu *aktivieren*[313]. Eine Überschussakti- 288

---

[311] Es sind dies die «*constructive obligations*», d.h. tatsächliche Verpflichtungen, die unter den gegebenen Umständen wegen des Vertrauensschutzes oder aus anderen besonderen Gründen einer rechtlichen Verpflichtung gleichwertig sind.
[312] IAS 19, para. 72 ff.
[313] IAS 19, para. 54 und 58.

vierung untersteht besonderen Vorsichtsregeln[314], ist aber nach IAS durchaus denkbar, wenn ein Vorsorgeplan entweder klar überdotiert ist («*overfunding*») oder es zu hohen versicherungstechnischen Überschüssen («*actuarial gains*») gekommen ist.

289 Die vollständige rechtliche *Trennung der Personalvorsorgeträger* in der Schweiz (fast immer in einer Stiftung) muss die Frage auftauchen lassen, ob eine derartige Aktivierung – die den Gedanken auszudrücken scheint, dass die Arbeitgeberfirma bei der Stiftung irgend etwas zu Gute hätte – rechtlich vertretbar ist. Da sowohl steuerrechtlich wie zivilrechtlich nach der Schweizer Grundkonzeption die Beiträge und Zuwendungen der Arbeitgeberfirma endgültig sind, ist das Einbuchen eines Aktivums im Konzerneigenkapital auf der Arbeitgeberseite rechtlich nicht unbedenklich. IAS 19 freilich sieht es wie folgt:

- das Unternehmen «beherrsche» diesen Vermögensvorteil[315],

- diese Beherrschung sei das Ergebnis von früheren Geschäftsvorfällen, und

- das Unternehmen könne aus der Überdeckung künftigen wirtschaftlichen Nutzen ableiten in der Form einer Reduktion künftiger Beiträge *oder einer Rückerstattung in bar*[316], entweder direkt an das Unternehmen oder indirekt an einen andern Plan mit Unterdeckung.

290 Eines steht fest: Der Gedanke einer *Barrückzahlung an den Arbeitgeber* scheint in der Schweiz von vornherein mit der Rechtslage unvereinbar. Ein effektiver durchsetzbarer Anspruch auf Rückleistung kann wegen der Unantastbarkeit des rechtlich separat verwalteten und ausschliesslich und dauernd dem Vorsorgezweck gewidmeten Stiftungsvermögens und der in der Schweiz eindeutig feststehenden steuerlichen «*Endgültigkeit*» jedes Vermögenstransfers vom Arbeitgeber an die Stiftung[317] schlechterdings nicht bestehen. Auch bei einer geradezu zweckwidrigen Redundanz ist nur eine andere gemeinnützige Verwendung, nicht eine Rückleistung an den Arbeitgeber rechtlich denkbar.

---

[314] IAS 19, para. 58.
[315] «The enterprise controls a resource, which is the ability to use the surplus to generate future benefits», IAS 19, para. 59 (a).
[316] So ausdrücklich IAS 19, para. 59 (c).
[317] Art. 59 Bst. b DBG und Art. 25 Abs. 1 Bst. b StHG.

Der Grundgedanke von IAS zielt nun aber *nicht* auf eine effektive  291
Rückleistung. Er ist vielmehr im Bewertungssystem der IAS nachvollziehbar: wenn die Arbeitgeberfirma eine klare Überdeckung feststellt, kann sie die laufenden Beiträge sowohl ihrer selbst wie der Arbeitnehmer für eine bestimmte Periode *kürzen* («*contribution holiday*» oder «*Beitragspause*»); diese Kürzung kann als künftiger Minderabfluss von Geldmitteln auf den Barwert abgezinst, nach den allgemeinen Wertvorstellungen, die die IAS beherrschen, als hinlänglich bemessbarer Nutzen aktiviert, als Ertrag erfasst und dem Eigenkapital zugeschrieben werden. Dabei zielt IAS 19 stets auf die *Konzernrechnung* (im Sinne von Art. 663e OR) ab; nach Schweizer Recht bestimmt sich der Beitrag des für Ausschüttungen verwendbaren Eigenkapitals nicht nach IAS, sondern nach Art. 662 ff. OR, so dass man den IAS nicht oder mindestens nicht direkt vorwerfen kann, sie würden durch die Hinzurechnung von Pensionskassenüberdeckungen den ausschüttbaren Betrag künstlich erhöhen.

Dennoch kommt es zu einem erkennbaren *Zusammenprall* zwischen  292
der angelsächsischen Ideen- und Faktenwelt (wo man nicht mit verselbständigten Stiftungen und mit einer nicht rückgängig zu machenden, endgültigen Widmung von Vermögensteilen arbeitet) und der schweizerischen Rechtsordnung und Gestaltungsusanz. Eine *rechtliche* Vorabentscheidung ist nötig:

(i)   der Ausweis als Ertrag und Eigenkapital stützt sich auf die Aktivierung eines *messbaren Nutzens*; nie könnte dieser «Nutzen» freilich als Forderung eingeklagt oder an einen Dritten gültig abgetreten werden, da dies diametral gegen das Stiftungsrecht und sämtliche Prämissen des Steuerrechtes verstossen würde;  293

(ii)  dazu kommt ein Zweites: Wenn eine Überdeckung zu einer Aktivierung beim Arbeitgeber führt, kommt es im Endergebnis zum Rückgängigmachen von nachträglich als objektiv zu hoch erkannten früheren Zuwendungen an die Stiftung, und zwar durch eine *Verrechnung* von laufenden Beiträgen mit der Rückerstattung früherer zu grosser Beiträge. Der «*contribution holiday*» (Beitragspause) entpuppt sich in dieser Sicht dann eben doch als verkappte Rückleistung. Deshalb ist zusätzlich abzuklären, *wem* diese «*Überschussverteilung durch Verrechnung*» materiell zu Gute kommen soll. Auf der Arbeitgeberseite wäre es – für den das Unternehmen betreffenden Anteil der Beiträge – ganz sicher das Unternehmen selbst. Dagegen wäre auf der Ar-  294 beitnehmerseite zu klären, wie der Interessengegensatz zwischen damaligen Beitragspflichtigen, die zu stark belastet wurden, und heutigen Mitarbeitern, die von der Rückgängigmachung profitieren, auszugleichen ist.

295 Das letzte Wort darüber, ob die Aktivierungsidee mit der Schweizer Rechtslage vereinbar ist, ist daher noch nicht gesprochen[318].

296 In der *Erfolgsrechnung* werden die Lasten aus dem Vorsorgeplan mit Leistungsprimat periodengerecht nach versicherungsmethodischen Grundsätzen zugeordnet und so erfasst[319].

297 Im *Anhang* schlägt sich jeder Vorsorgeplan mit Leistungsprimat in zahlreichen Einzelangaben nieder[320]:

(i) *Rechnungslegungsgrundsätze* für den Ausweis von versicherungstechnischen Gewinnen und Verlusten;

(ii) allgemeine Beschreibung des *Vorsorgeplans*;

(iii) *Abstimmung* der Aktiven und Verbindlichkeiten, die in der Bilanz ausgewiesen werden, mit den verschiedenen Elementen des Vorsorgeplans, etc.

## 4. Abgangsentschädigungen

298 *Abgangsentschädigungen* werden grundsätzlich erst dann als Aufwand erfasst, wenn es gewiss ist oder praktisch feststeht, dass Aufwendungen anfallen, weil Arbeitnehmer oder eine Gruppe von Arbeitnehmern vor dem normalen Ruhestandszeitpunkt entlassen werden. Dies trifft vor allem zu, wenn ein Angebot für die vorzeitige Pensionierung gemacht wird. Abgangsentschädigungen, die später als zwölf Monate nach dem Bilanzstichtag fällig werden, sind abzuzinsen.

---

[318] Vgl. den Diskussionsbeitrag von *Carl Helbling* (2000) 29.
[319] IAS 19, para. 61 ff.
[320] IAS 19, para. 120.

## 5. Mitarbeiterbeteiligung (Eigenkapitalbeteiligung)

Aktienbeteiligungspläne («*equity compensation benefits*») sind im Anhang mit allen ihren Eckwerten offenzulegen[321], doch kann jedes Unternehmen selbst die Regeln für den Ausweis im Jahresabschluss festlegen[322].

299

## 6. Inkrafttreten

IAS 19 wurde anwendbar auf alle Abschlüsse, die sich auf eine am 1. Januar 1999 oder danach beginnende Rechnungsperiode bezogen[323].

300

---

[321] IAS 19, para. 147.
[322] IAS 19, para. 145.
[323] IAS 19, para. 157.

## IAS 20    Subventionen (Fassung 1994)

301   IAS 20 bezieht sich auf den ganz besonderen Fall, dass das Unternehmen in den Genuss von *staatlichen Subventionen* gelangt oder auf eine andere Weise von behördlicher Unterstützung[324] profitiert. Im Wesentlichen zielt IAS darauf ab:

302   (i)   auszuschliessen, dass die Subventionen *anders* als zu ihrem angemessenen Wert oder *früher* als zum Zeitpunkt, in dem die an sie geknüpften Bedingungen erfüllt sind und der Subventionsbetrag effektiv eingegangen ist, als Ertrag erfasst werden[325], und

303   (ii)  sicherzustellen, dass die Subventionen nicht im Augenblick des Eingangs gesamthaft als Ertrag erfasst, sondern *planmässig* über diejenige Periode verteilt werden, in der die Kosten anfallen, welche durch die Subvention übernommen oder ausgeglichen werden sollen[326], sowie

304   (iii) zu verhindern, dass die Subventionen *direkt dem Eigenkapital* gutgeschrieben, d.h. nicht als Ertrag erfasst werden.

305   *Sofort* ist eine Subvention zu erfassen – und je nach Lage des Falles gilt sie dann als ein ausserordentlicher Posten im Sinne von IAS 8 –, wenn sie *nachträglich* zugesprochen wird (d.h. als Ausgleich für bereits vergangene Aufwände oder Verluste) oder dem Zwecke einer sofortigen finanziellen Unterstützung für das Unternehmen ohne Bezug zu künftigen Kosten dient[327].

306   Es versteht sich, dass IAS 20 weitere *Sonderfälle* regelt und die *Offenlegung* von Vorgängen im Zusammenhang mit Subventionen verlangt.

307   Nach dem *Auslegungsbeschluss SIC-10* können auch bedingungslos bzw. ohne Auflagen gewährte Subventionen nicht direkt dem Eigenkapital gutgeschrieben werden.

---

[324] «Accounting for Government Grants and Disclosure of Government Assistance».
[325] IAS 20, para. 7.
[326] IAS 20, para. 12.
[327] IAS 20, para. 20.

# IAS 21   Fremdwährungsumrechnung (Fassung 1993)

## 1. Einführung

IAS 21 («*The Effects of Changes in Foreign Exchange Rates*») macht die in den USA entwickelten Regeln weltweit anwendbar. Entscheidend ist die Unterscheidung zwischen der Methode in der *Erfolgsrechnung* und der Methode in der *Bilanz*: 308

(i) Transaktionen werden für die *Erfolgsrechnung* am Tage des Geschäftsvorfalles nach dem an diesem Tage geltenden Kurs umgerechnet (Tageskursprinzip),

(ii) während in der *Bilanz* hinsichtlich von finanziellen und nicht finanziellen Posten je unterschiedlich vorgegangen wird.

## 2. Regeln

Transaktionen in fremder Währung werden zu dem am Tage des Geschäftsvorfalles geltenden *Wechselkurs* ausgewiesen[328] (Tageskursprinzip für die Erfolgsrechnung). 309

In der *Bilanz* dagegen werden 310

(a) *monetäre Posten in fremder Währung* (Forderungen, Verpflichtungen, Fremdwährungsbestände) zum Kurs am Bilanzstichtag ausgewiesen (Jahresendkursprinzip);

(b) *nicht-monetäre Posten*, die zu einem in fremder Währung ausgedrückten Kostenwert bilanziert sind, nach dem am Tage der Transaktion geltenden Wechselkurs umgerechnet (Tageskursprinzip)[329].

Ist die Jahresrechnung einer *Tochtergesellschaft* oder einer andern Unternehmenseinheit, die in fremder Währung aufgestellt ist, in die Konzernwährung umzurechnen, so wird nach IAS 21 wie folgt vorgegangen: 311

---

[328] IAS 21, para. 9.
[329] IAS 21, para. 11.

(i) Alle Aktiven und Verbindlichkeiten, d.h. sowohl die monetären wie die nicht-monetären, der ausländischen Einheit werden zum *Devisenkurs am Bilanzstichtag* (Jahresendkursprinzip) umgerechnet;

(ii) Ertrag und Aufwand der ausländischen Einheit werden zu den Devisenkursen am Tage der jeweiligen *Transaktion* umgerechnet (Tageskursprinzip)[330]. Aus praktischen Gründen kann jedoch ein *Jahresdurchschnittskurs* für diese Umrechnung verwendet werden[331] (Durchschnittskursprinzip), und dieses Vorgehen ist auch sehr verbreitet;

(iii) alle sich ergebenden Währungsdifferenzen sind direkt im *Eigenkapital* zu buchen. Sie dürfen nicht als Aufwand oder Ertrag erfasst werden[332].

## 3. Offenlegung

312 Im Anhang sind offenzulegen:

(a) der Betrag der *Währungsdifferenzen*, der im Periodenergebnis enthalten ist;

(b) die Nettowährungsdifferenzen, die direkt über *Eigenkapital* gebucht worden sind, als ein separater Betrag, und dazu eine *Abstimmung* der Beträge solcher Währungsdifferenzen zu Beginn und zum Ende der Periode[333].

---

[330] Damit *verbietet* IAS 21, para. 30 die schlichte Umrechnung von Aufwand und Ertrag zum *Jahresendkurs*.
[331] IAS 21, para. 31.
[332] IAS enthält auch Regeln für Länder mit *Hyperinflation*, IAS 29.
[333] Durch den Auslegungsbeschluss SIC 7 wurde festgelegt, dass die Bestimmungen von IAS 21 auch bei der Einführung des Euro in Konzernabschlüssen strikte zu befolgen ist.

# IAS 22 Unternehmenszusammenschlüsse (Fassung 1998)

Der ursprüngliche IAS 22 über «*Business Combinations*» stammte aus dem Jahre 1983. Er wurde 1993 und 1998 überarbeitet. Hauptziel des Standards ist die Unterscheidung zwischen Übernahmen («*acquisition*») eines Unternehmens durch ein anderes, einerseits, und den Fusionen oder fusionsähnlichen Vorgängen, die als Interessenvereinigung («*uniting of interests*») bezeichnet werden, anderseits. 313

Der Hauptunterschied liegt darin, dass nur bei einer Interessenvereinigung die «*pooling of interests*»-Methode angewendet werden kann. Diese Vorgehensweise läuft grundsätzlich auf eine schlichte Zusammenfügung der Buchwerte der beiden beteiligten Unternehmen nach dem Fortführungsprinzip hinaus. Dies bedeutet vor allem, dass kein Akquisitions-Goodwill ausgewiesen werden muss und folglich aus der Kombination auch keine Amortisierung des Goodwill-Betrages über die folgenden Jahre als neue Aufwandlast hervorgeht. 314

Dagegen führt jede *Unternehmensübernahme* zu einem *positiven oder negativen Goodwill* mit weitreichenden Folgen für die Erfolgsrechnungen der folgenden Rechnungsperioden. Es stellen sich ferner Fragen hinsichtlich der Bestimmung der Akquisitionskosten, der Zuordnung dieser Kosten zu Aktiven und Passiven des *übernommenen* Unternehmens sowie hinsichtlich der Behandlung von Minderheitsanteilen[334]. 315

## 1. Unternehmensübernahmen

### a) Kennzeichen einer «Übernahme»

IAS 22 wird auf alle Arten von *Unternehmensübernahmen* («*acquisitions*») angewendet, sei es auf dem Wege des Kaufs der *Eigenkapitalanteile* eines Unternehmens durch die Übernehmerin («*share deal*») oder durch die Übernahme von *Aktiven und Passiven* (bzw. wertmässig der Nettoaktiven) durch die Übernehmerin («*asset deal*»). Als Gegenleistung kommen Eigenkapitalanteile, Bargeld, bargeldnahe Mittel oder 316

---

[334] IAS 22, para. 21 ff.; 32, 68.

Forderungen in Frage. Ein Unternehmenszusammenschluss kann mit oder ohne Gründung eines neuen Unternehmens einhergehen, und er kann am Ende zu einer Unterordnung in einem Mutter/Tochter-Verhältnis oder zu einer Verschmelzung durch Absorption führen[335].

317 Eine *Übernahme* (und keine Interessenvereinigung[336]) liegt vor, wenn die Transaktion zum Ergebnis führt, dass das eine Unternehmen das andere beherrscht, was vermutet wird, wenn der Erwerber mehr als die Hälfte der Stimmrechte des übernommenen Unternehmens erhält[337]. IAS neigt dazu, die Methode des «*pooling of interests*» in allen Zweifelsfällen zu *versagen*[338]. Die gilt insbesondere wenn der Verkehrswert des einen Unternehmens merklich grösser ist als der des andern (das grössere Unternehmen wird als Erwerber behandelt), oder wenn stimmberechtigte Aktien gegen Bargeld getauscht werden (in diesem Fall wird das Unternehmen, welches das Bargeld aufwendet, als Erwerber behandelt) oder wenn der Zusammenschluss dazu führt, dass die Unternehmensleitung des einen Unternehmens in der Lage ist, die Auswahl des Managementteams der kombinierten Unternehmung zu beherrschen (das beherrschende Unternehmen gilt als Erwerber).

318 Möglich ist auch eine *umgekehrte Übernahme* («*reverse acquisition*»): Ein Unternehmen A erwirbt die Aktien eines Unternehmens B, gibt aber als Entgelt im Austausch so viele stimmberechtigte A-Aktien an die bisherigen Aktionäre des andern Unternehmens ab, dass im Ergebnis die Beherrschung der vereinigten Unternehmungen A + B an die Aktionäre des Unternehmens B übergeht. Das Unternehmen, dessen Aktionäre am Schluss das zusammengeschlossene Unternehmen beherrschen, gilt als Erwerber (im Beispiel: B).

---

[335] Art. 748 OR. Dazu der bundesrätliche Gesetzesentwurf für ein Bundesgesetz über die Fusionen, Spaltungen, Umwandlungen und Vermögensübertragungen («Fusionsgesetz») gemäss *Botschaft* vom 13. Juni 2000.
[336] Hiernach Ziff. 2.
[337] IAS 22, para. 10 und 11.
[338] Die amerikanische Praxis ist eher permissiver. Das FASB («*Financial Accounting Standards Board*») erwog 1999/2000, das «pooling of interests» für die US GAAP stark einzuschränken bzw. ganz auszuschliessen, doch stiess diese Initiative auf starken Widerstand.

## b) Wesentliche Regeln

Im Wesentlichen geltend folgende Regeln: 319

(i) Auf eine Unternehmensübernahme wird die *«purchase method»* 320
angewandt, d.h. die *Kaufmethode*: eingebucht wird grundsätzlich
der Kostenwert[339]. Das übernehmende Unternehmen muss die Finanzergebnisse der erworbenen Unternehmung vom Tage der
Akquisition an einbuchen und in seiner Bilanz die identifizierbaren Aktiven und Verbindlichkeiten des übernommenen Unternehmens und den negativen oder positiven Goodwill ausweisen[340].

(ii) Für die *Bemessung* desjenigen Teils der Übernahmekosten, der 321
als *Goodwill* gilt, werden die Aktiven und Verbindlichkeiten des
erworbenen Unternehmens nicht zu ihrem Buchwert eingebucht,
sondern – insoweit als sie als «identifizierbare Aktiven und Verbindlichkeiten» klassifiziert werden – im Wesentlichen zu ihrem
*Verkehrswert*[341].

Es versteht sich, dass diese Regeln in IAS 22 mit zahlreichen 322
Abgrenzungen und Ausnahmen vervollständigt sind[342].

(iii) Der *Goodwill*, verstanden als Differenz zwischen den Erwerbs- 323
kosten und dem Verkehrswert («*fair value*») der identifizierbaren
Aktiven und Verbindlichkeiten, wird vom Übernehmer auf einer
systematischen Basis über die geschätzte Nutzungsdauer des
Goodwills als Aufwand *amortisiert*[343].

Die *Goodwilldauer* ist von Fall zu Fall entsprechend der ge- 324
schätzten Nutzungsdauer nach den Gegebenheiten des übernommenen Unternehmens für eine Zeitspanne von bis zu zwanzig

---

[339] IAS 22, para. 17 und 18.
[340] IAS 22, para. 19.
[341] IAS 22, para. 26 und 39 ff. *Beispiel*: Die auszuweisenden Akquisitionskosten betragen 100. Der Buchwert der Aktiven des übernommenen Unternehmens ist 150, die Verbindlichkeiten belaufen sich auf 80. Das buchmässige Eigenkapital ist also 70. Wenn nun der Verkehrswert der identifizierbaren Aktiven 170 und der entsprechenden Verbindlichkeiten 75 ausmacht, so ist der Goodwill 5 (100 minus 95) und nicht 30 (100 minus 70), wie sich bei Zugrundelegen der Buchwerte ergeben würde.
[342] IAS 22, para. 27 ff.
[343] Die früher (bis 1994) zulässige Methode der *direkten Abbuchung* des Akquisitions-Goodwills vom Eigenkapital ist also absolut ausgeschlossen.

Jahren festzulegen[344]. Der Goodwill ist nach der linearen Methode zu amortisieren. In seltenen Fällen können schlüssige Beweise dafür erbracht werden, dass die Nutzungsdauer des übernommenen Goodwills *zwanzig Jahre überschreitet*; in diesem Fall kann, bei entsprechendem Ausweis im Abschluss, ausnahmsweise eine längere Amortisationsdauer vorgesehen werden[345]. Wird dies getan, so muss auf jeden Bilanzstichtag das Vorliegen einer Wertbeeinträchtigung geprüft werden («*impairment test*» nach IAS 36), um nachzuweisen, dass der verbleibende Goodwill noch werthaltig ist.

325 IAS 22 lässt also das methodisch an sich nahe liegende Argument des übernehmenden Unternehmens *nicht* zu, dass im Laufe der Zeit der übernommene Goodwill laufend durch selbst erschaffenen Goodwill ersetzt und damit im Wert aufrecht erhalten wird. *Erworbener Goodwill ist nach IAS vielmehr stets auf Null zu amortisieren*[346]. Diese Regel stimmt mit US GAAP überein; sie wird theoretisch durch die Überlegung begründet, dass der im Laufe der Zeit nach der Übernahme neu erschaffene Goodwill, der an die Stelle des damals bezahlten «alten» Goodwills tritt, nach den Regeln über den selbst geschaffenen Goodwill *nicht* aktivierbar ist. So richtig das rein dogmatisch auch sein mag, so führt doch die *Goodwill-Amortisation zu einer erheblichen Verzerrung der Darstellung der wirklichen Ertragslage*; sie mindert dem Anschein nach die wirkliche Leistung des Unternehmens in späteren Perioden und verstösst damit eigentlich gegen oberste IAS-Grundsätze.

326 IAS verlangt eine *periodische Überprüfung* der Amortisationsdauer und der Amortisationsmethode für den Goodwill. Veränderte Verhältnisse können dazu führen, dass eine Wertbeeinträchtigung («*impairment*») anzunehmen ist, was zu einer zusätzlichen Wertberichtigung nach IAS 36 ausserhalb der planmässigen Amortisation führt.

327 (iv) *Negativer Goodwill* liegt vor, wenn die Akquisitionskosten niedriger sind als die Verkehrswerte («*fair value*») der identifizierbaren Aktiven und Verbindlichkeiten. Die Differenz wird über

---

[344] IAS 22, para. 44. Vgl. unten IAS 38, para. 79.
[345] IAS 22, para. 44 und 50.
[346] IAS 22, para. 47.

eine bestimmte, sachgemäss festzulegende Anzahl von Rechnungsperioden erfolgswirksam erfasst[347].

(v) Eine Rückstellung für *Reorganisationskosten* ist im Zusammenhang mit einer Übernahme nur für die Kosten zulässig, die bei der *übernommenen* Gesellschaft entstehen, nicht für die Kosten, die sehr oft auch beim Erwerber anfallen[348]. 328

## 2. Interessenvereinigung

Eine *Interessenvereinigung* («uniting of interests») wird nur bejaht, wenn die Aktionäre nach der Transaktion gemeinsam das Risiko und den Nutzen der kombinierten Einheit teilen. Dies ist gewöhnlich nicht möglich ohne einen *im Wesentlichen gleichen Austausch* von stimmberechtigten Aktien unter den beteiligten Unternehmen. Dabei wird verlangt: 329

(i) die grosse Mehrheit oder die Gesamtheit der *stimmberechtigten Aktien* der sich zusammenschliessenden Unternehmen müssen ausgetauscht oder gepoolt werden;

(ii) der *Verkehrswert* des einen Unternehmens darf nicht wesentlich von demjenigen des andern abweichen[349], und

(iii) die Aktionäre beider beteiligten Unternehmen halten am Schluss in ihrem gegenseitigen Verhältnis im Wesentlichen die *gleichen Stimmrechte und Nutzungsrechte* in der kombinierten Einheit wie vorher[350].

Liegt ein «uniting of interests» vor, so ist die Methode des «*pooling*» zulässig, und es gibt eine wichtige Folge: Die Umstrukturierung führt *nicht* zum Ausweis von positivem oder negativem Goodwill. 330

---

[347] IAS 22, para. 61 und 62. Dort finden sich noch weitere Differenzierungen für den relativ seltenen Fall dessen, was man in der Schweiz «Badwill» zu nennen pflegte.

[348] Dabei sind das *absolute Zeitfenster* von drei Monaten nach der Akquisition und weitere Voraussetzungen zu beachten, IAS 22, para. 31 (c).

[349] In der Praxis der neunziger Jahre wurde ein Verhältnis bis zu 57:43 oder sogar 60:40 toleriert.

[350] IAS 22 para. 15.

331 Für *Aufwand* im Zusammenhang mit der Akquisition gilt umgekehrt der Grundsatz des sofortigen Ausweises: Aufwendungen im Zusammenhang mit der Interessenvereinigung werden als Aufwand *in der Periode* erfasst, in welcher der Aufwand entsteht. Zu diesen Aufwendungen gehören auch die Kosten oder Verluste, welche aus der Zusammenlegung der Betriebe der beiden vorher getrennten Geschäfte entstehen[351]. Diese dürfen, obwohl ihnen eine längerfristige Wirksamkeit zugeschrieben werden könnte, nicht aktiviert und später abgeschrieben werden.

## 3. Offenlegung im Anhang

332 IAS 22 verlangt eine *umfassende Offenlegung* im Anhang in allen Fällen von Unternehmenszusammenschlüssen, vor allem hinsichtlich

a) der übernommenen stimmberechtigten Aktien,
b) der Akquisitionskosten und
c) des Entgeltes sowie
d) des Goodwills.

333 Es ist erlaubt, die Bestimmung der Verkehrswerte von identifizierbaren Aktiven und Verbindlichkeiten nur auf einer *provisorischen* Basis vorzunehmen, falls dies dargelegt wird. Die Werte müssen jedoch im *ersten* Jahresabschluss nach der Übernahme festgelegt werden, wenn der Goodwill-Betrag noch korrigiert werden soll.

## 4. Inkrafttreten

334 IAS 22 trat in der 1998 überarbeiteten Fassung für Abschlüsse in Kraft, deren Rechnungsperiode am 1. Juli 1999 oder danach begann.

---

[351] IAS 22, para. 82 und 83.

## 5. Auslegungsbeschluss SIC 9 zu IAS 22 (Unternehmenszusammenschlüsse)

### a) Auslegungsfrage

Es geht darum, wie die Begriffe und Leitsätze von IAS 22 für die Klassifizierung eines Unternehmenszusammenschlusses als Übernahme oder Interessenvereinigung ausgelegt und angewendet werden sollen, und ob es denkbar ist, einen Unternehmenszusammenschluss *weder* als Übernahme *noch* als Interessenvereinigung zu qualifizieren. 335

### b) Konsens

In praktisch allen Unternehmenszusammenschlüssen kann ein *Erwerber* identifiziert werden, d.h. die Aktionäre des einen der sich zusammenschliessenden Unternehmen erringen die Beherrschung über die aus dem Zusammenschluss hervorgehende Kombination. Nur wenn kein Erwerber identifiziert werden kann, liegt eine Interessenvereinigung vor. Sogar wenn die drei Kennzeichen einer Interessenvereinigung nach IAS 22 para. 16 (a), (b) und (c) erfüllt sind, trägt das Unternehmen die Beweislast dafür, dass ein Erwerber nicht identifiziert werden kann. Ein Unternehmenszusammenschluss ist immer entweder eine Übernahme oder eine Interessenvereinigung[352]. 336

---

[352] SIC 9, para. 11. Insgesamt laufen die Tendenzen der IASC darauf hinaus, ein «*pooling of interest*» nur noch in solchen Fällen zu gewähren, wo durch eine Fügung des Schicksals am Stichtag der Fusion praktisch alle massgeblichen Elemente genau 50:50 stehen. Dass dies nur noch ein seltener Zufall sein kann, gesteht IASC selber zu («*this is expected to occur only rarely*»). Ein Achselzucken dieser Art kann nicht das letzte Zeichen in dieser wichtigen Frage sein.

## IAS 23  Fremdkapitalzinsen (Fassung 1993)

337  Dieser Standard («*Borrowing Costs*») behandelt die Voraussetzungen, unter denen Fremdkapitalzinsen für qualifizierte Wirtschaftsgüter, insbesondere im Bau befindliche Anlagen, aktiviert werden dürfen.

338  Die von IAS 23 bevorzugte Methode («*benchmark treatment*») ist jedoch der Ausweis der Fremdkapitalzinsen in der Periode, in der sie anfallen, als Aufwand[353].

---

[353] IAS 23, para. 7.

# IAS 24 Offenlegung von Beziehungen zu nahe stehenden Personen (Fassung 1994)

IAS 24 («*Related Party Disclosures*») enthält die Bestimmungen für die Offenlegung von Beziehungen zu nahe stehenden Personen. 339

## 1. Einführung

Das Wirtschaftsrecht stellt als Generalprämisse darauf ab, dass der Austausch von Leistungen und Gütern zwischen *echten Marktgegenseiten* stattfindet, die je ihre Interessen – wenn auch in unterschiedlichem Grad konfliktuell – gegensätzlich vertreten. Ist dies nicht der Fall, greift in Extremfällen das Privatrecht mit Korrektiven ein[354]. Kein allgemeines Korrektiv kennt man freilich für Fälle eines blossen «*Nahe Stehens*» der Parteien, obgleich das Privatrecht mit dem «*negotium mixtum cum donatione*» schon seit 2000 Jahren eigentlich genau auf solche Erscheinungen Bezug nimmt. Steht die eine Seite der andern aus persönlichen oder wirtschaftlichen Gründen nahe, so besteht die Gefahr, dass das Geschäft unter Bedingungen abgeschlossen wird, die entweder die eine oder die andere Partei wirtschaftlich schädigen. Das gleiche Phänomen taucht auf, wenn Unternehmen von der gleichen juristischen oder natürlichen Person beherrscht werden und sich damit «nahe stehen» («*related party*»). 340

IAS 24 sagt mit unübertrefflicher Kargheit: «Beziehungen zu nahe stehenden Personen können eine Auswirkung auf die Finanzlage und die Geschäftsergebnisse des Unternehmens haben. Nahe stehende Parteien können Geschäfte abschliessen, welche Dritte unter sich nicht tätigen würden»[355]. IAS 24 betont, dass schon die blosse *Tatsache* einer nahen Beziehung ausreichen kann, um auf Geschäfte Auswirkungen zu haben. Es geht also nicht darum, den guten oder bösen Absichten der Beteiligten nachzuforschen. 341

---

[354] Art. 21 OR («offensichtliches Missverhältnis der Leistung und der Gegenleistung»); Art. 678 Abs. 2 OR («offensichtliches Missverhältnis zur Gegenleistung»); Art. 422 Ziff. 7 ZGB (Verträge zwischen Mündel und Vormund).
[355] IAS 24, para. 8.

342  IAS 24 verzichtet – im Gegensatz zum deutschen Ansatz des konzernrechtlichen «*Abhängigkeitsberichtes*»[356] – darauf, die *Auswirkungen* von Beeinflussungen quantitativ zu erfassen, die unter nahe Stehenden zur Entstehung, zu den besonderen Bedingungen oder zur Unterlassung einer Transaktion führen. Wohl aber sind die Beziehungen und Transaktionen zu nahe Stehenden als solche *offenzulegen*.

## 2. Anwendungsbereich

343  IAS 24 behandelt als *offenlegungspflichtige Beziehungen* zu nahe stehenden Personen folgende Beziehungen:

(a)  mit Unternehmen, die das rechnungslegende Unternehmen *beherrschen* oder von ihm *beherrscht werden* sowie mit Unternehmen, die vom gleichen Drittunternehmen beherrscht werden (d.h. Schwestergesellschaften und andere Querbeziehungen)[357],

(b)  mit «*associates*» («*Beteiligungsgesellschaften*») nach IAS 28 ist ein «associate» oder Beteiligungsgesellschaft ein Unternehmen, in dem der Anleger einen *bedeutenden Einfluss* hat, das aber weder eine Tochtergesellschaft noch ein Joint Venture des Anlegers ist, wobei eine Beteiligung von 20 % am stimmberechtigten Kapital auf einen *bedeutenden Einfluss* schliessen lässt)[358],

(c)  mit *Einzelpersonen*, die direkt oder indirekt am Unternehmen durch Stimmrechte einen *bedeutenden Einfluss* ausüben und mit nahen Familienangehörigen einer solchen Einzelperson,

(d)  mit *Schlüsselpersonen der Unternehmensleitung* («*key management personnel*»), darin eingeschlossen Mitglieder des Verwaltungsrates und der Geschäftsleitung sowie nahe Familienangehörige solcher Personen, und schliesslich

(e)  mit *Unternehmen*, an denen eine *beträchtliche stimmberechtigte Beteiligung* direkt oder indirekt durch eine der in (c) oder (d) genannten nahe stehenden Einzelpersonen gehalten wird und über

---

[356] AktG § 312.
[357] Dies zielt im Wesentlichen auf das ab, was als «*verbundene Unternehmen*» bezeichnet wird.
[358] Eine ähnliche Situation wird in Art. 663a Abs. 4 OR 1991 angesprochen.

die eine solche Person einen bedeutenden Einfluss auszuüben in der Lage ist[359].

Der Tatbestand (e) wird so verstanden, dass als *nahe stehend* auch solche Drittunternehmen gelten, die den *eigenen Verwaltungsräten* oder *eigenen Hauptaktionären gehören*, und sogar solche, die nur eine Schlüsselperson ihres Managements mit dem Bericht erstattenden Unternehmen gemeinsam haben (Personalunion auf Geschäftsführungsebene). Nicht schon zur Qualifizierung als «nahe stehend» führt dagegen die Tatsache, dass zwei Gesellschaften ein *Verwaltungsratsmitglied* gemeinsam haben (solange nicht aus einer besonderen Situation heraus diese Person in der Lage ist, die Geschäftspolitik beider Gesellschaften in ihren gegenseitigen Geschäften zu beeinflussen), sowie die Eigenschaft als *Kapitalgeber* oder als wichtiger *Vertragspartner* (Kunde, Lieferant, Franchisenehmer, Vertreiber oder Generalagent), selbst wenn der Vertragspartner ein bedeutendes Geschäftsvolumen mit dem Unternehmen abwickelt[360].

344

## 3. Offenlegung im Anhang

(i) Die *finanziellen Beziehungen* zwischen dem Unternehmen und nahe stehenden Personen sind schon gemäss vielen nationalen Gesetzen in der einen oder andern Form offenzulegen. Das Schweizer Aktienrecht verlangt den gesonderten Ausweis von Forderungen und Verbindlichkeiten gegenüber Aktionären, die eine Beteiligung an der Gesellschaft halten[361].

345

(ii) Mehrere Standards (IAS 27, IAS 28, IAS 8) verlangen die Offenlegung einer *Liste* der wichtigen Tochtergesellschaften und Beteiligungsgesellschaften («*associates*») sowie Offenlegung von bedingten ausserordentlichen Vorgängen (IAS 8). IAS 24 verlangt zudem die Offenlegung von Beziehungen zu nahe Stehenden, wenn diese *beherrscht* werden, unbekümmert darum, ob Geschäfte zwischen den Parteien stattgefunden haben oder nicht[362].

346

---

[359] IAS 24, para. 3.
[360] IAS 24, para. 6.
[361] Art. 663a Abs. 4 OR 1991, vgl. auch für das französische Recht LSC Art. 103 Abs. 3.
[362] IAS 24, para. 20.

347 (iii) IAS 24 verlangt die Offenlegung von *Geschäften zwischen nahe Stehenden*, und zwar durch Angabe der Natur der Beziehung sowie der Arten von Transaktionen und derjenigen ihrer Elemente, die für das Verständnis des Abschlusses nötig sind[363]. Zu diesen Geschäften gehören, wenn sie zwischen nahe Stehenden stattfinden, insbesondere Kauf, Dienstleistung, Agentur- und Leasingverhältnisse, Übertragung von Forschung und Entwicklung, Lizenzverträge, Finanzgeschäfte (darin eingeschlossen Darlehen und Eigenkapitaleinlagen als Bar- oder Sacheinlagen), Bürgschaften, Garantien und andere Sicherungsgeschäfte sowie Management-Vereinbarungen[364]. Dabei verlangen die IAS in der Regel die Angabe des Volumens der Geschäfte, der noch nicht erfüllten Verträge und der Grundsätze für die Preisfestsetzung.

348 Wichtig ist dabei der Grundsatz der *Ausklammerung der konzerninternen Beziehungen*[365] aus diesen Offenlegungspflichten. Immerhin: es besteht Offenlegungspflicht für eine hundertprozentige Tochtergesellschaft, wenn die Muttergesellschaft nicht im gleichen Lande registriert ist oder in ihrem Land keine Konzernrechnung zur Verfügung stellt.

---

[363] IAS 24, para. 22.
[364] IAS 24, para. 19. IAS 24 erlaubt eine gewisse *Zusammenfassung* der Offenlegung hinsichtlich von Gegenständen ähnlicher Natur.
[365] IAS 24, para. 4.

# IAS 25 Bilanzierung von Finanzanlagen zu Renditezwecken (Fassung 1994)

## 1. Einführung

Das IASC löst den bisherigen Standard 25 («*Accounting for Investments*») durch IAS 39 über «*Finanzinstrumente*» und den neuen IAS 40 über «*Investment Property*» («*Immobiliaranlagen zu Renditezwecken*») ab. Inzwischen ist aber IAS 25 in der Fassung von 1994 vorläufig noch anwendbar. Der Standard 25 versteht unter *Finanzanlagen* («*investments*») gewinnstrebige Anlagen des Unternehmens[366] im Hinblick auf die Erzielung von *Kapitalertrag* (wie z.B. Zins, Lizenzgebühren, Dividenden und Mietzinsen) oder auf die Erzielung von *Wertzuwachs* oder eine andere *Nutzung* (wie Gewinne im Wertschriftenhandel). Sehr plastisch sagt IAS 25, was hier anvisiert wird: «Die Vermögensanlagen werden als Reserve gehalten» («*store of wealth*»)[367]. 349

*Nicht* als Finanzanlagen gelten die *betrieblichen Wirtschaftsgüter* im Umlauf- oder Anlagevermögen (Vorräte, Sachanlagen etc.). 350

IAS 25 unterscheidet zwischen 351

- *kurzfristigen Finanzanlagen*[368], nämlich solchen, die nach ihrer Natur leicht realisierbar sind und für nicht mehr als ein Jahr gehalten werden sollen, und
- *langfristigen Finanzanlagen*[369], welche alle andern Anlagen dieser Art umfassen.

Die Finanzanlage kann sich auf *bewegliches* oder *unbewegliches* Vermögen beziehen; für Immobiliaranlagen zu Renditezwecken gibt es freilich jetzt den neuen IAS 40. Der Standard 25 zielt sowohl auf Anlagen ab, die ein Unternehmen als eine *Reserve* aus momentan überschüssigen Mitteln hält, wie auch auf solche, die ein Unternehmen ein- 352

---

[366] «Assets held for the accretion of wealth», IAS 25, para. 4.
[367] IAS 25, para. 21/22.
[368] «*Current investment*», IAS 25, para. 4.
[369] «*Long-term investment*», a.a.O.

setzt, um eine *Handelsbeziehung* zu festigen oder einen Handelsvorteil zu gewinnen[370].

## 2. Regeln

353 a) Alle Unternehmen, die in ihrem *Abschluss* nach kurzfristigen und langfristigen Aktiven unterscheiden[371], teilen ihre kurzfristigen und langfristigen Vermögensanlagen entsprechend auf.

354 Die Tatsache, dass ein Anlageobjekt *regelmässig gehandelt* wird, macht es nicht unbedingt zur kurzfristigen Anlage, und die Tatsache, dass ein Objekt lange gehalten wird, nicht unbedingt zur langfristigen. Entscheidend ist, ob das Unternehmen die Anlage mit der Absicht hält, sie als *zusätzliche Barmittelquelle* zur Verfügung zu halten. Vermögensanlagen, die ein Unternehmen für eine Anzahl von Jahren hält, um damit Kapitalertrag und Vermögenszuwachs zu erzielen, gelten als langfristig.

355 b) Werden Finanzanlagen zum *Kostenwert* verbucht, so berechnen sich die Kosten inklusive Maklergebühren, Abgaben und Bankgebühren[372]. Werden Aktien oder andere Wertpapiere *als Entgelt* hingegeben, so gilt als Erwerbspreis der Verkehrswert der dem Veräusserer abgegebenen Wertpapiere (und nicht ihr Nominalwert).

356 c) Zinsen, Lizenzgebühren, Dividenden und Mietzinsen werden gewöhnlich in ihrem *Bruttobetrag* als Ertrag gebucht, ausser wenn ein Teil davon auf Stückzinsen (Marchzinsen) etc. entfällt (d.h. Zinsen, die im Augenblick des Erwerbs aufgelaufen, aber noch nicht ausgezahlt waren und daher Teil des Erwerbspreises bilden). In diesem Fall sind sie als Wiedereingang von Kosten und nicht als Einkünfte zu erfassen.

357 d) Wird eine Anlage in Forderungspapieren *über oder unter dem Rückzahlungsbetrag* erworben (Diskont bzw. Prämie), so wird der positive oder negative Differenzbetrag über die Periode vom

---

[370] IAS 25, para. 5.
[371] Das sind beinahe alle, da IAS diese Unterscheidung praktisch obligatorisch macht; vgl. IAS 25, para. 10.
[372] IAS 25, para. 15.

Erwerb bis zur Fälligkeit stufenweise abgebaut (*amortisiert*). So ergibt sich aus der Anlage ein regelmässiger Ausweis in der Erfolgsrechnung[373].

## 3. Kurzfristige Finanzanlagen

Das Unternehmen kann sich dafür *entscheiden*, ob es die kurzfristigen Finanzanlagen nach dem ersten oder zweiten der folgenden Systeme behandelt: 358

(a) ständig zum *Marktwert* («*market value*») oder
(b) zum Marktwert *oder* zum Kostenwert, wenn dieser *niedriger* ist.

### *Methode (a) – fluktuierender Marktwert*

IAS 25 gesteht zu, dass die Behandlung nach der erwähnten *Methode (a)* bei Marktwertaufschwüngen zum Ausweis von *unrealisierten Kapitalgewinnen* führen muss, was gegen das Vorsichtsprinzip verstösst[374]. Anderseits spricht für eine Verbuchung nach dem jeweiligen Marktwert, dass es hier nicht um einen wesentlichen Teil des Unternehmens geht (Finanzanlagen haben bloss eine Hilfsfunktionen in einem auf Leistungserstellung ausgerichteten Unternehmen). Das Unternehmen könnte zudem die Finanzanlagen zu jeder Zeit zum Marktwert verkaufen und den Erlös in einem Bankdepositum anlegen, ohne dadurch das laufende Geschäft zu beeinträchtigen[375]. IAS überlässt die Wahl zwischen den beiden Systemen (a) und (b) jedem Unternehmen. 359

Ein Unternehmen, das sich für die Methode (a) – d.h. für die Buchung zum jeweiligen Marktwert («*market value*») – entscheidet, muss eine Wahl treffen zwischen zwei Arten der Verbuchung von Mehr- und Minderwerten gegenüber dem Buchwert, nämlich 360

---

[373] Näheres in IAS 25, para. 18.
[374] Das *Vorsichtsprinzip* wird in den IAS-Texten mit Absicht selten angerufen; man findet es in IAS 25, para. 20, wenn auch nur als Zitat einer von zwei Meinungen: «*Supporters of this method of determining carrying amount claim that it provides a prudent balance sheet amount and does not result in recognising unrealised gains in income*».
[375] IAS 25, para. 21.

- entweder die *erfolgswirksame Methode* (Erfassung von Ertrag bei Marktwertzuwachs bzw. Aufwand bei Marktwertrückgang), oder
- *Neubewertungsmethode* (mit erfolgsneutraler Buchung direkt auf Eigenkapital).

361 Bei der Wahl der Neubewertungsmethode wird ein Verkehrswertzuwachs direkt einer *Neubewertungsreserve* im Eigenkapital gutgeschrieben, und Wertrückgänge werden diesem gleichen Konto belastet, bis es wieder auf dem Kostenwert angelangt ist. Noch weiter gehende Wertrückgänge sind dann erfolgswirksam, d.h. sie sind als Aufwand zu erfassen. Diese aufwandwirksame Wertverminderung «unter das Kostenniveau» kann jedoch ihrerseits wieder erfolgswirksam rückgängig gemacht werden, falls der erneute Wertzuwachs sich direkt auf den früheren Wertrückgang bezieht[376].

*Methode (b) – Niedrigstwertprinzip*

362 Im Fall (b) werden die Finanzanlagen ähnlich behandelt wie Umlaufvermögen: «the lower of cost and market». Der Buchwert ist entweder auf der Basis des Durchschnitts-Portfolios (insgesamt oder nach Kategorien von Vermögensanlagen) oder individuell nach jeder Vermögensanlage zu berechnen.

## 4. Langfristige Finanzanlagen

### a) Methodenwahl

363 Für *langfristige Finanzanlagen*[377] bietet IAS 25 die Wahl unter drei Systemen:

(a) zum *Kostenwert*; oder

(b) ständig jeweilige Neubewertung zum Verkehrswert (*«fair value»*); oder

---

[376] IAS 25, para. 31 und 32.
[377] IAS 25, para. 36 und 37 enthalten Regeln für die *Umklassifizierung* von langfristigen Anlagen in kurzfristige und umgekehrt. Grundsätzlich sind die Wertansätze ähnlich zu wählen, wie wenn die Anlage veräussert worden wäre.

(c) im Falle von marktgängigen Eigenkapitalpapieren: Marktwert oder *Kostenwert*, wenn dieser *niedriger* ist (bestimmt auf einer *Portfolio-Basis*).

Wählt ein Unternehmen das *System (b)* (ständige Neubewertungen zum Verkehrswert), so hat das Unternehmen Grundsätze für die Häufigkeit der Neubestimmung des Wertes zu erlassen und jeweils ganze Kategorien von langfristigen Finanzanlagen zur gleichen Zeit neu zu bewerten[378]. 364

### b) Bevorzugtes Verfahren

IAS 25 befürworten für langfristige Finanzanlagen im Allgemeinen die *Kostenwertmethode (a)*. Diese verlangt aber eine Überprüfung auf nicht nur vorübergehende Wertrückgänge, wobei Hinweise auf einen solchen Wertrückgang durch die Beobachtung des Marktes, der Eigenkapitalposition und Ergebnisse der Emittentin, in deren Papiere investiert worden ist, und der voraussichtlichen Geldflüsse aus der Finanzanlage zu gewinnen sind. Der Wert der Finanzanlage wird auch bestimmt durch ihre *Risiken* oder die Art und den Umfang des *Anteils*, den das Unternehmen bei der Emittentin hält, sowie *Ausschüttungseinschränkungen* oder *Übertragungsbeschränkungen* der Emittentin[379]. 365

IAS 25 verlangt grundsätzlich für Finanzanlagen die *Einzelbewertung*, doch sind sachlich begründete Zusammenfassungen nicht ausgeschlossen. 366

### c) Wertrückgang und Wiederaufholung

In allen Fällen ist der Buchwert *aufwandwirksam* nach unten zu berichtigen[380], wenn die Finanzanlage einem nicht nur vorübergehenden Wertrückgang unterliegt, wobei diese Wertherabsetzung für jede Finanzan- 367

---

[378] IAS 25, para. 27.
[379] IAS 25, para. 24.
[380] Anderes gilt nur dann, wenn das Unternehmen die Methode «regelmässige Neubewertung» gewählt hat; in diesem Falle wird der Wertrückgang zuerst als Rückgängigmachung einer früheren Höherwertung erfolgsneutral gebucht, und nur für den Teil als Aufwand, der zu Lasten des Kostenwertes geht. IAS 25, para. 26.

lage einzeln zu ermitteln ist[381]. Der Grundsatz «Abschreibungen sind endgültig» gilt hier *nicht*: eine Herabsetzung des Buchwertes nach einer nicht nur vorübergehenden Werteinbusse kann später erfolgswirksam *rückgängig* gemacht werden, wenn die Finanzanlage im Wert wieder ansteigt oder die Gründe für die Reduktion wegfallen[382].

#### d) Unbewegliches Vermögen

368 Anlagen in *unbewegliches Vermögen* wurden früher entweder nach IAS 16 (Sachanlagen) oder nach IAS 25 (langfristige Finanzanlagen) behandelt. Das Unternehmen hatte also ein Wahlrecht[383]. Ab 1. Januar 2001 gilt für Immobiliaranlagen zu Renditezwecken IAS 40.

### 5. Veräusserung von Finanzanlagen

369 Bei der Veräusserung wird die *Differenz zwischen dem Nettoerlös und dem Buchwert* als Ertrag oder Aufwand ausgewiesen. Ist in der Verbuchung der Finanzanlage eine Neubewertung enthalten, die im Eigenkapital widergespiegelt wurde, so ist ein durch die Veräusserung frei werdender Betrag der Neubewertungsreserve nach einem Grundsatzentscheid des Unternehmens entweder als Ertrag zu erfassen oder direkt dem Eigenkapital im Konto «zurückbehaltene Gewinne» (Gewinnreserve) zuzuweisen[384]. Der Standard verlangt eine stetige und folgerichtige Anwendung dieser Grundsätze unter Verweisung auf IAS 8.

370 Für die Zuordnung des Buchwertes zu einer *Teilveräusserung* gilt als Normalmethode die Bezugnahme auf den Durchschnitt des Gesamtbetrages[385].

---

[381] IAS 25, para. 23.
[382] IAS 25, para. 26 weist mit Recht darauf hin, dass solche Wiederaufwertungen (*reversal*) nach herkömmlicher Buchhaltungspraxis früher als *unzulässig* betrachtet wurden (und teilweise noch betrachtet werden).
[383] IAS 25, para. 28 bis 30.
[384] IAS 25, para. 33.
[385] Nach IAS 25, para. 35.

## 6. Ertragsausweis

Die Art der Erfassung in der *Erfolgsrechnung* ergibt sich aus den obigen Grundsätzen[386]. 371

## 7. Offenlegung im Anhang

IAS 25 verlangt eine *umfassende Offenlegung* der Bestände, der Veränderungen und der Ergebnisse im Zusammenhang mit Finanzanlagen im Anhang[387], insbesondere: 372

(a) *Rechnungslegungsgrundsätze* für die Bestimmung des massgeblichen Buchwertes von Finanzanlagen, die Behandlung von Schwankungen des Marktwertes von kurzfristigen Anlagen und die Behandlung der Neubewertungsreserve bei der Veräusserung einer neu bewerteten Finanzanlage;

(b) Angabe nach *Klassen* (Zinsen, Lizenzgebühren, Dividenden und Mieterträge von lang- und kurzfristigen Finanzanlagen, Veräusserungsgewinne und -verluste etc.) für ins Gewicht fallende Erträge und Aufwendungen;

(c) *Marktwert* von marktgängigen Finanzanlagen, wenn diese in der Erfolgsrechnung und Bilanz *nicht* zum Marktwert erfasst werden;

(d) *Verkehrswert* («*fair value*») von Anlagen in unbeweglichem Vermögen (Land und Gebäude), wenn sie als langfristig behandelt und *nicht* zum Verkehrswert ausgewiesen sind;

(f) für *langfristige Finanzanlagen*, die nach dem System der *Neubewertung* ausgewiesen werden: Grundsätze für die Häufigkeit dieser Neubewertungen, Datum der letzten Neubewertung und Basis der Neubewertung und Angabe, ob ein externer Sachverständiger zugezogen wurde[388];

(g) für *Holdinggesellschaften* eine Analyse des Anlageportfolios.

---

[386] nach IAS 25, para. 41. IAS 25 enthält auch in para. 45 ff. Sonderbestimmungen für spezialisierte Investmentgesellschaften.
[387] IAS 25, para. 49.
[388] IAS 25 para. 50 nennt weitere *freiwillige Angaben*, die das Verständnis des Jahresabschlusses durch den Leser verbessern können.

## IAS 26 Rechnungslegung und Berichterstattung von Personalvorsorgeeinrichtungen (Fassung 1994)

373 IAS 26 («*Accounting and Reporting by Retirement Benefit Plans*») bezieht sich spezifisch auf die Personalvorsorgeeinrichtungen. Dieser Standard betrifft einen besonderen Rechtsträger und wird daher nach der vorn erläuterten Zielsetzung dieser Publikation nicht dargestellt.

# IAS 27 Konsolidierung und Darstellung von Beteiligungen an Tochtergesellschaften (Fassung 1994)

IAS 27 («*Consolidated Financial Statements and Accounting for Investments in Subsidiaries*») enthält die Zusammenfassung der angelsächsischen Doktrin. 374

## 1. Konsolidierungspflicht

*Konsolidierungspflichtig* ist eine Muttergesellschaft («*parent*»), hinsichtlich der Gruppe von Unternehmen, die ihrer Beherrschung («*control*») unterstehen. Als Beherrschung gilt die Macht, die finanzielle und betriebliche Politik eines andern Unternehmens zum eigenen Nutzen zu bestimmen[389]. Ist die Muttergesellschaft selbst eine hundertprozentige Tochtergesellschaft[390], kann im Hinblick darauf, dass die Dachgesellschaft oberhalb der Muttergesellschaft die Konzernrechnung präsentiert, von einer eigenen Konsolidierung abgesehen werden; in diesem Falle müssen der Name und der Sitz der die Konzernrechnung erstellenden Dachgesellschaft offengelegt werden[391]. 375

*Beherrschung* («*control*») wird vermutet, wenn die Muttergesellschaft direkt oder indirekt mehr als die Hälfte der Stimmrechte eines Unternehmens innehat oder – wenn ihr nur die Hälfte oder weniger der Stimmrechte gehören – die Verfügungsmacht über mehr als die Hälfte der Stimmrechte durch eine Vereinbarung mit andern Anlegern erreicht wird. Möglich ist auch, dass ein Unternehmen die Beherrschung dadurch erringt, dass es durch Gesetz oder Vereinbarung die Macht hat, die finanziellen und betrieblichen Belange zu bestimmen, die Mehrheit der Mitglieder des Verwaltungsrates oder eines entsprechenden Organs 376

---

[389] IAS 27, para. 6.
[390] Oder eine *beinahe* hundertprozentige Tochtergesellschaft; in diesem Falle verlangt IAS 27, para. 8, für die Unterlassung der Konsolidierung, dass die Inhaber der Minderheitsanteile zustimmen.
[391] IAS 27, para. 8.

zu ernennen und abzuberufen, oder die Mehrheit der Stimmen in einem solchen Leitungsorgan abzugeben[392].

## 2. Konsolidierungskreis

377   IAS verlangt die *umfassende Konsolidierung* aller in- und ausländischen Untergesellschaften, also auch derjenigen, die *völlig abweichende Geschäftstätigkeiten* verfolgen, ausgenommen im Fall einer Untergesellschaft, die nur vorübergehend beherrscht wird, oder einer Untergesellschaft, deren Fähigkeit, Mittel an die Muttergesellschaft zu transferieren, wegen strenger Devisenvorschriften entscheidend beeinträchtigt ist[393]. Solche «ausgeklammerten» Untergesellschaften werden nach IAS 39 behandelt[394].

## 3. Konsolidierungsmethode

378   Die *Konsolidierungsmethode* entspricht den heute allgemein weltweit anerkannten Grundsätzen (übereinstimmende oder um nicht mehr als drei Monate abweichende Abschlussstichtage der Untergesellschaften, einheitliche Bewertungs- und Gliederungsrichtlinien, Eliminierung von konzerninternen Beziehungen und Zwischengewinnen, separater Ausweis von Minderheitsaktionären etc.)[395].

## 4. Einzelabschluss der Muttergesellschaft

379   Im Einzelabschluss der Muttergesellschaft («*parent*») sind die Beteiligungen an weiteren Untergesellschaften, die in die Konzernrechnung einbezogen sind, entweder nach der «*Equity*»-Methode (IAS 28) oder

---

[392]   IAS 27, para. 12. Es ist vor allem an *Aktionärbindungsverträge* zu denken.
[393]   IAS 27, para. 13.
[394]   Der Auslegungsbeschluss SIC 12 hat festgelegt, dass auch sog. «*Special Purpose Entities*» (oder «*Vehicles*») in die Konsolidierung einzubeziehen sind. Siehe am Schluss dieser Ausführungen zu IAS 27.
[395]   IAS 27, para. 15 ff.

nach der in IAS 39 beschriebenen Methode der verkäuflichen Finanzanlagen («*financial assets available for sale*») auszuweisen[396]. Nach der letzten Fassung der IAS 27 können diese Beteiligungen auch zum Kostenwert eingesetzt werden.

## 5. Offenlegung

Im *Anhang* sind offenzulegen  380

(i) das Verzeichnis aller wesentlichen *Untergesellschaften* mit Name und Land der Eintragung oder des Sitzes;

(ii) *Prozentsatz* der Kapitalbeteiligung (und, falls dieser davon abweicht, der Prozentsatz der Stimmrechte);

(iii) *Auswirkungen* der Übernahme oder Abstossung von Untergesellschaften auf die finanzielle Lage und die Ergebnisse des Konzerns;

(iv) im Einzelabschluss der Muttergesellschaft eine Beschreibung der *Methode* für den Ausweis der Beteiligung an Untergesellschaften.

## 6. Auslegungsbeschluss SIC 12 zu IAS 27 (Special Purpose Entities)

### a) Auslegungsfrage

In der Praxis werden sog. «*Special Purpose Entities*» («SPE» oder auch  381
«*Special Purpose Vehicles*», «SPV») in der Form von Kapitalgesellschaften, Trusts, Personengesellschaften oder andern Rechtsfiguren zur Erfüllung von eng definierten Zwecken (z.B. als Träger eines Leasingvertrages, zur Durchführung von Forschung und Entwicklung oder zur Verbriefung von Finanzanlagen) gegründet. Die Organe und die Leitungsgrundsätze solcher SPEs werden oft durch rechtliche Vorkehrun-

---

[396] IAS 27, para. 29.

gen eng an den Gründer oder Initianten angebunden, so dass sie unter einem sog. «*Autopiloten*» funktionieren[397].

382 Der *Initiant* oder das Unternehmen, auf dessen Rechnung eine SPE gegründet wurde, überträgt öfters Aktiven auf die SPE oder behält sich das Recht vor, solche Aktiven des SPE zu nutzen oder Dienstleistungen für die SPE zu erbringen, während andere Parteien (die «Kapitalgeber») die Mittel für die SPE bereitstellen. In den meisten Fällen behält der Gründer oder Initiant (oder das Unternehmen, auf dessen Rechnung die SPE gegründet wurde) ein bedeutsames wirtschaftliches Interesse an der Tätigkeit der SPE und beherrscht dieses tatsächlich, auch wenn das Eigenkapital der SPE ihm zu einem geringen Teil oder gar nicht gehört. Die Frage ist, ob die SPE zu konsolidieren sei.

### b) Konsens

383 Eine Special Purpose Entity (SPE) ist zu konsolidieren, wenn die wirtschaftliche Natur der Beziehung zwischen einem Unternehmen und der SPE aufzeigt, dass die SPE von diesem Unternehmen *beherrscht* wird[398]. Die Beherrschung kann sich manifestieren durch die «Autopilot»-Vereinbarung oder auf andere Weise, selbst wenn keine Eigenkapitalbeteiligung an der SPE gehalten wird. Die Konsolidierungspflicht ist zu vermuten, wenn das Unternehmen die mit der Tätigkeit der SPE verbundenen Risiken im Wesentlichen trägt.

384 Der Auslegungsbeschluss läuft darauf hinaus, dass man für das Vorliegen der Konsolidierungspflicht den wesentlichen Anhaltspunkt nicht im herkömmlichen «*control*» (Beherrschung), sondern in der *Zuordnung der Risiken* sieht.

---

[397] SIC 12, para. 1 selbst verwendet diesen bildhaften Ausdruck.
[398] Immerhin wird gesagt, dass die Beherrschung der Willensbildung *für sich allein* nicht genügt, um die Konsolidierungspflicht herbeizuführen, sondern dass sich dazu das Ziel gesellen muss, sich den Nutzen aus der Tätigkeit des andern Unternehmens zu sichern. SIC 12, para. 13.

# IAS 28　Beteiligungen (Fassung 1998)

## 1.　Einführung

Dieser Standard («*Accounting for Investment in Associates*») bezieht sich auf die *Beteiligung* eines Unternehmens an einem andern, in dem es fortan einen bedeutenden Einfluss ausübt, ohne dass die Voraussetzungen für die Behandlung als Tochtergesellschaft oder als Joint Venture erfüllt sind[399]. Als bedeutender Einfluss gilt die Macht des Unternehmens, an den Entscheidungen über die finanzielle und betriebliche Politik der andern Gesellschaft teilzunehmen, ohne dass sich diese Einflussnahme zu einer Beherrschung verdichtet. Praktisch geht es um Beteiligungen zwischen 20 % und 49,9 %, höchstens 50 % an den Stimmrechten einer andern Gesellschaft.

385

Liegt die Beteiligungsquote unter 20 % der Stimmrechte, so kann ein bedeutender Einfluss *dennoch* bestehen, wenn eines der folgenden Elemente gegeben ist:

386

- Vertretung im Verwaltungsrat oder in einem entsprechenden Organ,
- Teilhabe an der Festlegung der Unternehmenspolitik[400],
- wesentliche Transaktionen zwischen den beiden Unternehmen,
- Austausch von Leitungspersonal, oder
- Abgabe von entscheidenden technischen Informationen.

## 2.　Regeln

IAS 28 schreibt für den Ausweis bei der investierenden Gesellschaft die *«Equity»-Methode* vor, d.h. den Ausweis des anteiligen Eigenkapitals und des anteiligen Gewinns oder Verlustes. Die Investition wird bei der beteiligten Gesellschaft anfänglich zum Kostenwert eingebucht, und der Buchwert erhöht oder vermindert sich anschliessend nach Massgabe der Gewinne oder Verluste der Gesellschaft, an der die Beteiligung

387

---

[399]　«*Significant influence*», IAS 28, para. 3.
[400]　«*Policy making processes*», IAS 28, para. 5.

besteht («*Beteiligungsgesellschaft*»). Entsprechend reduzieren *Ausschüttungen*, welche die investierende Gesellschaft von der Beteiligungsgesellschaft erhält, den massgeblichen Buchwert der Beteiligung[401]. Weil die Rechnungslegung der Beteiligungsgesellschaft auf diese Weise direkt in jene der beteiligten Gesellschaft durchschlägt, sind wenn möglich die Abschlüsse der beiden Gesellschaften nach einheitlichen Standards zu erstellen[402]; ist das nicht möglich, sind entsprechende Anpassungen vorzusehen.

388 Im Falle einer *Wertbeeinträchtigung* der Beteiligung sind die Regeln von IAS 36 anzuwenden. Kommt es zu einer Wertbeeinträchtigung, so ist der Betrag der Werteinbusse zuerst vom verbleibenden Goodwill abzuziehen[403].

389 Beim *Erwerb* einer Beteiligung ist die Differenz zwischen dem Erwerbspreis und dem Anteil am Verkehrswert («*fair value*») der identifizierbaren Nettoaktiven der Beteiligungsgesellschaft nach IAS 22 als Goodwill auszuweisen.

390 Gemäss dem Auslegungsbeschluss SIC 3 sind *Zwischengewinne* nicht nur aus eigentlichen konzerninternen Transaktionen zu eliminieren, sondern auch aus solchen zwischen einer beteiligten Gesellschaft und der Gesellschaft, an der sie die Beteiligung hält. Verluste aus Geschäften zwischen diesen Gesellschaften sind dagegen dann nicht zu eliminieren, wenn sie Anzeichen einer nachhaltigen Wertbeeinträchtigung darstellen.

## 3. Offenlegung

391 Im *Anhang* sind offenzulegen

a) *Verzeichnis* der bedeutsamen Beteiligungen mit Beschreibung und Angabe des prozentualen Anteils an Eigenkapital und, wenn dieser davon abweicht, an den Stimmrechten der Beteiligungsgesellschaft, und

b) die *Methode* für den Ausweis solcher Beteiligungen.

---

[401] IAS 28, para. 16 ff.
[402] IAS 28, para. 20.
[403] IAS 28, para. 23.

Beteiligungen, die nach der «*Equity*»-*Methode* ausgewiesen werden, sind als langfristige Wirtschaftsgüter (Anlagevermögen) einzuteilen und in der Bilanz separat auszuweisen. Der Anteil am Gewinn oder Verlust der Beteiligungsgesellschaft geht ebenfalls in die Erfolgsrechnung des beteiligten Unternehmens ein und wird separat ausgewiesen. 392

## 4. Inkrafttreten

IAS 28 trat in der 1998 überarbeiteten Fassung für Abschlüsse in Kraft, deren Rechnungsperiode am 1. Juli 1999 oder danach begann. 393

## IAS 29  Rechnungslegung in Hochinflationsländern (Fassung 1994)

394 Dieser Standard («*Financial Reporting in Hyperinflationary Economies*») enthält besondere Methoden für die Bewältigung der Probleme, die sich im Falle einer Hyperinflation stellen, d.h. im Falle, dass die Währung ihre Kaufkraft mit solcher Geschwindigkeit verliert, dass Vergleiche von Beträgen aus Geschäftsvorfällen, die sich zu verschiedenen Zeitpunkten ereignen (selbst innerhalb der gleichen Rechnungsperiode) unmöglich bzw. irreführend wären. Dies gilt auf jeden Fall dann, wenn die kumulative Inflationsrate über drei Jahre *100 %* erreicht oder überschreitet.

# IAS 30 Rechnungslegung von Banken und ähnlichen Finanzinstituten (Fassung 1994)

Dieser Standard («*Disclosures in the Financial Statements of Banks and Similar Financial Institutions*») enthält zahlreiche Sonderbestimmungen, die hier nicht wiederzugeben sind.   395

## IAS 31  Rechnungslegung für Anteile an Gemeinschaftsunternehmen (Joint Ventures, Fassung 1998)

396 Der Standard 31 («*Financial Reporting of Interests in Joint Ventures*») bezieht sich auf die Beteiligung eines Unternehmens an einem *Gemeinschaftsunternehmen*. Ein solches liegt vor, wenn zwei (oder selten mehr) Parteien sich vertraglich darauf festlegen, eine wirtschaftliche Tätigkeit unter ihrer gemeinsamen Kontrolle auszuüben. IAS 31 bezieht sich zufolge dieser weiten Begriffsbestimmung nicht nur auf den klassischen Fall, in dem ein Gemeinschaftsunternehmen als separate juristische Einheit gegründet und gemeinsam gehalten wird («*jointly controlled entities*»), sondern auch auf alle anderen Fälle von gemeinschaftlichen Betrieben und sogar direkt gemeinschaftlich gehaltenen Wirtschaftsgütern.

397 Die Regeln, die sich an den Spezialisten wenden und hier nicht im Einzelnen darzustellen sind, bevorzugen für den Ausweis der Beteiligung an einer gemeinsam beherrschten Gesellschaft (d.h. am Gemeinschaftsunternehmen) beim Partner die *Quotenkonsolidierung*, d.h. es wird so vorgegangen, dass die konzerneinheitlich dargestellten Werte des Gemeinschaftsunternehmens in die Konzernrechnung in dem Ausmass einbezogen werden, das der Beteiligungsquote (im typischen Fall 50 %) entspricht[404].

398 Als erlaubte Alternative lässt IAS 31 die «*Equity*»-*Methode* zu[405], d.h. die Verbuchung zum anteiligen Eigenkapital und zum anteiligen Gewinn, wie wenn es sich um eine Beteiligung mit bedeutendem Einfluss an einer Beteiligungsgesellschaft handeln würde[406].

---

[404] IAS 31, para. 25.

[405] Die «*Equity*»-Methode ist diejenige, die von US GAAP für Joint Ventures vorgeschrieben wird. Weitere Einzelheiten ergeben sich aus IAS 31. Sie führt zu einem weitgehenden Verschwinden der Einzelheiten aus dem Rechenwerk der beteiligten Gesellschaft.

[406] Die überarbeitete Fassung des IAS 31 trat für Abschlüsse in Kraft, deren Rechnungsperiode am 1. Juli 1999 oder danach begann.

# IAS 32 Finanzinstrumente, Offenlegung und Darstellung (Fassung 1998)

Das IASC hat seit 1995 die Rechnungslegung für *Finanzinstrumente* fortschreitend ausgebaut und verfeinert; das Ergebnis liegt seit 1998 in zwei Standards vor: 399

– IAS 32 über die Offenlegung und Darstellung[407], und
– IAS 39 über den Ausweis und die Bemessung[408].

Wie vorn erwähnt, geht die Arbeit des IASC in diesem Gebiet jedoch zielstrebig weiter, so dass in naher Zukunft mit einem oder mehreren zusammenfassenden und ergänzten Standards zu rechnen ist. Das Regelwerk des IASC-Board ist mit IAS 32 und 39 in eine neue Ära eingetreten, weil hier der *Perfektionismus* – der Schwierigkeit der Materie an sich angemessen – weit vorangetrieben worden ist. Die beiden Standards über die Finanzinstrumente umfassen in der Originalfassung von 1998 insgesamt 135 Druckseiten. 400

Wegen der *Schwierigkeit der Definitionen* (das IASC-Board spricht selbst von «*elaborate definitions*»), der Abstraktheit des Gegenstandes und der Auffächerung in unzählige Einzelregeln ist eine flächendeckende Darstellung nicht möglich. Es ist auch offensichtlich, dass vor allem *mittlere Unternehmen* – auch grössere mittlere – mit diesen Regeln überfordert sind, d.h. sie bedürfen normalerweise der Hilfe von Spezialisten für die Bewältigung dieser Regeln. In dieser Sachlage bietet sich die Lösung an, jene *Hauptaussagen* herauszugreifen, die besonders wichtig sind oder am meisten mit den herkömmlichen Grundgedanken der Buchführung im Widerspruch stehen. 401

## 1. Einführung

IAS 32 stellt fest, dass die *Dynamik der internationalen Finanzmärkte* zu einem weit verbreiteten Gebrauch einer ganzen Reihe von Finanzinstrumenten geführt hat, die von den klassischen Obligationen (Schuldverschreibungen) bis zu den Derivaten reichen. Ziel des IAS 32 402

---

[407] «*Financial Instruments: Disclosure and Presentation*».
[408] «*Financial Instruments: Recognition and Measurement*».

ist es, das Verständnis der Benützer von Rechnungsabschlüssen für die Bedeutung von bilanzmässigen und ausserbilanzmässigen Finanzinstrumenten für die Finanzlage eines Unternehmens, seine Ergebnisse und seinen Cash flow zu erhöhen[409].

403  Basis der ganzen Regelung ist die wissenschaftliche Erfassung der drei Elemente:
 – Quantität,
 – Zeit,
 – Ungewissheit,

als Faktoren, welche die Auswirkungen eines Finanzinstrumentes auf den *künftigen Cash flow* eines Unternehmens bestimmen. Es geht um die Einordnung dieser Instrumente in die Geschäftspolitik, sowie die Risiken und die Grundsätze der Unternehmensleitung über die Risikokontrolle.

## 2. Definitionen von Finanzinstrumenten

404  IAS fasst den *Begriff des Finanzinstrumentes* weit; der Standard spricht keineswegs nur komplexe Instrumente oder Derivate an. IAS 32 und IAS 39 behandeln als *Finanzinstrument* jeden Vertrag, der zu einem Finanzaktivum des einen und zugleich einer Finanzverbindlichkeit oder einem Eigenkapitalinstrument des andern Unternehmens führt.

405  Als *Finanzaktivum* gilt jeder Vermögensteil, der entweder Bargeld ist oder ein vertragliches Recht auf Bargeld oder auf ein sonstiges Finanzaktivum eines andern Unternehmens verschafft. Dazu rechnet IAS auch jedes vertragliche Recht auf Austausch von Finanzinstrumenten oder ein Recht auf ein Eigenkapitalinstrument eines *andern* Unternehmens.

406  Als *Finanzverbindlichkeit* wird jede vertragliche Verbindlichkeit verstanden, welche die Lieferung von Bargeld oder eines andern Finanzak-

---

[409] IAS 32, Ziel.

tivums an ein anderes Unternehmen zum Gegenstand hat oder auf den Austausch von Finanzinstrumenten ausgerichtet ist[410].

Als *Eigenkapitalinstrument* gilt jeder Vertrag, der ein Anrecht auf Eigenkapitalanteile, d.h. Anteile am Differenzbetrag zwischen den Aktiven eines Unternehmens und allen seinen Verbindlichkeiten ausdrückt. 407

*Geldmässige Finanzaktiven* und geldmässige Finanzverbindlichkeiten kennzeichnen sich dadurch, dass sie auf Zahlung von festen oder bestimmbaren Beträgen in Geld ausgerichtet sind. 408

IAS 32 unterscheidet zwischen *primären Instrumenten* und *Derivaten*: als Derivate gelten Instrumente, die Rechte auf primäre Instrumente verschaffen, nämlich Finanzoptionen, Futures und Forwards (Termingeschäfte), Zins-Swaps und Währungs-Swaps. Alle Derivate sind Finanzinstrumente[411]. *Derivate* kennzeichnen sich dadurch, dass sie *Rechte* (und entsprechend Verpflichtungen) schaffen, die den Übergang von einem oder mehreren der Finanzrisiken, die im unterliegenden primären Finanzinstrument enthalten sind, auf die andere Partei bewirken. Mindestens zu Beginn bewirkt das Derivat jedoch noch *keinen* Übergang des unterliegenden primären Finanzinstrumentes selbst, und dieser Übergang kann unter Umständen auch bei der Fälligkeit des Vertrages nicht stattfinden[412]. 409

*Commodity Futures-Verträge* (Warentermingeschäfte) und *Leasingverträge mit Kaufoptionen* gehören nach IAS 32 nicht zu den Finanzinstrumenten, da sie sich auf *nicht* finanzielle Vermögensgegenstände beziehen; ihr Gegenstand sind Sachwerte. Dagegen gehören nach IAS *bedingte Finanzverpflichtungen* (wie Garantien) zu den Finanzinstrumenten[413]. 410

---

[410] IAS 32, para. 5 schränkt den *Tauschfall* in beiden Fällen ein auf Fälle, wo der Tausch unter Bedingungen stattfindet, die für einen Vertragspartner potenziell vorteilhaft sind. Damit sollen *wertneutrale Ersatzbeschaffungen* ausgeschlossen werden.
[411] IAS 32, para. 9.
[412] IAS 32, para. 10.
[413] IAS 32, para. 15. Freilich schliesst IAS 39 para. 1 (f) die *klassischen* Bürgschaften und Garantien von der Erfassung aus, vgl. IAS 32, para. 15 am Ende, Rz 537. Sie sind *offenzulegen*.

## 3. Darstellung

411 IAS 32 stellt den Grundsatz der *Klassifikation* auf. Der Standard verlangt, dass das Unternehmen seine aktiven und passiven Finanzinstrumente nach *Forderungs-* und *Eigenkapitalinstrumenten* entsprechend dem Inhalt des vertraglichen Verhältnisses zur Zeit der erstmaligen Erfassung klassifiziert und, wenn ein Instrument aus beiden Elementen gemischt ist, die beiden Elemente aufteilt[414]. Dementsprechend verlangt IAS 32, dass die Schuld aus einer *Wandelanleihe* vom Anfang bis zum Ende als Verbindlichkeit ausgewiesen, aber gleichzeitig das Wandelrecht im Sinne eines Optionselementes als Eigenkapitalinstrument bewertet wird[415]. Beide Ausweise zusammen ergeben den Betrag, den das Unternehmen als Erlös für die Ausgabe der Wandelanleihe erhalten hat.

412 *Zinsen, Verluste und Gewinne* aus schuldrechtlichen Finanzinstrumenten oder ihren Bestandteilen werden als *Ertrag* oder *Aufwand* behandelt. Dagegen werden Dividenden und andere Ausschüttungen an Inhaber eines Eigenkapitalinstrumentes beim Emittenten direkt (d.h. erfolgsneutral) vom Eigenkapital abgezogen[416].

## 4. Verrechnung

413 Eines der Hauptprobleme im Umgang mit Finanzinstrumenten ist die Frage der *Verrechnung* (Aufrechnung) von Forderungen und Schulden («*offsetting*»)[417]. IAS 32 erlaubt nicht nur, sondern *verlangt* die Verrechnung (und entsprechend den Ausweis nur des Restbetrages der grösseren der beiden gegenläufigen Forderungen in der Bilanz), wenn ein Unternehmen ein rechtlich erzwingbares Recht zur Verrechnung des ausgewiesenen Betrages hat und entweder verrechnen will oder die

---

[414] IAS 32, para. 18 und 23.
[415] Es wäre eigentlich auch möglich, die Wandelanleihe umgekehrt als Beteiligungsrecht (Eigenkapitalinstrument) mit einem *Put* gegenüber der Gesellschaft zu konstruieren.
[416] IAS 32, para. 30.
[417] Art. 120 ff. OR. «Wenn zwei Personen einander Geldsummen oder andere Leistungen, die ihrem Gegenstande nach gleichartig sind, schulden, so kann jede ihre Schuld, insofern beide Forderungen fällig sind, mit ihrer Forderung verrechnen.»

Forderung und die Schuld gleichzeitig geltend zu machen beabsichtigt. Mit dieser zweiten Voraussetzung will IAS dem Unternehmen die Möglichkeit einräumen, bewusst *von einer Verrechnung abzusehen*. In der Tat kann das Unternehmen unter Umständen Interesse daran haben, einerseits die Forderung einzutreiben und andererseits seine Schuld zu erfüllen.

Im Standard implizit enthalten ist die *Voraussetzung*, die bereits im rechtlichen Tatbestand der Verrechnung enthalten ist: Damit eine Verrechnung rechtlich möglich ist, müssen zwei Parteien einander Geldsummen oder andere Leistungen, die ihren Gegenstand nach gleichartig sind, schulden[418]. Eine Verrechnung ist gewöhnlich nur zwischen *zwei Parteien* möglich; im Drei- oder Mehrparteienverhältnis braucht es als rechtliche Grundlage einen Verrechnungsvertrag bzw. eine «netting»-Vereinbarung[419]. 414

Der Vorgang der Verrechnung als solcher ist *nicht erfolgswirksam*[420]; er führt rechtlich zum Erlöschen sowohl der Forderung wie der Schuld dessen, der Verrechnung erklärt, im Umfang des kleineren der beiden einander gegenüber stehenden Beträge. 415

## 5. Offenlegung im Anhang

IAS 32 verlangt, dass das Unternehmen (in der Regel im Anhang) die *Grundsätze und Ziele* seines «risk management» im Bereiche der Finanzinstrumente umschreibt, darin eingeschlossen die Politik für die *Absicherung* («hedging») jedes einzelnen wichtigen Typs von beabsichtigten Geschäften, für die das «hedge accounting» angewendet wird. 416

Die IAS überlassen dem Unternehmen die nähere Ausführung dieses Gebotes: Erwähnt wird die Möglichkeit einer *Kombination von textlichen Umschreibungen und quantitativen Angaben*, begleitet von der 417

---

[418] Entgegen dem Wortlaut von Art. 120 OR müssen nicht beide Forderungen fällig sein, sondern es verhält sich so, dass die eigene Schuld, die der die Verrechnung erklärende Schuldner tilgen will, *erfüllbar*, und seine Forderung gegen die andere Partei, mit der er verrechnen will, *fällig* sein muss.
[419] Art. 211 Abs. 2$^{bis}$ SchKG 1994. Zu den multilateralen «netting»-Vereinbarungen *Tom Häusler* (1996) 186 ff. und *Hess/Wyss* (1997) 1219 ff.
[420] IAS 32, para. 35 Satz 2.

Frage nach der relativen Bedeutung von Finanzinstrumenten für das Unternehmen. IAS 32 wendet sich gleichermassen gegen überlastete «Jahresabschlüsse mit übertriebenen Einzelheiten, welche dem Benützer des Abschlusses nicht helfen», wie solche, die «als Ergebnis einer weitgehenden Zusammenfassung bedeutsame Informationen verdunkeln»[421].

418 Entscheidend ist die *Einteilung* der Finanzinstrumente, mit denen das Unternehmen umgeht, *in Klassen*, wobei einzuteilen ist nach Instrumenten, die zum *Kostenwert* ausgewiesen werden und solchen, die zum *Verkehrswert* ausgewiesen werden. Ferner verlangt IAS 32 auch hier die Herstellung der Brücke zwischen den Darlegungen im Anhang und dem Ausweis im Zahlenwerk der Bilanz[422]. Der Standard verlangt ferner für jede Klasse von Finanzinstrumenten *Erklärungen* hinsichtlich

(i) der entscheidenden *Bedingungen*, die den Betrag, das zeitliche Element und die Gewissheit von künftigen Bargeldflüssen beeinflussen, und

(ii) der *Rechnungslegungsgrundsätze*, welche das Unternehmen für Finanzinstrumente festgesetzt hat (darin eingeschlossen die Kriterien für den Ausweis und die Basis der Bemessung)[423].

## 6. Einzelne Risikoarten

### a) Zinssatzrisiko

419 Das Unternehmen hat für jede *Klasse* von Finanzaktiven und Finanzverbindlichkeiten (ob im Rechenwerk ausgewiesen oder nicht) Angaben über die *Exponiertheit gegenüber Zinssatzrisiken* (d.h. dem Risiko von Zinssatzänderungen) zu machen, insbesondere vertraglich festgelegte Zinsanpassungen oder Änderungen von Fälligkeitsdaten und effektiven Zinssätzen, falls anwendbar.

---

[421] IAS 32, para. 45.
[422] IAS 32, para. 46.
[423] IAS 32, para. 47.

## b) Kreditrisiken

Der Betrag des *maximalen Kreditrisikos* (d.h. des Gegenparteirisikos) am Bilanzstichtag soll angegeben werden (ohne Berücksichtigung des Verkehrswertes von irgendwelchen Sicherheiten), für den Fall, dass andere Parteien ihre Verpflichtungen aus Finanzinstrumenten nicht erfüllen, sowie hinsichtlich von bedeutsamen *Konzentrationen* von Kreditrisiken (Klumpenrisiken). 420

Ferner gibt das Unternehmen für jede Klasse Angaben über den *Verkehrswert* oder darüber, dass die Ermittlung des Verkehrswertes nicht praktikabel ist[424]. 421

## 7. Inkrafttreten

IAS 32 trat für Abschlüsse in Kraft, deren Rechnungsperiode am 1. Juli 1996 oder danach begann. 422

## 8. Auslegungsbeschluss SIC 5 zu IAS 32 (Alternative Erfüllung)

### a) Auslegungsfrage

Ein Unternehmen kann ein Finanzinstrument ausgeben, indem die *Art der Erfüllung* entweder in Geldwerten oder durch die Hingabe von Eigenkapitalpapieren *alternativ* vorgesehen ist, und die Entscheidung zwischen diesen beiden Alternativen von künftigen ungewissen Ereignissen abhängt, die weder vom Emittenten noch vom Inhaber des Finanzinstrumentes beeinflusst werden können. Es stellt sich die Frage, ob ein solches Finanzinstrument im Jahresabschluss des Emittenten als Eigenkapital oder Verbindlichkeit auszuweisen sei. 423

---

[424] IAS 32, para. 77.

### b) Konsens

424  Das beschriebene Finanzinstrument ist der Klasse der *Verbindlichkeiten* zuzuweisen, ausser wenn die Möglichkeit, dass der Emittent in Bargeld oder andern finanziellen Werten zu erfüllen hat, zur Zeit der Ausgabe äusserst unwahrscheinlich ist («*remote*»). Ist dies der Fall, so ist die alternative Erfüllungsverpflichtung unbeachtlich, und das Finanzinstrument ist als Eigenkapital zu klassifizieren.

## 9. Auslegungsbeschluss SIC 16 zu IAS 32 (Eigene Aktien)

### a) Auslegungsfrage

425  Ein Unternehmen kann selbst oder durch eine Tochtergesellschaft seine eigenen Eigenkapitalanteile halten, die oft als «Vorratsaktien» («*treasury shares*») oder mit dem allgemeinen Ausdruck «eigene Aktien» bezeichnet werden. Die Frage stellt sich, wie eigene Aktien in der Bilanz auszuweisen sind, und wie eigene Aktien in der Erfolgsrechnung auszuweisen sind, wenn sie wieder abgegeben werden.

### b) Konsens

426  Eigene Aktien werden in der *Bilanz* als Abzug vom Eigenkapital ausgewiesen. Der Erwerb von eigenen Aktien ist im Jahresabschluss als eine Veränderung im Eigenkapital darzustellen. In der *Erfolgsrechnung* wird beim Verkauf, der Ausgabe oder der Vernichtung von eigenen Aktien weder Gewinn noch Verlust ausgewiesen. Erhaltene Gegenleistungen werden im Jahresabschluss als Veränderung des Eigenkapitals dargestellt.

427  Der Betrag, um den das Eigenkapital wegen des Besitzes eigener Aktien *reduziert* wird, wird getrennt entweder in der Bilanz oder im Anhang offengelegt. Ein Unternehmen legt offen[425], wenn es selbst oder durch eine Tochtergesellschaft eigene Aktien von Parteien erwirbt, welche die Beherrschung oder einen erheblichen Einfluss über das Unternehmen auszuüben in der Lage sind.

---

[425] In Übereinstimmung mit IAS 24, para. 22.

## c) Würdigung des Auslegungsbeschlusses SIC 16

Mit diesem Auslegungsbeschluss hat sich das IASC für das *exakte Gegenteil* der Behandlung entschieden, die in den Art. 659, 659a und 671a OR zum Ausdruck kommt. Da nach IAS alle Vorgänge um eigene Aktien erfolgsneutral sind, kommt es – im Gegensatz zum OR 1991 – weder zum Ausweis eines Ertrags bei einer Veräusserung über dem Anschaffungswert noch zur Notwendigkeit, eine Wertberichtigung über Aufwand zu buchen, wenn der massgebliche Wert der eigenen Aktien *unter den Buchwert* sinkt. Der Grundgedanke, die Vorgänge um eigene Aktien im Rechenwerk sichtbar zu machen und durch besondere Vorkehren (im Aktienrecht die gesetzliche Reserve für eigene Aktien, unter IAS die sofortige offene Abbuchung vom Eigenkapital) das verwendbare Eigenkapital zu kürzen, ist freilich derselbe: Es geht darum zu verhindern, dass die Aktionäre nach dem Erwerb eigener Aktien über das Eigenkapital so verfügen können, wie wenn nichts geschehen wäre. In beiden Fällen wird das verwendbare Eigenkapital um den Betrag der eigenen Aktien gekürzt, im OR durch die Sperrwirkung der gesetzlichen Reserve für eigene Aktien, nach IAS durch die Schrumpfung des Eigenkapitals.

428

Die Lösung des IASC folgt dem amerikanischen Modell und ist einfach. Sie hat immerhin den Nachteil, dass ein *Wertzerfall der zurückgekauften eigenen Aktien* nach dem Erwerb nicht (und effektiv überhaupt nie) als Aufwand in Erscheinung tritt. Dies ist schwer zu rechtfertigen. Trotz ihrer Nichterfassung auf der Aktivseite der Bilanz haben im Regelfall eigene Aktien einen bestimmbaren Wert und können daher dem Unternehmen zufolge Verkaufs zu einem Bargeldzufluss verhelfen. Sinkt der Wert, so schrumpft der mögliche Bargeldzufluss. Es ist schwer einzusehen, weshalb eine Wertbeeinträchtigung einer Sachanlage in der Periode, in der sie erkannt wird, voll über Aufwand gebucht wird und das Jahresergebnis belastet, während die Wertbeeinträchtigung der eigenen Aktien, in die das Unternehmen sein bares Geld investiert hat, erfolgsneutral bleibt und das Jahresergebnis nicht schmälert. Eine offensichtliche und messbare Werteinbusse ist in beiden Fällen eingetreten. Nach IAS muss der Wertrückgang der eigenen Aktien offenbar nicht einmal im Anhang offengelegt werden.

429

## IAS 33 – Gewinn pro Aktie (Fassung 1997)

### 1. Einführung

430 Der Standard «*Earnings Per Share*» ist anwendbar nur auf Unternehmen, deren Stammaktien oder Optionen auf Stammaktien an der *Börse* kotiert sind oder die daran sind, sie kotieren zu lassen.

### 2. Begriffsbestimmung und Regeln

431 Das Unternehmen muss zwei verschiedene Berechnungsweisen für die Gewinne pro Aktien anwenden und offenlegen, nämlich

  (i) Gewinn pro gegenwärtig ausstehende Aktie («*basic earnings per share*»): Berechnung schlicht artithmetisch als Division mit der Zahl der ausstehenden Aktien, *ohne* Berücksichtigung von bereits existierenden, aber noch nicht ausgeübten Rechten auf Bezug von weiteren dividendenberechtigten Aktien;

  (ii) verwässerter Gewinn pro Aktie («*diluted earnings per share*»): Berechnung unter der methodischen Annahme, es seien *alle* schwebend existierenden Rechte auf Bezug dividendenberechtigter Stammaktien («*potential ordinary shares*») bereits ausgeübt worden.

432 Der «*verwässerte Gewinn pro Aktie*» zeigt dem Interessenten die für ihn schlimmstmögliche Situation, und der «*gegenwärtige Gewinn pro Aktie*» die am Tage des Bilanzstichtages effektiv geltende Gewinnzuordnung pro ausstehende Aktie. Beide Kennzahlen sind auf derselben Seite wie die Erfolgsrechnung auszuweisen.

433 Stammaktien werden von den *Vorzugsaktien* methodisch abgegrenzt: Der auf Vorzugsaktien entfallende Dividendenbetrag ist vorweg auszuklammern[426]. Als potentielle Stammakten («*potential ordinary shares*») gelten Wandelrechte aus Wandelanleihen, Optionsrechte, Mitarbeiteroptionen, vertraglich vereinbarte Ausgabe von Aktien bei Erfüllung bestimmter Bedingungen etc.

---

[426] IAS 33, para. 11.

Als «*ausstehende Aktien*» gelten die ausgegebenen Aktien abzüglich der eigenen Aktien. Massgeblich ist nicht der Zustand zum Bilanzstichtag, sondern die *durchschnittliche* gewichtete Anzahl der ausstehenden Aktien während des Rechnungsjahres. 434

Als Gewinn oder Verlust («*earnings*») gilt der Gewinn oder Verlust gemäss Konzernrechnung nach Abzug der Minderheitsanteile und der Gewinnanteile von Vorzugsaktionären. In der Berechnung sind alle Veränderungen, die sich auf die Berechnung der Verhältniszahl auswirken, sachgerecht zu berücksichtigen, so die Erhöhung der Anzahl von ausstehenden Stammaktien durch Ausübung von Optionsrechten während des Rechnungsjahres, Ausgabe von Gratisaktien, Aktienzerlegung («*stock split*») und Kapitalerhöhung oder -herabsetzung. 435

## 3. Offenlegung im Anhang

Im *Anhang* sind offenzulegen: 436

(i) die Beträge, die als *Zähler* in die Berechnung der effektiven und der verwässerten Gewinne pro Aktie eingesetzt worden sind, und eine Abstimmung dieser Beträge mit dem Gewinn oder Verlust der Rechnungsperiode,

(ii) die *gewichtete Durchschnittsanzahl* der Stammaktien, die in den *Nenner* für die Berechnung der effektiven und der verwässerten Gewinne pro Aktie eingesetzt worden ist, und eine Abstimmung dieser Nenner miteinander.

## 4. Inkrafttreten

IAS 33 trat für Abschlüsse in Kraft, deren Rechnungsperiode am 1. Januar 1998 oder danach begann. 437

## IAS 34 Zwischenberichterstattung (Fassung 1998)

438 Die Erstattung von *Zwischenberichten*[427], meist auf halbjährlicher, nun häufiger auch vierteljährlicher Basis, ist für Schweizer Publikumsgesellschaften bereits vor Erlass des IAS 34 («*Interim Financial Reporting*») mehr und mehr zur guten Praxis geworden. Das Aktienrecht kennt den Zwischenbericht freilich noch nicht, während das Börsenrecht (Kotierungsregelement)[428] von den Publikumsgesellschaften einen Halbjahresbericht verlangt.

### 1. Hauptgrundsätze

439 IAS 34 bestimmt den *Mindestgehalt von Zwischenberichten* und bestimmt die Art des Ausweises und der Bemessung in der Rechnungslegung für Zwischenperioden. Effektiv geht es um eine vereinfachte Bilanz und Erfolgsrechnung, eine vereinfachte Geldflussrechnung und einen vereinfachten Ausweis über die Veränderungen im Eigenkapital, sowie stark reduzierte Erläuterungen im Anhang[429].

440 Die Zwischenberichte unterstehen den *gleichen Grundsätzen* wie der Jahresabschluss. Die vereinfachten Zwischenberichte müssen mindestens jeden der Sachtitel und die Zwischentotale enthalten, die im jüngsten Jahresabschluss ausgewiesen wurden sowie die ausgewählten Erläuterungen im Anhang gemäss IAS 34.

441 In der *Zwischenerfolgsrechnung* ist der Gewinn pro Aktie sowohl auf der Basis der gewichteten Durchschnittszahl der gegenwärtig ausstehenden Aktien («*basic earnings per share*») wie auf der Basis der vollen Verwässerung anzugeben («*fully diluted*», d.h. unter Einberechnung des gewichteten Durchschnitts der ausstehenden Aktien inklusive aller *potenziell* auszugebenden Stammaktien)[430].

---

[427] «*Interim Financial Reporting*».
[428] Thévenoz/Zulauf (1999), Kotierungsreglement 1996, 48-2, Art. 65.
[429] IAS 34, Einleitung, para. 4 und 5.
[430] Vgl. IAS 33 «*Earnings Per Share*», insb. para. 24.

## 2. Anhang für den Zwischenbericht

IAS 34 verlangt zehn Hauptaussagen des *Anhangs* zum Zwischenbericht, grundsätzlich auf einer «*Jahr bis heute*»-Basis, darunter

(1) Bestätigung, dass die gleichen *Rechnungslegungsgrundsätze* wie im letzten Jahresabschluss befolgt werden[431] (insoweit jedenfalls, als keine Änderungen angegeben sind);

(2) Erläuterungen zu den *Saisoneffekten* und *zyklischen Auswirkungen* auf die Geschäfte des Zwischenberichtsabschnittes;

(3) *aussergewöhnliche Vorgänge* und ihre Auswirkungen sowie wesentliche *Änderungen* zu den früher bekanntgegebenen Schätzungen;

(4) Ausgabe, Rücknahme und Rückzahlung von *Schuld- und Eigenkapitalpapieren* sowie ausgeschüttete *Dividenden*, nach Klassen;

(5) *Segmentumsätze und Segmentergebnisse* für die Geschäftssegmente oder geografischen Segmente entsprechend der Usanz des Unternehmens;

(6) *wesentliche Ereignisse* nach dem Zwischenstichtag und wesentliche *Änderungen* in der Zusammensetzung des Unternehmens (Unternehmenszusammenschlüsse, Unternehmensübernahmen und -veräusserungen etc.);

(7) Änderungen in den *Eventualverbindlichkeiten*[432] seit dem letzten Bilanzstichtag[433].

442

Der Zwischenbericht gibt die Vergleichszahlen der *Vorperioden* an (nämlich jene des letzten Bilanzstichtags und der entsprechenden Zwischenperiode des Vorjahres) sowie den Ausweis über Änderungen im *Eigenkapital* (im Vergleich zum letzten Bilanzstichtag) und eine *Geldflussrechnung* für die Zwischenperiode (im Vergleich mit der Geldflussrechnung für die Vergleichsperiode im Vorjahr).

443

*Unregelmässig* anfallende Erträge (nach Saison, nach Zyklus oder nach Fälligkeitsdatum) werden auf einen Zwischenstichtag weder aktiv noch

444

---

[431] IAS 34, para. 28.
[432] Oder *Eventualguthaben*. Vgl. hiernach IAS 37, para. 31 ff. und 89.
[433] IAS 34, para. 16.

International Accounting Standards (IAS)

passiv abgegrenzt (ausgenommen, wenn das am Ende des Rechnungsjahres angebracht wäre)[434].

445  IAS 34 anerkennt, dass bei der Erstellung von Zwischenberichten stärker auf *Schätzungen* abzustellen ist als bei der Erstellung des Jahresabschlusses[435].

## 3. Inkrafttreten

446  IAS 34 trat für Abschlüsse in Kraft, deren Rechnungsperiode am 1. Januar 1999 oder danach begann.

---

[434] IAS 34, para. 37. Insbesondere werden *unregelmässig eingehende Erträge* wie Dividenden oder saisonale Ertragsspitzen so ausgewiesen, wie sie anfallen. Auch Kosten, die ungleichmässig über das Rechnungsjahr anfallen, werden in den Zwischenberichten so behandelt und nicht geglättet.
[435] IAS 34, para. 41.

# IAS 35 Betriebseinstellungen (Fassung 1998)

Dieser Standard («*Discontinuing Operations*») bezieht sich auf den Fall, dass bedeutende Teile des Geschäftes eingestellt oder verkauft werden.  447

Es geht darum, die fortgeführten Tätigkeiten von denjenigen, die eingestellt werden, *abzugrenzen* und die Anwendung der Regeln über die Betriebseinstellung möglichst einzuschränken. Nach IAS gelten *Restrukturierungen* in der Regel nicht als Betriebseinstellungen und führen daher nicht zur Anwendung von IAS 35, sondern gegebenenfalls zur Anwendung von IAS 36 über die Wertbeeinträchtigung von Wirtschaftsgütern und Betriebseinheiten («*cash-generating units*»)[436].  448

---

[436] IAS 35 richtet sich eher an Spezialisten. Er trat für Abschlüsse in Kraft, deren Rechnungsperiode am 1. Januar 1999 oder danach begann.

## IAS 36    Wertbeeinträchtigungen (Fassung 1998)

### 1. Einführung

449 Das IASC-Board hat mehrere Jahre an dem neuen IAS 36 «*Impairment of Assets*» gearbeitet, der heute eine ganze Anzahl von früheren Regeln ersetzt, so Bestimmungen in IAS 16, IAS 22, IAS 28 und IAS 31. Die Erarbeitung der Regeln über das «*impairment*» war ein zentraler Punkt des Planes der Jahre 1995/98, mit den IAS inhaltlich alle wichtigen Punkte der US GAAP mit gleichwertigen Grundsätzen abzudecken (IOSCO)[437]. Der Begriff «impairment» wird hier in Anlehnung an das englische Original mit «Wertbeeinträchtigung» wiedergegeben, während die IAS (deutsche Ausgabe) etwas blass «*Wertminderung*» setzen[438].

450 Das Prinzip ist einfach, die *Durchführung* nicht in allen, aber in vielen Fällen komplex und aufwändig. Es geht darum, dass dem Rechnung zu tragen ist, was in Art. 665 OR hinsichtlich des Anlagevermögens in lakonischer Kürze festgehalten ist – dass nämlich vom Anlagevermögen «*Abschreibungen*» (gemeint sind: ausserordentliche Abschreibungen) vorzunehmen sind, wenn dies «*notwendig*» wird. Mit dem «*Notwendigwerden*» einer ausserordentlichen Abschreibung meint das OR im Grunde genommen nichts anderes als eine Wertbeeinträchtigung. Der selbe Gedanke kommt auch in Art. 960 OR zum Ausdruck, nach dem derjenige Wert massgeblich ist, der dem Wirtschaftsgut am Bilanzstichtag «für das Geschäft zukommt».

451 Die Regeln über die *Wertbeeinträchtigung* beziehen sich auf alle Wirtschaftsgüter des Unternehmens, ausser Vorräte[439], Güter in Herstellung unter Werkverträgen, latente Steuerguthaben, Guthaben aus Leistungen an Arbeitnehmer und Finanzaktiven, die vom IAS 32 über Finanz-

---

[437] Vorbild für IAS 36 war der amerikanische FAS (Financial Accounting Standard) 121 «Accounting for Impairment of Long-Lived Assets to be Disposed of».

[438] IAS (deutsche Ausgabe 1999), 747.

[439] Bei *Vorräten* (und andern Wirtschaftsgütern des Umlaufvermögens) kann es zwar ebenfalls zu einer Art «Wertbeeinträchtigung» kommen, doch wird dieser Werteinbusse methodisch einfacher durch eine *Wertberichtigung* («writedown») auf den realisierbaren Nettowert entsprochen.

instrumente erfasst werden[440]. In erster Linie werden – etwas konkreter ausgedrückt – die *Sachanlagen*, die *Beteiligungen*, die *immateriellen Güter*, der *Goodwill* und die *Vermögensanlagen* zu Renditezwecken anvisiert.

## 2. Regeln

### a) «Recoverable amount» («wiedereinbringlicher Betrag») als Schlüsselbegriff

Die Hauptregel findet sich in IAS 36 so ausgedrückt: Für ein Wirtschaftsgut ist eine *Wertbeeinträchtigung* auszuweisen, sobald der Buchwert des Wirtschaftsgutes höher ist als der «recoverable amount»[441]. Der «recoverable amount» (hier wiedergegeben als «wiedereinbringlicher Betrag»)[442] ist nichts anderes als der unter den konkreten Umständen nachweisbare Wert, der dem Wirtschaftsgut für das Geschäft zukommt. Als «wiedereinbringlicher Betrag» gilt:  452

(i) entweder der *Nutzungswert* («*value in use*»), was praktisch gleichbedeutend ist mit dem Gebrauchswert des Art. 960 Abs. 2 OR, d.h. der Wert, der dem Wirtschaftsgut «für das Geschäft» zukommt, oder

(ii) wenn er höher ist, der *erzielbare Nettoverkaufserlös* des Wirtschaftsgutes.

### b) Erzielbarer Nettoveräusserungserlös und Nutzungswert

Der *erzielbare Nettoveräusserungserlös* ist ein «äusserer» Wert. Er ist praktisch identisch mit dem «Verkehrswert minus Kosten», d.h. es ist der Betrag, der bei der Veräusserung des Wirtschaftsgutes in einer Transaktion unter Drittbedingungen zwischen informierten und geschäftswilligen Parteien erzielt werden kann, unter Abzug der gesamten Kosten für die Veräusserung.  453

---

[440] IAS 36, para. 1.
[441] IAS 36, para. 58.
[442] IAS (deutsche Ausgabe 1999) übersetzt «*recoverable amount*» mit «*erzielbarer Ertrag*».

454 Der *Nutzungswert* («*value in use*») ist ein «innerer» Wert. Er wird methodisch bestimmt als *Barwert der geschätzten künftigen Geldzuflüsse* («*cash flows*»), die voraussichtlich aus der ständigen Nutzung des Wirtschaftsgutes und aus der Veräusserung am Ende seiner Nutzungsdauer erwirtschaftet werden können.

### c) Die «Cash-Generating Unit» (kleinste abgrenzbare Betriebseinheit)

455 Entscheidend an IAS 36 ist, dass dieser zur Durchführung der Idee der Wertberichtigung wegen «Wertbeeinträchtigung» einen weiteren Schlüsselbegriff einführt, die «*cash-generating unit*»[443]. Dies ist die kleinste identifizierbare Gruppe von Wirtschaftsgütern, welche durch ständigen Einsatz im Betrieb im Wesentlichen unabhängig von Geldflüssen aus andern Wirtschaftsgütern (oder Gruppen von Wirtschaftsgütern) Erträge generiert. Praktisch geht es um die *kleinste abgrenzbare Betriebseinheit*; der Begriff ist nötig für die Bestimmung des Nutzungswertes, indem für dessen Bemessung auf Cash flow-Projektionen im Unternehmen abgestellt wird. Die Betriebseinheit wird dann und nur dann zur Bewertung herangezogen, wenn wirtschaftlich sinnvollerweise nicht auf ein einzelnes Wirtschaftsgut, sondern auf eine unter betrieblichen Bedingungen zusammengefasste und gezielt eingesetzte *Gruppe von Wirtschaftsgütern* abzustellen ist.

456 IAS 36 führt notwendigerweise dazu, dass das Unternehmen, wenn am Bilanzstichtag die bilanzierten Werte des Betriebsvermögens fraglich geworden sind und keine nachvollziehbaren Verkehrswerte den Ausweis zum Buchwert stützen, zur Rechtfertigung des Buchwertes *Cash flow-Projektionsrechnungen*[444] hinsichtlich der betreffenden kleinsten abgrenzbaren Betriebseinheiten aufstellen muss.

457 *Methodisch* wird das Vorgehen des Unternehmens im Bereiche der Wertbeeinträchtigungen aufgeteilt in *zwei Schritte*:
(i) *Ermitteln von Anzeichen einer Wertbeeinträchtigung*: Zu jedem Bilanzstichtag sollte eine *überschlagsmässige Suche* nach dem Vorliegen von Wertbeeinträchtigungen bei wesentlichen Wirt-

---

[443] IAS 36, para. 5 und 64 ff. IAS (deutsche Ausgabe 1999) übersetzt mit «*zahlungsmittelgenerierende Einheit*».
[444] IAS 36, para. 27 ff.

schaftsgütern des Anlagevermögens durchgeführt werden («*impairment indicators*»);

(ii) *Wertermittlung*: Wenn irgend ein Anzeichen für eine Wertbeeinträchtigung bei einem Wirtschaftsgut vorliegt[445], ist das aufwandwirksame Ausmass der Werteinbusse entweder nach dem «äusseren» Wert (dem *erzielbaren Nettoerlös*, d.h. *Verkehrswert unter Abzug der Veräusserungskosten*) oder dem «inneren» Wert (Geldschöpfungspotential der kleinsten abgrenzbaren Betriebseinheiten) festzustellen.

## 3. Abklärung des Vorliegens einer Wertbeeinträchtigung

Zur Feststellung («*identification*»), *ob* überhaupt eine Wertbeeinträchtigung von wesentlichen Wirtschaftsgütern vorliegt, muss ein Unternehmen zu *jedem Bilanzstichtag* als Minimum die folgenden beiden Felder im Auge haben[446]: 458

a) Externe Informationsquellen: 459

- der *Marktwert* eines Wirtschaftsgutes geht erheblich zurück;
- es vollzieht sich eine erhebliche *ungünstige Änderungen* hinsichtlich des Unternehmens in der Periode oder in der nahen Zukunft, sei es im technologischen, markttechnischen, wirtschaftlichen oder rechtlichen Bereich, in dem das Unternehmen tätig ist oder im Markt, für den das Wirtschaftsgut bestimmt ist;
- es kommt zu einem erheblichen Anstieg der *Marktzinssätze* mit Auswirkungen auf die intern zur Berechnung des Nutzungswertes verwendeten Diskontsätze;
- der Nettobuchwert des Unternehmens ist *höher* als die *Börsenkapitalisierung*.

---

[445] «*Any indication that any asset may be impaired*», IAS 36, para. 8.
[446] IAS 36, para. 9.

## International Accounting Standards (IAS)

460 b) Interne Informationsquellen:

- es zeigen sich Anzeichen eines verstärkten *Veraltens* oder einer physischen *Beschädigung* von Wirtschaftsgütern;
- der gegenwärtige oder der bevorstehende *Einsatz* eines Wirtschaftsgutes oder einer Betriebseinheit ist beeinträchtigt durch *Betriebseinstellung* oder *Restrukturierung*;
- die *wirtschaftliche Leistung* eines Wirtschaftsgutes bzw. einer Betriebseinheit jetzt oder zukünftig schlechter als erwartet.

461 Ein *Hinweis auf eine Wertbeeinträchtigung* («*impairment indicator*») ist nach IAS vor allem auch darin zu sehen, dass der Geldbedarf für *Einsatz oder Unterhalt* des Wirtschaftsgutes wesentlich höher ist als ursprünglich budgetiert oder dass effektive Geldzuflüsse oder Betriebsergebnisse im Zusammenhang mit dem Wirtschaftsgut wesentlich schlechter als budgetiert anfallen[447].

## 4. Messung des wiedereinbringlichen Betrages («recoverable amount»)

### a) Nettoveräusserungswert

462 Der Begriff des wiedereinbringlichen Betrages eines Anlagegutes («*recoverable amount*») ist in IAS 36 entscheidend: Das ist *entweder* der *Nettoveräusserungswert* («*net selling price*») *oder*, wenn er höher ist, der *Nutzungswert* aufgrund einer Cash flow-Projektion. Wenn auch nur *einer* dieser beiden Werte höher ist als der Buchwert, liegt keine Wertbeeinträchtigung vor; dann ist der Buchwert noch «gedeckt». Aus IAS 36 ergibt sich, dass ein Unternehmen sich dann und nur dann zur effektiven Bemessung einer Wertbeeinträchtigung auf die Äste der *Cash flow-Projektionen* (d.h. auf eine «innere Bewertung») hinaus wagen muss, wenn

- zuerst die externen Informationsquellen oder die internen Informationsquellen auf die Gefahr einer Wertbeeinträchtigung *hindeuten*, und
- kein *Nettoveräusserungswert* feststeht, der den Buchwert deckt.

---

[447] IAS 36, para. 11. «*Evidence from internal reporting*».

Bei der Bemessung des Nettoveräusserungswertes (erzielbarer Erlös  463
minus direkte Kosten) rechnet man zu den direkten Kosten zwar die
Aufwendungen für die Erstellung der Verkaufsbereitschaft und die Entfernung des Wirtschaftsgutes, nicht aber die Kosten der Stillegung von
Betriebsteilen[448]. *Gerade in heiklen Fällen wird man aber davon ausgehen müssen, dass dieser «erzielbare Nettoerlös» nicht mit hinreichender Sicherheit feststeht.* Denn Sicherheit ist nur gegeben, wenn entweder schon ein verbindliches Verkaufsgeschäft vorliegt (was im typischen Falle gerade nicht zutrifft), oder das Unternehmen hinreichend
aussagekräftige *Vergleichsgeschäfte* für *ähnliche* Wirtschaftsgüter im
*gleichen* Wirtschaftszweig kennt.

### b) Abzinsung von projektierten Nettogeldflüssen

Steht *kein* Nettoveräusserungswert fest, so muss das Unternehmen wohl  464
oder übel nach den Einzelheiten von IAS 36 den Nutzungswert, als
*Barwert der projektierten Cash flows aus der Nutzung des Wirtschaftsgutes*, errechnen[449]. Es geht darum, aus den neuesten und vom Management genehmigten Finanzbudgets und -planungen für eine Periode von
gewöhnlich maximal fünf Jahren den *Netto-Geldfluss* aus dem Gebrauch des Wirtschaftsgutes bzw. der betroffenen kleinsten Betriebseinheit zu schätzen. Dabei sind Geldabflüsse für die Aufrechterhaltung der
Gebrauchsfähigkeit abzuziehen und künftige Umstrukturierungen oder
werterhöhende Investitionen nicht in die Rechnung einzustellen.

Als Abzinsungsfaktor («*discount rate*») dient der risikobereinigte  465
Marktzins, welchen Investoren für die Berechnung der Rendite aus der
Investition in ein derartiges Wirtschaftsgut anwenden[450].

---

[448] IAS 36, para. 24.
[449] IAS 36, para. 27, 32, 37 und 45/48.
[450] IAS 36, para. 49 (vereinfachte Formulierung). Der Abzinsungsfaktor ist nach para. 54 *unabhängig* von der Kapitalstruktur des Unternehmens und sogar auch davon, wie das Unternehmen den Erwerb des betreffenden Wirtschaftsgutes finanziert hat.

## 5. Erfassung und Bemessung der eingetretenen Wertbeeinträchtigung

466 Wird nach diesen Regeln eine *effektive Wertbeeinträchtigung* eines Wirtschaftsgutes festgestellt, so muss das Unternehmen eine Wertberichtigung bei dem betroffenen Wirtschaftsgut wegen Wertbeeinträchtigung vornehmen. Sind die Voraussetzungen für die Erfassung einer Werteinbusse nicht alle erfüllt, so muss das Unternehmen mindestens die massgebliche Nutzungsdauer, die Abschreibungsmethode oder den Restbuchwert des Wirtschaftsgutes überprüfen[451].

467 Die Wertberichtigung des Buchwerts auf den wiedereinbringlichen Betrag («*recoverable amount*») hinunter heisst «*impairment loss*», die verbuchte Werteinbusse. Sie wird als Aufwand ausgewiesen[452]. Die ordentlichen Abschreibungen für das wertberichtigte Wirtschaftsgut werden der herabgesetzten Wertbasis angepasst, d.h. für die verbleibende Nutzungsdauer entsprechend vermindert.

468 Besondere Regeln gelten für die Identifizierung einer «*cash-generating unit*» im vorn erläuterten Sinne (kleinste abgrenzbare Betriebseinheit) und für die Verbuchung der sie betreffenden Wertbeeinträchtigung. Wenn Anzeichen dafür bestehen, dass ein Goodwill aus einer Unternehmensübernahme einer Werteinbusse unterliegt, so ist eine Wertberichtigung für die «*cash-generating unit*», die Betriebseinheit, vorzunehmen, zu welcher der Goodwill gehört[453]. Die Wertberichtigung wird zuerst zu Lasten des Goodwills vorgenommen, der sich auf die im Wert beeinträchtigte Einheit bezieht, und dann zu Lasten der andern Wirtschaftsgüter dieser Einheit, pro rata zum Buchwert jedes Wirtschaftsgutes in der Einheit[454].

---

[451] IAS 36, para. 14.
[452] IAS 36, para. 58 und 59. Ausnahmen gelten für Gesellschaften, die mit einer Neubewertungsmethode arbeiten.
[453] IAS 36, para. 79 und 80 für den «*bottom up*»-Test und den «*top down*»-Test.
[454] IAS 36, para. 88.

## 6. Rückgängigmachung einer Werteinbusse

Wertberichtigungen für Beeinträchtigungen des Wertes von Anlagegütern sind *nicht endgültig*, sondern werden nach IAS 36 rückgängig gemacht («*reversal*»), wenn zu einem späteren Bilanzstichtag hinreichende Anzeichen dafür bestehen, dass die Werteinbusse wieder aufgeholt worden ist oder nicht mehr so gross ist. In diesem Falle sind die entsprechenden Abklärungen und Schätzungen methodisch in gleicher Weise vorzunehmen[455], doch ist das Ergebnis eine Buchung im umgekehrten Sinne.

469

## 7. Offenlegung im Anhang

IAS 36 verlangt eine *umfassende Offenlegung* der Wertberichtigungen für Wertbeeinträchtigungen auf Wirtschaftsgütern sowie gegebenenfalls ihrer Rückgängigmachung im Anhang. Diese Angaben sind auf die ausgewiesenen *Geschäftssegmente* bzw. *geografischen* Segmente zu verlegen, und das Unternehmen hat weitere Aufschlüsse über die Umstände, Auswirkungen und die Berechnung der Wertbeeinträchtigung sowohl für Einzelgüter wie für die kleinsten abgrenzbaren Betriebseinheiten («*cash-generating units*») zu bieten, wenn diese Vorgänge für den Abschluss des Unternehmens als ganzen wesentlich sind[456].

470

## 8. Inkrafttreten

IAS 36 trat für Abschlüsse in Kraft, deren Rechnungsperiode am 1. Juli 1999 oder danach begann.

471

---

[455] IAS 36, para. 95, 96, 99, 102, 104, 106, 107, 108 und 109.
[456] IAS 36, para. 117 und 118.

## IAS 37 Rückstellungen, Eventualverbindlichkeiten und Eventualguthaben (Fassung 1998)

472 Der 1998 neu erlassene Standard 37[457] ersetzt viele Regeln zu diesen Themen, die früher in andern Standards verstreut enthalten waren.

### 1. Ausweis von Rückstellungen und Offenlegung von Eventualverbindlichkeiten

#### a) Rückstellungen

473 IAS 37 hat die *Praxis zu den Rückstellungen* gegenüber dem, was in der Schweiz früher üblich war und teilweise noch heute üblich ist[458], wesentlich *eingeschränkt*. Rückstellungen sind notwendig und zulässig nur, wenn kumulativ drei Voraussetzungen gegeben sind:

474 (i) Der auf Grund eines vergangenen Ereignisses voraussehbare *künftige Geldabfluss ohne Gegenwert* stützt sich auf eine gegenwärtige rechtlich durchsetzbare oder qualifizierte tatsächliche Verpflichtung («*constructive obligation*») des Unternehmens. Eine *qualifizierte tatsächliche Verpflichtung* entsteht aus einem eingelebten Verhaltensmuster der Firmenusanz, aus veröffentlichten Grundsätzen oder einer hinreichend spezifischen neueren Aussage der Unternehmensleitung, wonach diese einer andern Partei bedeutet hat, dass sie bestimmte Verantwortlichkeiten akzeptiert,

---

[457] «Provisions, Contingent Liabilities and Contingent Assets».
[458] Vgl. heute Art. 669 OR 1991 und – hinsichtlich des Unternehmenssteuerrechts – Art. 63 DBG 1990: «Rückstellungen zu Lasten der Erfolgsrechnung sind zulässig für:
   a. im Geschäftsjahr bestehende Verpflichtungen, deren Höhe noch unbestimmt ist;
   b. Verlustrisiken, die mit Aktiven des Umlaufvermögens, insbesondere mit Waren und Debitoren, verbunden sind;
   c. andere unmittelbar drohende Verlustrisiken, die im Geschäftsjahr bestehen;
   d. künftige Forschungs- und Entwicklungsaufträge an Dritte bis zu 10 Prozent des steuerbaren Gewinnes, insgesamt jedoch höchstens bis zu 1 Million Franken.»

vorausgesetzt, sie habe dadurch bei der andern Partei die begründete Erwartung geschaffen, dass das Unternehmen für die Verantwortlichkeiten aufkommen wird[459];

(ii) der künftige Abfluss von Mitteln ist *wahrscheinlich* (das bedeutet in der Methodik der IAS: der künftige Abfluss erscheint als *wahrscheinlicher* als der *Nichtabfluss*);

(iii) der Betrag der künftigen Leistung kann *verlässlich geschätzt* werden[460].

### b) Bedeutung dieser Regel

Liegt ein Risiko vor, bei dem diese drei Voraussetzungen für eine an sich erlaubte und gleichzeitig notwendige Rückstellung *nicht* erfüllt sind, wird nach IAS weder eine Rückstellung in die Passiven aufgenommen noch Offenlegung im Anhang vorgenommen, ausser wenn eine *Eventualverpflichtung* vorliegt.

*Eventualverpflichtungen* werden nicht im Rechenwerk selbst als Aufwand und Verpflichtung verbucht[461], sondern – ausser wenn der Geldabfluss «*remote*» ist, d.h. äusserst unwahrscheinlich ist – nach Klassen im *Anhang* offengelegt; dazu gehören eine kurze Beschreibung der Natur und, insoweit als machbar, der Schätzung der finanziellen Auswirkungen und die Angabe über Ungewissheiten hinsichtlich von Betrag und Zeit des Geldabflusses und der Möglichkeiten, sich schadlos zu halten[462].

*Rückstellungen* sind somit im Ergebnis auszuweisen, wenn ein Unternehmen am Bilanzstichtag eine *gegenwärtige rechtliche oder qualifizierte tatsächliche Verpflichtung* («*constructive obligation*») *als Ergebnis eines vergangenen Ereignisses* hat und der künftige Mittelabfluss wahrscheinlich ist und verlässlich geschätzt werden kann. Da gerade in Fällen von Rückstellungsbedarf das Bestehen der Verpflichtung öfters nicht eindeutig ist, wird dieses Bestehen angenommen, wenn es nach

---

[459] IAS 37, para. 10.
[460] IAS 37, para. 14.
[461] «*An enterprise should not recognise a contingent liability*», IAS 37, para. 27.
[462] IAS 37, para. 86.

allen erhältlichen Unterlagen *wahrscheinlicher ist als nicht*, dass eine gegenwärtige Verpflichtung besteht[463].

480 Wenn alle übrigen Bedingungen erfüllt sind, aber die Wahrscheinlichkeit nicht überwiegt, hat das Unternehmen eine *Eventualverbindlichkeit* im *Anhang* offenzulegen, verbucht aber keine Rückstellung.

481 Nur wenn ein am Bilanzstichtag bereits *vergangenes Ereignis* vorliegt, aus dem sich eine Verpflichtung ergibt, ist zurückzustellen, und nur wenn das Unternehmen keine wirklichkeitsnahe Alternative zur Erfüllung der Verpflichtung hat, die aus dem Ereignis hervorgegangen ist. Insoweit als das Unternehmen durch *Verhaltensänderung* selbst die Erfüllung der Verpflichtung verhindern oder ihr Ausmass vermindern kann, wird keine Rückstellung gemacht[464]. Auch eine *allgemeine* Rückstellung für nicht versicherbare oder über die Versicherungsdeckung hinausgehende Risiken (im Sinne der «Eigenversicherung») erscheint als unvereinbar mit den strengen Vorgaben von IAS 37. Rückstellungen für *künftige Betriebsverluste* sind nicht zulässig[465], und die Bildung oder Aufrechterhaltung von übersetzten Rückstellungen als stille Reserven im Sinne von Art. 669 Abs. 3 OR ist ohnehin absolut verpönt.

482 Hat das Unternehmen einen *belastenden Vertrag* abgeschlossen, so ist die gegenwärtige Werteinbusse zurückzustellen. Als belastender Vertrag gilt ein Vertragsverhältnis, bei dem der erwartete ökonomische Nutzen zu Ungunsten des Unternehmens aus dem beim Vertragsabschluss angestrebten Gleichgewicht geraten ist[466].

483 Für die *Verlässlichkeit der Schätzung* der künftigen Mittelabflüsse aus gegenwärtigen rechtlichen oder tatsächlichen Verpflichtungen ist das Unternehmen aufgerufen, eine Reihe von möglichen Entwicklungen des Falles festzulegen und sich zu entscheiden. Wenn effektiv keine verlässliche Schätzung möglich ist, wird im Anhang eine Eventualverbindlichkeit offengelegt[467].

---

[463] IAS 37, para. 15 und 23.
[464] IAS 37, para. 19 a.E.
[465] IAS 37, para. 63.
[466] IAS 37, para. 66. Liegt ein belastender Vertrag vor, so muss das Unternehmen auch den Test hinsichtlich der Wertbeeinträchtigungen nach IAS 36 vornehmen.
[467] IAS 37, para. 25 und 26.

## 2. Eventualguthaben

Eventualguthaben (oder Eventualaktiven) werden *nicht* ausgewiesen. Sie werden dagegen im Anhang offengelegt, wenn der Mittelzufluss wahrscheinlich ist[468]. Ein Beispiel ist eine eingeklagte Forderung, deren Gutheissung durch die Gerichte sehr wohl möglich, aber unsicher ist[469].   484

## 3. Bemessung

Als Rückstellung wird der Betrag ausgewiesen, welcher nach der *besten Schätzung* des Unternehmens später nötig sein wird, um die gegenwärtige Verpflichtung zu erfüllen. Wenn der Mittelabfluss lange Zeit nach dem Bilanzstichtag erwartet wird, ist die Rückstellung mit dem Abzinsungsfaktor zu *diskontieren*[470], d.h. mit ihrem Barwert auszuweisen. Dabei sind absehbare künftige Ereignisse in die Bemessung einzubeziehen.   485

Hat das Unternehmen Aussicht, sich für die Verpflichtung durch eine Leistung einer andern Partei *schadlos* zu halten (Rückgriff), so ist dies nur zu berücksichtigen, wenn die Zahlung der regresspflichtigen Partei praktisch sicher ist; der Betrag ist dann als Aktivum getrennt auszuweisen (d.h. es ist in Anwendung des Bruttoprinzips nicht die Rückstellung selbst zu reduzieren)[471].   486

---

[468] Gemäss IAS 37 para. 89.
[469] Ein anderes Beispiel ist die *Regressforderung* des Bürgen gegen den säumigen Hauptschuldner, doch ergibt sich von selbst, dass der Eintritt des Bürgschaftsfalles in der Methodik der IAS auch gerade als «äusseres Anzeichen» einer *Wertbeeinträchtigung* der Regressforderung gegen den Hauptschuldner gelten müsste. Siehe IAS 37, para. 53.
[470] IAS 37, para. 36 und 45.
[471] IAS 37, para. 53.

International Accounting Standards (IAS)

487 ## 4. Restrukturierungsrückstellungen

488 *Restrukturierungsrückstellungen* sind durch IAS 37 in der Fassung von 1998 eingeschränkt worden. Dies ergibt sich aus den drei Voraussetzungen[472].

489 (i) Voraussetzung ist eine *qualifizierte tatsächliche Verpflichtung zur Restrukturierung* («*constructive obligation*»), die nur vorliegt, wenn ein Unternehmen einen in die Einzelheiten gehenden, formellen Plan für die Restrukturierung hat und dieser mindestens identifiziert, welcher Teil des Geschäftes und welche hauptsächlichen Geschäftsörtlichkeiten betroffen sind, welche Arbeitnehmer nach Örtlichkeit, Funktion und ungefährer Anzahl für die Beendigung ihres Arbeitsvertrages zu entschädigen sind, welche Aufwendungen geplant werden, und welches der Zeitpunkt ist, zu dem der Plan durchgeführt wird. Zusätzlich ist notwendig, dass – nach dem Leitgedanken der neuen Rückstellungsregeln – eine *begründete Erwartung* bei denen, welche durch die Umstrukturierung betroffen werden, erweckt worden ist, und zwar entweder dadurch, dass man mit der Durchführung des Planes begonnen hat oder die Hauptpunkte des Planes angekündigt hat.

490 (ii) Überdies sind nur *direkte Aufwendungen*, die aus der Umstrukturierung entstehen, rückstellbar, nämlich diejenigen, die *notwendigerweise* durch die Restrukturierung verursacht werden und die nicht mit den weiter gehenden Aktivitäten des Unternehmens verbunden sind[473].

491 (iii) Nicht mehr als Restrukturierungs-Rückstellungen gelten nach IAS 37 Kosten, die sich auf die *Neuausbildung* von Mitarbeitern oder den Einsatz der verbleibenden Arbeitnehmer an *andern Orten* beziehen, *Marketingkosten* oder *Investitionen* in neue Systeme und Vertriebsnetzwerke, selbst wenn sie mit der Strukturänderung eng zusammenhängen. Nach IAS 37 beziehen sich diese Aufwendungen alle auf die künftige Geschäftstätigkeit und sind daher nicht am Bilanzstichtag bestehende Verbindlichkeiten für die Restrukturierung. Auch aus der Restrukturierung heraus identifizierbare künftige Betriebsverluste dürfen nicht zurückgestellt werden.

---

[472] Gemäss IAS 37, para. 14.
[473] IAS 37, para. 80.

Es versteht sich, dass diese *restriktiven Regeln* zu einer erheblichen Verschlechterung der Gewinnsituation während der Dauer der Durchführung der Restrukturierung führen; sie erschweren die Technik des «*big wash*», d.h. der gesamthaften Vorwegnahme von negativen Auswirkungen bei der Ankündigung einer tiefgreifenden betrieblichen Änderung.

492

## 5. Offenlegung

IAS 37 verlangt die Offenlegung der Rückstellungen im Anhang *nach Klassen* und eine Art von «*Bewegungsbilanz der Rückstellungen*». Das Unternehmen zeigt den Buchwert zu Beginn und zum Ende der Periode, zusätzliche Rückstellungen während des Rechnungsjahres, einschliesslich Erhöhungen von bestehenden Rückstellungen, die den bestehenden Rückstellungen belasteten Beträge, die Auflösung von nicht mehr notwendigen Rückstellungen und die Modifikation von zufolge der Diskontierung passivierten Beträgen zufolge des Zeitablaufs oder zufolge einer Änderung im Abzinsungsfaktor. Im übrigen aber verlangt IAS 37 *keine Vergleichsinformationen* (Vorjahreszahlen).

493

Zusätzlich werden u.a. für jede *Gruppe* von Rückstellungen verlangt:

494

(i) eine kurze Beschreibung der *Art der Verpflichtung* und des voraussichtlichen *Zeitablaufs* für den Mittelabfluss;

(ii) eine Angabe über die *Ungewissheiten* hinsichtlich des Betrages und des Zeitpunktes dieser Abflüsse und, wenn nötig, die wichtigsten Annahmen, die hinsichtlich von künftigen Ereignissen getroffen wurden;

(iii) Betrag von *erwarteten Rückerstattungen* (mit der Angabe des Betrages des bilanzierten Aktivums, falls dafür ein Betrag aktiviert worden ist), und

(iv) Offenlegung von *Eventualverbindlichkeiten* (wenn sie nicht «*remote*» sind[474]), unter Angabe der geschätzten finanziellen Aus-

---

[474] Der Begriff «*remote*» ist in diesem Zusammenhang schwer auf Deutsch wiederzugeben. Man versteht unter «*remote contingent liabilities*» solche Eventualverbindlichkeiten, die nach der Lebenserfahrung mit *grösster Wahrscheinlichkeit* nie aktuell werden. Die Übersetzung «unwahrscheinlich» in IAS

495 wirkungen, der Ungewissheit in Höhe oder Zeitpunkt des Abflusses, und der Möglichkeit einer Rückerstattung.

495 IAS 37 enthält eine *Schutzklausel*: in «*äusserst seltenen Fällen*»[475] kann die Angabe auf die generelle Natur der Streitigkeit beschränkt werden (unter Angabe freilich der Begründung für diese Zurückhaltung), wenn die volle Offenlegung die Position des Unternehmens in einer Streitigkeit mit andern Parteien um den Gegenstand, auf den sich die Rückstellung oder Eventualverbindlichkeit bezieht, ernsthaft schädigen würde.

## 6. Inkrafttreten

496 IAS 37 trat für Abschlüsse in Kraft, deren Rechnungsperiode am 1. Juli 1999 oder danach begann.

---

(deutsche Ausgabe 1999) 845, scheint das «*remote*» jedenfalls nicht zu treffen.

[475] IAS 37, para. 92.

# IAS 38 Immaterielle Güter (Fassung 1998)

Die Regeln von IAS 38[476] über die «*immateriellen Güter*» («*intangible assets*») können wie folgt dargestellt werden:  497

## 1. Grundsätze

### a) Intern und extern geschaffene immaterielle Güter

Ein *immaterielles Gut* ist ein identifizierbares, nicht monetäres Wirtschaftsgut ohne physische Substanz, das für den Gebrauch im Unternehmen, zur Produktion oder zur Lieferung von Gütern oder Dienstleistungen, für die Vermietung an andere oder für Verwaltungszwecke gehalten wird[477].  498

Ein Wert darf und muss als immaterielles Gut zum *Kostenwert* erfasst werden, wenn es *wahrscheinlich* ist, dass diesem Wert künftiger wirtschaftlicher Nutzen zugeordnet werden kann und dem Unternehmen zufliessen wird, und sofern der Kostenwert *verlässlich gemessen* werden kann[478]. Intern geschaffene immaterielle Güter können nur in seltenen Ausnahmefällen als Aktivum ausgewiesen werden, und *intern generierter Goodwill kann überhaupt nicht aktiviert werden*. Unter das Aktivierungsverbot fallen auch selbst geschaffene, an sich nachweisbar sehr wertvolle Marken und Warenzeichen, ferner etwa die Verlagstitel, Kundenlisten und vergleichbare immaterielle Wirtschaftsgüter[479].  499

Die *immateriellen Güter*, von denen IAS 38 handelt, sind vom *Akquisitionsgoodwill* zu unterscheiden; dieser geht aus einem Unternehmenszusammenschluss hervor. Die Begründung für die Unterscheidung wird darin gesehen, dass die echten immateriellen Güter als monetäre Werte «identifizierbar» sind, der Goodwill aus einer Akquisition dagegen nicht.  500

---

[476] Vgl. auch IAS 22, Rz 320 ff.
[477] IAS 38, para. 7.
[478] IAS 38, para. 19.
[479] IAS 38, para. 36 und 51.

## b) Die Voraussetzung der «Beherrschung»

501 Ein Wert gilt nur dann als immaterielles Gut, wenn das Unternehmen den Wert als Ergebnis von vergangenen Ereignissen «*beherrscht*» und dem Unternehmen voraussichtlich aus ihm künftiger wirtschaftlicher Nutzen zufliessen wird. Diese «Beherrschung» («*control*»)[480] des identifizierbaren monetären Wertes stützt sich auf ein durchsetzbares *Recht* oder, obgleich das schwieriger zu belegen ist, eine *tatsächliche Machtposition*[481]. Keine hinreichende Beherrschung wird nach IAS 38 z.B. über eine besonders befähigte Gruppe von Angestellten oder die Kunden des Unternehmens ausgeübt; auch seinen Marktanteil «beherrscht» das Unternehmen nicht. Alle diese durchaus identifizierbaren Besonderheiten haben sehr wohl für das Unternehmen einen Wert, aber sie sind keine immateriellen Güter und damit nicht bilanzfähig.

## c) Aktivierung von Ergebnissen aus Forschung und Entwicklung

502 Im Bereich von *Forschung und Entwicklung* wird differenziert:

(i) Von vornherein *nicht* aktivierbar sind Kosten aus der *Forschung* oder Kosten in der Forschungsphase eines internen Projektes[482]. Das Verbot der Aktivierung von Forschungskosten scheint absolut zu gelten.

(ii) Dagegen können immaterielle Güter aktivierbar sein, die aus der *Entwicklung* bzw. in der letzten *Entwicklungsphase* eines internen Projektes entstehen. Es besteht ein Aktivierungsrecht (und dann gleichzeitig die Aktivierungspflicht), wenn eine ganze Reihe von qualifizierten Merkmalen gegeben sind, die man mit «Produktionsnähe» bezeichnen könnte: technische Machbarkeit, Wille und Eignung zum Gebrauch sowie Ableitbarkeit des künftigen wirtschaftlichen Nutzens aus dem immateriellen Gut. Fer-

---

[480] Der deutsche Ausdruck «*Beherrschung*» ist für die Wiedergabe von «*control*» in diesem Zusammenhang dem in der deutschen Ausgabe der IAS gebrauchten Begriff «*Verfügungsmacht*» deshalb vorzuziehen, weil gerade im Fall einer *tatsächlichen Machtposition* eine «*Verfügung*» über das Gut im Rechtssinn nicht möglich oder sehr erschwert ist.

[481] IAS 38, para. 13 ff.

[482] IAS 38, para. 42.

ner müsste die Entwicklung überhaupt vollendbar und die weiteren Entwicklungskosten verlässlich messbar sein[483].

Beispiel eines als immaterielles Gut auszuweisenden (d.h. mit den zurechenbaren Kosten zu aktivierenden) Entwicklungsproduktes[484] sind Entwurf, Konstruktion und Test von *Prototypen* und *Modellen* in der Vorproduktionsphase[485]. 503

## 2. Nutzungsdauer und weitere Regeln

In den folgenden Rechnungsperioden ist ein immaterielles Wirtschaftsgut zum *Kostenwert* zu erfassen, *vermindert* um die aufgelaufene Amortisation und eventuelle Wertbeeinträchtigungen[486]. Das immaterielle Gut wird nach der besten *Schätzung seiner Nutzungsdauer* systematisch amortisiert. Es besteht eine widerlegbare Vermutung, dass die Nutzung spätestens 20 Jahre nach dem Zeitpunkt, an dem das immaterielle Gut zum Gebrauch bereit steht, endet[487]. Hängt die Beherrschung der künftigen wirtschaftlichen Nutzen von einer vertraglichen Dauer eingeräumter Rechte ab, so bestimmt sich dadurch das Ende der Nutzungsdauer, ausgenommen wenn die Erneuerung möglich und so gut wie gewiss ist[488]. 504

Die *Amortisation* richtet sich nach der Art und Weise, in welcher das Unternehmen wirtschaftlichen Nutzen aus dem immateriellen Gut zieht; im Zweifelsfall ist es die lineare Methode. Der Amortisationsbetrag für jede Periode ist Aufwand, ausser wenn ein anderer Standard erlaubt oder vorschreibt, dass der Betrag in den Buchwert eines andern Wirtschaftsgutes eingeht (d.h. dort aktiviert wird). Zum Beispiel wird die Amortisation eines immateriellen Gutes, das in einem Produktions- 505

---

[483] IAS 38, para. 45.
[484] Vgl. aber die zahlreichen Voraussetzungen für die Aktivierung von *Entwicklungskosten* in IAS 38 para. 45.
[485] IAS 38, para. 47.
[486] IAS 38, para. 64 erlaubt eine alternative Methode, die mit periodischen Neubewertungen arbeitet.
[487] IAS 38, para. 79.
[488] IAS 38, para. 85.

## International Accounting Standards (IAS)

prozess verwendet wird, dem Buchwert der Vorräte hinzugerechnet[489] und somit als Herstellungskosten behandelt.

506 Der *Restwert* eines immateriellen Gutes ist in der Regel *Null*. Ausnahmen gelten, wenn eine dritte Partei sich zum Kauf des Gutes am Ende seiner Nutzungsdauer verpflichtet hat oder es einen aktiven Markt für dieses Wirtschaftsgut gibt und der massgebliche Restwert unter Bezug auf diesen Markt bestimmt werden kann – vorausgesetzt ausserdem, es sei wahrscheinlich, dass der Markt zum Ende der Nutzungsdauer noch existieren wird[490].

507 *Amortisationsperioden und -methoden* sind zum Ende jedes Rechnungsjahres zu überprüfen. Ferner ist das immaterielle Wirtschaftsgut nach IAS 36 auf eigentliche Wertbeeinträchtigungen zu prüfen[491]. Wird die Amortisationsperiode ausnahmsweise auf über 20 Jahre festgelegt, so muss von Anfang an *jedes Jahr* ein «impairment test» durchgeführt werden[492]. Ein immaterielles Gut wird ausgebucht, wenn es veräussert wird oder kein künftiger wirtschaftlicher Nutzen mehr von ihm erwartet werden kann[493].

### 3. Offenlegung

508 IAS 38 verlangt im Anhang eine umfassende *Offenlegung* hinsichtlich der immateriellen Güter, wobei diese in intern geschaffene und andere immaterielle Güter aufzuteilen sind. Dass ohnehin der *Goodwill aus Unternehmenszusammenschlüssen* gesondert zu behandeln ist, wurde schon erwähnt[494]. Die *Angaben* zu immateriellen Gütern im Anhang umfassen

(i) die *Nutzungsdauer,*

(ii) die *Amortisationsraten* und die *Amortisationsmethode,*

---

[489] IAS 38, para. 90.
[490] *Ausnahmen* nach IAS 38, para. 91 (a) und (b).
[491] IAS 38, para. 94 und 99.
[492] Diese Regel, wie überhaupt alle Regeln der *Amortisation* immaterieller Werte, ist die gleiche wie für Goodwill nach IAS 22, da IASC jeden Anreiz zu einer «accounting arbitrage» vermeiden wollte (Mitteilung von Harry K. Schmid).
[493] IAS 38, para. 103.
[494] Vgl. IAS 22, 322 ff.

(iii) den *Bruttobuchwert*,

(iv) die *aufgelaufene* Amortisation insgesamt und

(v) eine *Abstimmung* der Buchwerte zu Beginn und zum Ende der Rechnungsperiode, mit einer Art «Bewegungsbilanz» über die immateriellen Werte.

IAS 38 verlangt Angaben im Anhang hinsichtlich von immateriellen Gütern, die ausserordentlicherweise über eine *längere Periode als zwanzig Jahre* amortisiert werden, mit den Gründen, einer Beschreibung, dem Buchwert und den verbleibenden Amortisationsperiode jedes einzelnen immateriellen Gutes, das für den Abschluss des Unternehmens als ganzen wesentlich ist. 509

Der Anhang bietet Angaben schliesslich über Güter, deren *Rechtstitel* eingeschränkt ist oder die als *Sicherheit* für Verpflichtungen verpfändet sind, sowie der Betrag von Verpflichtungen zum *Erwerb* von immateriellen Gütern[495]. 510

## 4. Inkrafttreten

IAS 38 trat für Abschlüsse in Kraft, deren Rechnungsperiode am 1. Juli 1999 oder danach begann. 511

---

[495] IAS 38, para. 111.

## IAS 39 Finanzinstrumente, Erfassung und Bemessung (Fassung 1998)

512 Wiederum als Ausfluss der IOSCO-Initiative vom Juli 1995 arbeitete das IASC mehrere Entwürfe für die zusammengehörenden, jetzt aus IAS 32 und IAS 39 bezeichneten Standards zu den Finanzinstrumenten aus. Ziel ist eine Annäherung an die US GAAP.

513 Für die Offenlegung und Darstellung der Finanzinstrumente gilt IAS 32, für die Erfassung und die Bemessung der hier zu besprechende Standard 39. Es ist damit zu rechnen, dass IASC diese Standards zusammenfassen und ergänzen wird.

### 1. Einführung

#### a) Verstärkte Verwendung des Ausweises zum Verkehrswert

514 Entsprechend dem allgemeinen Trend in der internationalen Rechnungslegung stellt IAS 39 stärker als bisher auf die Bewertung zum jeweiligen *«fair value»* (Verkehrswert) anstelle des Kosten- oder Anschaffungswertes ab. Dies gilt insbesondere für folgende Posten:

(i) Beinahe alle *Derivate*, und zwar sowohl die *derivativen* Aktiven wie die derivativen Verbindlichkeiten (im Gegensatz zu der bisherigen Praxis);

(ii) alle Forderungs- und Eigenkapitalpapiere sowie andern finanziellen Aktiven, die für den *Handel* gehalten werden (in Abänderung von IAS 25);

(iii) alle *verkäuflichen* Forderungs- und Eigenkapitalpapiere sowie die andern verkäuflichen finanziellen Aktiven, d.h. jene, die zwar nicht für den Handel gehalten werden, dennoch aber in die Kategorie *«available-for-sale»* fallen;

(iv) Vermögensanlagen mit festem Verfall, gekaufte Darlehens- und andere Forderungen, welche das Unternehmen *nicht* als «held to maturity» bezeichnet (d.h. *nicht* bis zum Verfall zu halten beabsichtigt).

## b) Ausweis zum Kostenwert

IAS kennt im Wesentlichen nur noch *drei Klassen* von finanziellen Aktiven, die nach herkömmlicher Methode zum *Kostenwert* ausgewiesen werden, nämlich

(i) *Darlehen und Forderungen*, die aus dem Geschäftsbetrieb herrühren[496];

(ii) andere Vermögensanlagen *auf Verfall*, d.h. Finanzinstrument mit festem Verfall, wenn das Unternehmen willens und in der Lage ist, *sie bis zum Verfall zu halten*;

(iii) *nicht börsenkotierte Eigenkapitalinstrumente*, deren Verkehrswert nicht verlässlich geschätzt werden kann.

515

IASC hält fest, dass hinsichtlich dieser finanziellen Aktiven die Verbuchung zum *Verkehrswert* deshalb *nicht* verlangt wird, weil der Eingriff in die bestehende Praxis in vielen Gebieten zu gross ist und in manchen Geschäftsbereichen die Darlehen, Forderungen und andern Vermögensanlagen mit festem Verfall an Verbindlichkeiten gekoppelt sind, die ihrerseits nicht zum Verkehrswert, sondern zum amortisierten Kostenwert erfasst werden. IAS spielt aber auch hier mit dem Gedanken, auf den Verkehrswert überzugehen und den Verkehrswertbegriff auch auf die Erfassung von Verbindlichkeiten auszudehnen.

516

## 2. Begriffbestimmungen

IAS 39 betritt ein Gebiet, in dem sogar in der anglo-amerikanischen Welt noch vieles in Bewegung ist und die weltweit geübten Buchungspraktiken bis vor kurzem noch auseinander gingen. Deshalb haben die *Definitionen*[497] eine besonders grosse Bedeutung, geht es doch um Begriffe, die man noch bis zum Ende der achtziger Jahre nicht kannte, anders verwendete oder nicht in der heutigen Weise klar unterschied:

517

---

[496] Insbesondere das, was man herkömmlicherweise in der Schweiz kurz «*Debitoren*» nannte, d.h. die Forderungen aus Lieferungen und Leistungen.

[497] IAS 32, para. 8 ff.

518 (a) Ein *Finanzinstrument* ist ein Vertrag[498], der gleichzeitig beim einen Unternehmen ein Finanzaktivum und beim andern eine Finanzverbindlichkeit oder ein Eigenkapitalinstrument entstehen lässt.

519 (b) Ein *Finanzaktivum* ist ein Wirtschaftsgut, das aus einem der folgenden Werte besteht: (i) Bargeld, (ii) ein vertraglicher Anspruch gegenüber einem andern Unternehmen auf Lieferung von Bargeld oder eines andern Finanzaktivums, (iii) ein vertraglicher Anspruch auf den Austausch von Finanzinstrumenten mit einem andern Unternehmen unter Bedingungen, die potenziell vorteilhaft sind, oder (iv) ein Eigenkapitalinstrument eines andern Unternehmens.

520 (c) Eine *Finanzverbindlichkeit* ist eine Schuld aus einer vertraglichen Verpflichtung (i) auf Zahlung von Bargeld oder Lieferung eines Finanzinstrumentes an ein anderes Unternehmen, oder (ii) auf Austausch von Finanzinstrumenten mit einem andern Unternehmen unter potenziell nachteiligen Bedingungen.

521 (d) Ein *Eigenkapitalinstrument* ist ein Vertrag[499], der die Beteiligung an den Nettoaktiven eines Unternehmens verschafft.

522 (e) *Verkehrswert* («*fair value*») ist der Betrag, für den zwischen informierten und geschäftswilligen Parteien unter Drittbedingungen ein Wirtschaftsgut veräussert oder eine Verbindlichkeit erfüllt werden kann.

523 (f) Ein *Derivat* ist ein Finanzinstrument, das gleichzeitig die drei folgenden Bedingungen erfüllt: (i) sein Wert schwankt als Auswirkung eines «unterliegenden» andern Wertes (ein bestimmter Zinssatz, Wertpapierkurs, Warenpreis, Wechselkurs, Preis- oder Zinssatzindex, ein Kredit-Rating oder Kreditindex, oder eine ähnliche veränderliche Grösse); und (ii) es verlangt keine ursprüngliche Investition (oder eine geringe ursprüngliche Nettoinvestition) im Verhältnis zu andern Arten von Verträgen, die in

---

[498] Der Begriff «*Vertrag*» wird von IAS in diesem Zusammenhang nicht streng im Sinne etwa von Art. 1 ff. OR, sondern in einem erweiterten, betriebswirtschaftlich geprägten Verständnis gebraucht, d.h. als Oberbegriff für «*Forderungs- oder Beteiligungsrechte, entstanden aus einem privatrechtlichen Rechtsgeschäft*». Als Erwerb eines Finanzinstrumentes aus «Vertrag» gilt daher auch die Zuteilung einer Gratisaktie aus einer Kapitalerhöhung aus eigenen Mitteln (vgl. Art. 652d OR).

[499] Siehe Anm. 498.

ähnlicher Weise als Auswirkung von Änderungen in den Marktbedingungen im Werte schwanken, und (iii) es wird an einem künftigen Zeitpunkt erfüllt oder abgewickelt («*settled*»).

(g) *Verbriefung*[500] ist der Vorgang, durch den Finanzaktiven in Wertpapiere verbrieft werden. 524

(h) Ein *Repo*[501] ist ein Vertrag auf Übertragung eines Finanzaktivums auf eine andere Partei im Austausch gegen Bargeld oder eine andere Gegenleistung, mit der gleichzeitigen Verpflichtung, das Finanzaktivum zu einem späteren Datum zurückzukaufen, und zwar zu einem Betrag, der dem Entgelt der ursprünglichen Übertragung entspricht, vermehrt um den Zins[502]. 525

(i) Der *amortisierte Kostenwert* eines Finanzaktivums oder einer Finanzverbindlichkeit ist der Betrag, zu dem das Finanzaktivum bzw. die Verbindlichkeit beim ursprünglichen Ausweis bemessen wurde, vermindert um Rückzahlungen des Kapitalbetrags, plus oder minus die kumulative Amortisierung der Differenz zwischen jenem ursprünglichen Betrag und dem Betrag auf Verfall («*maturity amount*»), und am Schluss vermindert um Wertberichtigungen für Wertbeeinträchtigung oder Uneinbringlichkeit (sei es direkt oder durch die Buchung eines Gegenpostens als Wertkorrektur). 526

(j) Die *Methode des tatsächlichen Zinses*[503] ist eine Methode zur Berechnung der Amortisierung unter Verwendung des effektiven Zinssatzes eines Finanzaktivums oder einer Finanzverbindlichkeit. Als effektiver Zinssatz gilt der Satz, der den erwarteten Strom künftiger Geldflüsse auf Verfall abzinst. Möglich ist auch die Abzinsung auf das nächste Datum der Neufestsetzung der Verzinsung gestützt auf die Marktveränderung im Verhältnis zum gegenwärtigen massgeblichen Buchwert des Finanzaktivums bzw. der finanziellen Verbindlichkeit. Die Berechnung trägt allen Gebühren und andern Leistungen, welche die Vertragsparteien aufbringen oder erhalten, Rechnung. Der effektive Zinssatz ist gleichbedeutend mit dem «*internal rate of return*» (IRR) des Fi- 527

---

[500] «*Securitisation*», IAS 39, para. 10.
[501] «*Repurchase agreement*», a.a.O.
[502] «*Repos*» kommen wirtschaftlich einem durch Wertpapiere gesicherten kurzfristigen Darlehen nahe.
[503] IAS 39, para. 10, «*effective interest method*».

nanzaktivums bzw. der Finanzverbindlichkeit für die betreffende Periode[504].

528 (k) *Transaktionskosten* sind die zusätzlich ausgelösten Kosten, die direkt dem Erwerb oder der Veräusserung eines Finanzaktivums oder einer Finanzverbindlichkeit zugeordnet werden können. Sie umfassen alle Gebühren und Kommissionen sowie die Kapitalverkehrssteuern und ähnliche Abgaben, nicht jedoch Finanzierungskosten und den anteiligen internen Verwaltungs- oder Verwahrungsaufwand[505].

529 (l) Eine *feste Verpflichtung*[506] ist ein bindender Vertrag auf Austausch einer bestimmten[507] Menge von Wirtschaftsgütern[508] zu einem bestimmten Preis an einem bestimmten künftigen Tag.

530 (m) Ein Unternehmen *beherrscht* ein Wirtschaftsgut, wenn es die Macht hat, sich den künftigen wirtschaftlichen Nutzen, der aus diesem Gut fliesst, anzueignen[509].

531 (n) *Ausbuchung* bedeutet die Entfernung eines Finanzaktivums oder einer Finanzverbindlichkeit (oder eines Teils davon) aus der Bilanz des Unternehmens.

## 3. Die vier Kategorien von Finanzaktiven

532 IAS 39 bringt dadurch Ordnung in die unübersehbare Vielfalt von Finanzinstrumenten, dass er einerseits *vier Kategorien* einführt (und daran je verschiedene Konsequenzen knüpft), und andererseits die Finanzinstrumente in einem engeren Sinne abgrenzt von ähnlichen Wirtschaftsgütern mit finanziellen Charakteristiken, die nicht unter die Regeln von IAS 39 fallen sollen.

---

[504] IAS 39, para. 10 verweist auf IAS 18, para. 31 und IAS 32, para. 61.
[505] IAS 39, para. 17.
[506] «*Firm commitment*», IAS 39, para. 10.
[507] Das englische Wort «*specified*» müsste deutsch wohl mit «*bestimmt oder bestimmbar*» wiedergegeben werden.
[508] Der englische Begriff «*resources*» ist in diesem Zusammenhang am besten mit «*Wirtschaftsgütern*» wiederzugeben.
[509] «*Control of an asset*». In Deutschland übersetzt man mit dem Begriff «*Verfügungsmacht*». Allerdings geht es hier gerade nicht um die Verfügung über das Gut, sondern den Nutzen aus dem Gut.

## IAS 39 – Finanzinstrumente II

### a) Finanzaktiven (oder -verbindlichkeiten) im Handelsbestand[510]

Diese Finanzinstrumente kennzeichnen sich dadurch, dass sie vornehmlich für den Zweck der *Gewinnerzielung* aus kurzfristigen Schwankungen des Preises oder der Händlermarge erworben bzw. begründet worden sind. Ein Finanzaktivum wird ausserdem dann im Handelsbestand geführt, wenn es – unbekümmert um den Grund für seinen Erwerb – zu einem Portfolio gehört, in dem in der jüngsten Zeit ein effektives Verhaltensmuster kurzfristiger Gewinnerzielung festzustellen ist[511]. *Derivate* werden immer dem Handelsbestand zugerechnet, ausser wenn sie zu den Absicherungsinstrumenten («*hedging instruments*») gehören[512].

533

### b) Vermögensanlagen auf Verfall

Die «*held-to-maturity investments*» sind Finanzaktiven mit festen oder bestimmbaren Zahlungen und festem Verfall, die das Unternehmen bis zum Verfalltag zu halten gewillt und in der Lage ist[513]. Nicht zu den Vermögensanlagen auf Verfall gehören die Darlehen und die «Debitoren» (Forderungen aus Lieferungen und Leistungen), die im Unternehmen entstanden sind[514].

534

### c) Darlehen und Forderungen[515] aus Geschäftsbetrieb

Dies sind Finanzaktiven, die *im Unternehmen* durch die Zahlung von Geld, die Lieferung von Gütern und die Leistung von Diensten direkt an einen Schuldner entstehen. Nicht dazu gehören jene Forderungen, die mit der Absicht der sofortigen oder kurzfristigen Veräusserung begründet werden (sie sind dem Handelsbestand zuzuordnen).

535

---

[510] «*Financial asset or liability held for trading*», IAS 39, para. 10.
[511] IAS 39, para. 10 vgl. auch para. 21.
[512] IAS 39, para. 18.
[513] IAS 39, para. 10 sowie para. 79 ff.
[514] IAS 39, para. 10 spricht von Forderungen, die vom Unternehmen in seiner Betriebstätigkeit erzeugt werden.
[515] Der Begriff «*Debitoren*» wurde in der Schweiz traditionell als Kurzbezeichnung für «*Forderungen aus Lieferungen und Leistungen*» verwendet, vgl. Art. 63 Abs. 1 Bst. b DBG 1990.

### d) Verkäufliche Finanzaktiven

536 Unter diesem in IAS 39 erstmals allgemein als *Auffangbecken* eingeführten Begriff[516] werden jene Forderungen und Eigenkapitalinstrumente verstanden, die in keine der drei vorstehenden Kategorien passen, d.h. die weder zum Handelsbestand noch zu den dauernden Vermögensanlagen noch schliesslich zu den aus der ordentlichen Betriebstätigkeit entstehenden Forderungen gehören[517].

## 4. Abgrenzung

537 *Nicht* zu den durch IAS 39 geregelten Finanzinstrumenten gehören insbesondere[518]:

(i) *Beteiligungen* an andern Unternehmen, Beteiligungen an Tochtergesellschaften und Joint Ventures[519];

(ii) Forderungen und Verbindlichkeiten unter *Leasingverträgen*[520];

(iii) *Eigenkapitalinstrumente*, die das Unternehmen *selbst ausgegeben* hat[521];

(iv) *klassische Bürgschaften* und *Garantien*[522];

(v) Verpflichtungen aus *Versicherungen*[523].

---

[516] «*Financial assets available for sale*», IAS 39, para. 10 und 21.
[517] IAS 39, para. 21.
[518] IAS 39, para. 1.
[519] Vgl. dazu IAS 27, IAS 28 und IAS 31.
[520] Vgl. dazu IAS 17. Freilich gibt es *Sonderfälle*, die in IAS 39, para. 35 bis 65 und para. 170 (d) sowie para. 22 bis 26 beschrieben werden.
[521] IAS 39, para. 1 (e) stellt klar, dass der *Inhaber* solcher Finanzinstrumente dagegen verpflichtet ist, den IAS 39 auf den Ausweis dieser Instrumente anzuwenden, was an sich selbstverständlich ist.
[522] IAS 39, para. 1 (f) stellt klar, dass der Standard dagegen sehr wohl anwendbar ist, wenn es sich *nicht* um eine *klassische* Bürgschaft oder Garantie handelt, d.h. wenn die Bemessung der unter dem Vertrag zu leistenden Zahlung mit der Wertschwankung eines unterliegenden Wertes schwankt. Es handelt sich dann entweder um ein Derivat oder um ein «eingebettetes Derivat» («*embedded derivative*»).
[523] Es gibt bisher noch keinen IAS für die Rechnungslegung von *Versicherungen*. Vgl. IAS 39, para. 1 (d) und (h) sowie para. 2.

## 5. Primäre Finanzinstrumente und Derivate

IAS 39 ist umfassend konzipiert, zielt jedoch schwergewichtig auf *Derivate* ab. Für die Behandlung unter IAS 39 ist die Frage entscheidend, ob einer von mehreren Typen von Finanzinstrumenten gegeben ist:

*(i)* *Primäre Finanzinstrumente*

– ein *nichtderivatives* oder *primäres* Finanzinstrument (non-derivative financial instrument);

*(ii)* *Derivate*

– ein *Derivat*, das nicht der Absicherung dient (derivative instrument not for hedging purposes);
– *Absicherungsinstrumente* (hedging instruments);
– *eingebettete* Derivate (embedded derivatives).

Es ist praktisch unmöglich, mit IAS 39 umzugehen, ohne sich mit diesen Ausprägungen der Finanzinstrumente vertraut gemacht zu haben.

### a) Die nichtderivativen oder «primären» Finanzinstrumente («non-derivatives»)

Es geht hier um jene *klassischen Finanzinstrumente*, die man früher allgemein kannte: Schuldrechtliche Forderungen und Eigenkapitalanteile (Unternehmensanteile), die grundsätzlich zu ihrem vollen Wert erworben werden und in ihrem Wert nicht auf die Wertschwankung eines andern, «unterliegenden» Wertes oder Indexes bezogen sind und die typischerweise auch nicht ein in der Zukunft liegendes Abwicklungsdatum haben. Dazu gehören die klassischen Vermögensanlagen in Obligationen und Aktien, die Forderungen aus Darlehen und aus Lieferungen und Leistungen.

### b) Derivate, die nicht der Absicherung dienen

Derivate, die nicht der Absicherung dienen, enthalten in fast allen Fällen einen *bedingten Anspruch auf ein Recht* und sind insofern von einer «unterliegenden» Wertbasis (entweder einem Wirtschaftsgut oder einem Index) abgeleitet. Sie entstehen nicht durch eine direkte Investition in ein Wirtschaftsgut, sondern entstehen im typischen Fall dadurch, dass der Investor oder sein Rechtsnachfolger für ein relativ geringes Entgelt, das unvergleichlich viel kleiner ist als der Investitionsbetrag selbst, einer Drittperson einen bedingten Anspruch einräumt oder von ihr eine entsprechende Verbindlichkeit erwirbt. Typisch für das Derivat ist die *Hebelwirkung*, d.h. der Multiplikatoreffekt, mit dem sich die Wertschwankung des unterliegenden Wertes in der Wertschwankung des Derivates auswirkt.

544 Die Derivate stehen in einem *Dreieck*, das bestimmt wird durch:

(i) den *Schuldner* der unterliegenden Verpflichtung (bzw. den Emittenten des unterliegenden Eigenkapitalanteils), und

(ii) den *Träger der Rechte* aus der primären Investition in diese Forderungen oder Eigenkapitalanteile, und

(iii) den *Inhaber des Derivats*, d.h. die Person, die hinsichtlich der unterliegenden Forderung oder Eigenkapitalanteile entweder ein bedingtes Recht erworben hat oder eine bedingte Verpflichtung eingegangen ist.

### c) Absicherungsinstrumente («hedging instruments»)

545 Wird ein Derivat zur *Absicherung* verwendet, so kommt notwendigerweise zu diesen dreien ein viertes Element hinzu: es ist das *abgesicherte Finanzaktivum* («hedged financial asset»). Das «hedging» kennzeichnet sich dadurch, dass ein Derivat[524] zur Absicherung einer definierbaren Risikoposition des Unternehmens (des sog. «hedged item»[525]) eingesetzt wird. Die abgesicherte Risikoposition kann ein Aktivum, eine Verbindlichkeit, eine feste Verpflichtung oder eine als wahrscheinlich erwartete zukünftige Transaktion sein, oder eine Kombination unter diesen Posten.

546 Es ist nicht möglich, die spezifischen Regelungen des «hedge accounting» von IAS 39 hier wiederzugeben[526]. Entscheidend ist, dass das ganze «hedge accounting» darauf abzielt, den *Nettoeffekt sichtbar* zu ma-

---

[524] IAS 39, para. 122 weist darauf hin, dass in eher seltenen Fällen auch ein *primäres Finanzinstrument* zur Absicherung verwendet werden kann, jedoch offenbar bloss zur Absicherung eines Wechselkursrisikos.
[525] IAS 39, para. 127 ff.
[526] Vgl. IAS 39, para. 136 ff.

chen, den Wertschwankungen des Absicherungsinstrumentes relativ in Bezug auf die Wertschwankungen des abgesicherten Postens («*hedged item*») zur Folge haben können. Nach IAS 39 darf das Risiko eines abgesicherten Postens nur dann als durch den gegenläufigen Effekt des Absicherungsinstrumentes ausgeglichen (d.h. eliminiert) betrachtet werden, wenn das Absicherungsinstrument die Kriterien der «*high hedge effectiveness*» erfüllt[527]. Zur Bestimmung, ob dieser hohe Grad der Wirksamkeit der Absicherung erreicht ist, verlangt IAS u.a. den Einbezug der Strategie für das Risikomanagement des Unternehmens und das Abstellen auf den Barwert von Forderungen.

### d) Eingebettete Derivate («embedded derivatives»)

Dieser Begriff bezieht sich nicht auf eine besondere Art von Derivaten, sondern darauf, dass gewisse Finanzinstrumente bei genauer Analyse *hybrid* sind: sie umfassen im Verbund einen derivativen und einen nichtderivativen Teil[528]. Je nach Entwicklung der Dinge wird ein solches Verbundinstrument in der Wertentwicklung mehr durch den primären Teil (den sog. «*host contract*») oder den derivativen Teil beeinflusst. IAS 39 verlangt die Entbündelung: der «*host contract*» oder Grundvertrag ist vom Derivat zu trennen und beide Elemente sind getrennt auszuweisen. Die Entbündelung ist aber nur notwendig, wenn das Verbundinstrument nicht zum Verkehrswert ausgewiesen wird, die derivativen Teile für sich allein die Begriffsmerkmale eines Derivates erfüllen und zudem die wirtschaftlichen Kennzeichen und Risiken des eingebetteten Derivats *nicht* eng mit denjenigen des Grundvertrages zusammenhängen[529].

547

---

[527] IAS 39, para. 142 (b) und para. 146.
[528] IAS 39, para. 22 ff.
[529] Wegen dieser eher byzantinischen Begriffsbestimmung ist IAS 39, para. 24 Bst. (a) bis (h) notwendig, um alle jene Fälle herauszuarbeiten, in denen es an der *engen Beziehung* zwischen der Risikocharakteristik des Derivatteils und den Risikocharakteristiken des Grundvertrages *mangelt*. IAS erwähnt, dass z.B. ein Kaufrecht («*put-option*») auf ein Eigenkapitalinstrument in diesem Sinne nicht als mit diesem Eigenkapitalinstrument «eng zusammenhängend» angesehen werden kann.

## 6. Erfassung von Finanzinstrumenten

548 Ein Unternehmen muss das Finanzaktivum oder die Finanzverbindlichkeit in der *Bilanz* angeben, wenn (und nur wenn) es Vertragspartei hinsichtlich der das Instrument kennzeichnenden vertraglichen Bestimmungen wird[530]. Dies bedeutet, dass schon der Vertragsabschluss zur Erfassungspflicht führt, und zwar hinsichtlich aller Aktiven und aller Verbindlichkeiten. Auch ein Terminkontrakt («*forward contract*»)[531] wird als Aktivum oder Verbindlichkeit am Tag der Eingehung der festen Verpflichtung erfasst; obwohl am Tage der Eingehung der Verpflichtung der Verkehrswert der Forderung und derjenige der Schuld meistens gleich sind und der verrechnete Nettoverkehrswert folglich Null ist, muss sowohl die Forderung wie die Verpflichtung sofort erfasst werden. Ob sich daraus eine Nettoschuld oder ein Nettoaktivum ergibt, hängt u.a. von der Weiterentwicklung des Barwertes und des Wertes des unterliegenden Instrumentes ab.

549 Für den Kauf von Finanzaktiven kann das Unternehmen wählen zwischen der Erfassung am Abschlusstag («*trade date accounting*») und der Erfassung am Lieferungstag («*settlement date accounting*»). Der Verkauf eines Finanzaktivums ist am Lieferungstag zu erfassen[532].

550 Ein Finanzaktivum wird *ausgebucht*[533], sobald das Unternehmen die Beherrschung über die vertraglichen Rechte, welche das Finanzaktivum umfassen, verliert. Dazu kommt es, wenn das Unternehmen die im Vertrag festgelegten Nutzungsrechte veräussert, die Rechte auslaufen oder

---

[530] IAS 39, para. 27: «*when, and only when, it becomes a party to the contractual provisions of the instrument*».
[531] Eine *feste Verpflichtung* zum Kauf oder zum Verkauf eines bestimmten Finanzinstrumentes mit Erfüllung an einem künftigen Tag zu einem bestimmten Preis.
[532] IAS 39, para. 30.
[533] «*Derecognition*», IAS 39, para. 35.

das Unternehmen auf sie verzichtet[534]. Bei der Ausbuchung wird die Differenz zwischen dem Buchwert und dem Erlös erfolgswirksam[535].

## 7. Bewertung der Finanzinstrumente

IAS 39 führt beinahe umfassend die Bewertung der Finanzinstrumente zum *Verkehrswert* («*fair value*») ein. Dies gilt weniger für den ursprünglichen Ausweis als für die Bewertung zu den späteren Bilanzstichtagen. 551

### a) Ursprüngliche Bemessung von Finanzaktiven und Finanzverbindlichkeiten

Finanzaktiven oder Finanzverbindlichkeiten werden *zu Beginn* zu ihrem Kostenwert ausgewiesen, verstanden als der Verkehrswert des geleisteten Entgeltes (im Falle eines Aktivums) oder des erhaltenen Entgeltes (im Falle einer Verbindlichkeit). Transaktionskosten werden darin eingeschlossen. 552

Besteht das Entgelt *nicht in Geld*, so ist massgeblich der Marktpreis, und ist auch dieser nicht verlässlich bestimmbar, so gilt als Verkehrswert die geschätzte Summe aller künftigen Bargeldzahlungen, und zwar abgezinst zum vorherrschenden Marktzinssatz für ähnliche Instrumente, falls der Zinseffekt wesentlich ist. 553

### b) Nachträgliche Bemessung von Finanzaktiven

Für die *nachträgliche* Bemessung der Finanzaktiven (d.h. für den Ausweis an den folgenden Bilanzstichtagen) werden die vorn erwähnten 554

---

[534] IAS 39, para. 38 arbeitet die Fälle heraus, in denen das Unternehmen, obwohl es die Rechte auf einen Dritten übertragen hat, im Wesentlichen die wirtschaftliche Berechtigung auf den vertraglichen Nutzen *beibehält*, z.B. durch einen «*total return swap*», oder durch ein spezifisches *Rückkaufsrecht* zu einem bestimmten Preis, IAS 39, para. 39.

[535] Dabei ist dem Erlös derjenige Betrag hinzuzurechnen, um den der Wert des Finanzaktivums *früher* zur Widerspiegelung einer Veränderung des Verkehrswertes direkt im Eigenkapital erhöht oder vermindert worden ist; IAS 39, para. 43.

vier Kategorien unterschiedlich behandelt. Zusätzlich werden die durch Derivate abgesicherten Posten («*hedged items*») nach nochmals andern Grundsätzen bewertet[536].

555 (i) Zum *Verkehrswert*[537] werden bewertet:
- alle aktiven Derivate,
- alle Finanzinstrumente im Handelsbestand,
- alle verkäuflichen Finanzaktiven[538].

556 IAS zeigt in einem *Beispiel*, wie sich diese Regel auswirkt: Wurde ein Finanzaktivum für 100 zuzüglich einer Kaufkommission von 2 erworben, so wird es anfänglich zu 102 ausgewiesen. Am nächsten Bilanzstichtag sei der kotierte Kurswert des Aktivums immer noch 100. Wenn das Aktivum verkauft würde, würde eine Verkaufskommission von 3 fällig. IAS geht so vor, dass das Aktivum am Bilanzstichtag zu 100 ausgewiesen wird, der künftige mögliche Aufwand von 3 nicht beachtet wird, und für die Differenz zwischen dem Kostenwert und dem Verkehrswert (nämlich 2) Aufwand in der Erfolgsrechnung verbucht wird[539].

557 (ii) Zum *amortisierten Kostenwert* (unter Verwendung der Methode des effektiven Zinssatzes[540]) werden die folgenden Finanzaktiven bewertet:
- Darlehen und Debitoren (Forderungen aus Lieferungen und Leistungen), die vom Unternehmen geschaffen worden sind und nicht für den Handel gehalten werden,
- Vermögensanlagen auf Verfall,
- Finanzinstrumente ohne verlässlich bestimmbaren Verkehrswert oder ohne festen Verfall.

558 Die Behandlung als «*Vermögensanlage auf Verfall*» (die weitgehend von der jeweiligen Bewertung zum Verkehrswert befreit),

---

[536] IAS 39, para. 121 bis 165.
[537] Verstanden in dem Sinne als «*Bruttoverkehrswert*», als keine Abzüge für spätere Transaktionskosten erlaubt sind, die bei einem Verkauf oder einer andern Verfügung über das Finanzinstrument anfallen können, IAS 39, para. 69.
[538] *Nicht zum Verkehrswert* sind jene Finanzaktiven zu bewerten, die keinen in einem aktiven Markt kotierten Kurswert haben und deren Verkehrswert nicht verlässlich bemessen werden kann, IAS 39, para. 69 (c).
[539] IAS 39, para. 77.
[540] Siehe Definition vorn, Ziff. 2.

wird indessen *nicht* gewährt, wenn das Unternehmen bloss die Absicht hat, das Finanzaktivum für eine unbestimmte Zeit zu halten oder das Unternehmen sich bereit hält, das Finanzaktivum je nach Änderungen in den Marktparametern oder seinen Liquiditätsbedürfnissen etc. *zu verkaufen*, oder schliesslich der Emittent des Finanzinstrumentes das Recht hat, das Finanzaktivum beträchtlich unterhalb des amortisierten Kostenwertes zurückzuzahlen. In allen diesen Fällen ist der Ausweis nicht zum amortisierten Kostenwert, sondern zum *Verkehrswert* obligatorisch[541].

Der Ausweis zu den amortisierten Kosten unter der Kategorie «Vermögensanlagen auf Verfall» wird weiter dadurch eingeschränkt, *dass IAS die Eigenkapitalinstrumente praktisch aus dieser Kategorie ausschliesst*[542]. Sie sind zum Verkehrswert auszuweisen. IAS unterstreicht weiter, dass ein Finanzinstrument, für welches das Unternehmen ein Verkaufsrecht («*put*») hält, nur dann als Vermögensanlage auf Verfall behandelt werden darf, wenn das Unternehmen willens und in der Lage ist, es bis zum Verfall zu halten und von dem Verkaufsrecht keinen Gebrauch zu machen[543].

559

Fällt entweder die Absicht oder die Fähigkeit, eine Vermögensanlage auf Verfall zu halten, *nachträglich* dahin oder ergibt sich *nachträglich* eine verlässliche Bemessung für ein Finanzaktivum, für das dieses Mass vorher nicht zur Verfügung stand, so muss das Unternehmen vom Ausweis zu den amortisierten Kosten auf die Bewertung zum *Verkehrswert* umstellen; die Differenz zwischen dem Buchwert und dem Verkehrswert ist

560

---

[541] IAS 39, para. 79.

[542] Mit der Begründung, dass die meisten Eigenkapitalinstrumente keinen bestimmten Verfall haben – sie sind «ewig» («*indefinite life*») – oder dass, wenn es sich um Derivate auf Eigenkapitalanteile handelt, der Betrag, den der Inhaber erhalten kann, nicht in einer Weise, die vorausbestimmt werden kann, veränderlich ist (wie z.B. bei Optionen auf Aktien, Wandelrechten und andern Rechten), IAS 39, para. 80.

[543] IAS 39, para. 82. Schliesslich versagt IAS 39 die Erfassung irgendwelcher Finanzaktiven als «*Vermögensanlagen auf Verfall*», wenn das Unternehmen während des Geschäftsjahres oder während der zwei vorausgehenden Geschäftsjahren vor dem Verfall eine put-option ausgeübt, verkauft oder übertragen hat, die sich auf mehr als einen unbedeutenden Betrag von Vermögensanlagen auf Verfall bezogen hat, ausgenommen in Ausnahmefällen. IAS 39, para. 83 (a), (b) und (c).

nach den Regeln über die Umstellung auf Verkehrswert auszuweisen[544]

561 (iii) *Prüfung auf Wertbeeinträchtigung*: Alle Finanzaktiven, ob zum Verkehrswert oder zum amortisierten Kostenwert ausgewiesen, sind an den Bilanzstichtagen auf *Wertbeeinträchtigung* zu prüfen[545].

### c) Nachträgliche Bemessung von Finanzverbindlichkeiten

562 Finanzverbindlichkeiten aus *Derivaten* werden zum *Verkehrswert* ausgewiesen. Alle andern Finanzverbindlichkeiten werden zum amortisierten Kostenwert ausgewiesen[546].

563 Sind Finanzverbindlichkeiten als «*abgesicherte Posten*» («*hedged items*») zu bezeichnen, so sind die besonderen Rechnungslegungsvorschriften für Absicherungen anwendbar[547]. Zum Kostenwert sind Finanzverbindlichkeiten im Handelsbestand sowie derivative Finanzverbindlichkeiten auszuweisen, die durch die Lieferung eines nicht kotierten Eigenkapitalinstrumentes, dessen Verkehrswert nicht verlässlich messbar ist, erfüllbar sind.

### d) Methodische Leitlinien für die Bestimmung des Verkehrswertes

564 Nach IAS 39 ist der Verkehrswert («*fair value*») eines Finanzinstrumentes *verlässlich messbar*, wenn entweder

(i) die *Bandbreite* der Schätzungen für den angemessenen Verkehrswert für dieses Instrument nicht bedeutsam ist, *oder*

(ii) die *Wahrscheinlichkeiten* der verschiedenen Schätzungen innerhalb der Bandbreite vernünftig ermittelt und in der Schätzung des Verkehrswertes verwendet werden können[548].

---

[544] IAS 39, para. 90 und para. 103.
[545] IAS 39, para. 73 und para. 109 bis 119.
[546] Ausgenommen Finanzverbindlichkeiten im *Handelsbestand*, IAS 39, para. 93.
[547] IAS 39, para. 93 Satz 3.
[548] IAS 39, para. 95. «*If the variability in the range of reasonable fair value estimates is not significant or [...] if the probabilities of the various estimates*

IAS sieht eine typische Situation, in welcher der Verkehrswert *verläss-* 565
*lich gemessen* werden kann, wenn es sich handelt um:

(i) ein *Finanzinstrument*, für das eine *publizierte Kursnotierung* in einer aktiven und öffentlichen Börse für das betreffende Instrument besteht,

(ii) ein *Forderungsinstrument*, das durch eine *unabhängige «rating agency»* eingestuft worden ist und dessen Bargeldflüsse vernünftig geschätzt werden können, oder schliesslich

(iii) ein *Finanzinstrument*, für das ein *angemessenes Bewertungsmodell* besteht. Dies ist nur der Fall, wenn die Daten-Inputs für dieses Modell verlässlich gemessen werden können, weil die Daten von *aktiven Märkten* stammen[549].

IAS sieht in der *publizierten Kursnotierung in einem aktiven Markt* 566 normalerweise den besten Anhaltspunkt für den Verkehrswert. Für ein Aktivum oder eine zu begründende Verbindlichkeit ist in der Regel der Geldkurs und für zu erwerbende Aktiven oder bestehende Verbindlichkeiten der Briefkurs massgeblich[550]. Falls keine bedeutsamen Änderungen in den Umständen eingetreten sind, kann mangels laufender Geld- und Briefkurse der Verkehrswert aus den letzten Transaktionen abgeleitet werden. IAS stellt auf die allgemein akzeptieren Methoden ab, wobei diese offenzulegen sind[551] und betont, dass für den Verkehrswert ein «courant normal» unterstellt wird, also nicht der Preis massgeblich ist, der in einer erzwungenen Transaktion, einer Zwangsliquidation oder einem Notverkauf erzielbar wäre.

Erlaubt ist es, mangels eines aktiven Marktes für das Finanzinstrument 567 auf jenen Wert abzustellen, der für ein *ähnliches* Finanzinstrument existiert, wobei den Unterschieden Rechnung zu tragen ist[552].

---

*within the range can be reasonably assessed and used in estimating fair value».*
[549] IAS 39, para. 96.
[550] IAS 39, para. 99.
[551] IAS 39, para. 97 in Verbindung mit para. 167 (a).
[552] IAS 39, para. 101.

### e) Erfassung von Gewinn und Verlust

568 IAS 39 kennt *zwei verschiedene Systeme* für die Erfassung von Gewinn und Verlust (wobei wie immer für die Finanzwerte im Bereich der Absicherungsgeschäfte besondere Regeln gelten)[553]:

(i) Veränderungen des Verkehrswertes für ein Finanzaktivum oder eine Finanzverbindlichkeit im Handelsbestand, darin eingeschlossen praktisch alle Derivate[554], werden in der Periode, in der die Veränderung eintritt, als *Ertrag oder Aufwand* ausgewiesen;

(ii) Veränderungen des Verkehrswertes von verkäuflichen Finanzaktiven werden, nach der Wahl des Unternehmen, als *Ertrag oder Aufwand* erfasst *oder* direkt über *Eigenkapital* gebucht[555].

Für Finanzaktiven und Finanzverbindlichkeiten, die zum *amortisierten Kostenwert* verbucht sind, werden Gewinn oder Verlust erfasst, wenn das Finanzinstrument ausgebucht oder Gegenstand einer Wertberichtigung wird. Zu erfassen ist ferner der Aufwand aus dem Amortisationsvorgang[556].

### f) Wertbeeinträchtigung und Uneinbringlichkeit von Finanzaktiven

569 Methodisch ähnlich wie im IAS 36 («*impairment of assets*») wird bei Finanzinstrumenten ein *Test auf Wertbeeinträchtigung* vorgeschrieben. Der Wert eines Finanzaktivums gilt als beeinträchtigt, wenn der Buchwert höher ist als der wiedereinbringliche Betrag («*recoverable amount*»). Ebenfalls ähnlich wie in IAS 36 ist zu jedem Bilanzstichtag zu prüfen, ob es objektive Hinweise darauf gibt, dass ein Finanzaktivum oder eine Gruppe solcher Aktiven im Wert beeinträchtigt sein *könnten*. Ist dies der Fall, so ist das Unternehmen verpflichtet, den wiedereinbringlichen Betrag («recoverable amount») zu schätzen und erforderlichenfalls für die Wertbeeinträchtigung Aufwand auszuweisen[557].

---

[553] IAS 39, para. 121 ff.
[554] Ausgenommen werden die Derivate, die unter die Bewertung für *Absicherungsinstrumente* nach IAS 39, para. 121 fallen.
[555] IAS 39, para. 103 (b) (i) und (ii).
[556] Wiederum gibt es eine Ausnahme für *Absicherungsinstrumente*, IAS 39, para. 108.
[557] IAS 39, para. 109. Wertberichtigung (*write-down*).

IAS 39 bietet eine Liste von *Anzeichen* einer Wertbeeinträchtigung[558] wie:

- finanzielle Schwierigkeiten des Emittenten,
- Verzug in Zins- oder Kapitalzahlungen,
- Gewährung von normalerweise nicht erhältlichen Zugeständnissen durch den Darlehensgeber,
- Wahrscheinlichkeit einer Insolvenz oder Stundung,
- Erfassung einer Wertbeeinträchtigung auf dem betreffenden Finanzaktivum in einer früheren Geschäftsperiode,
- historische Erfahrungen, etc.[559]

Eine *Wertbeeinträchtigung* oder ein *Delkredereverlust tritt ein*, wenn es *wahrscheinlich* ist, dass das Unternehmen nicht in der Lage sein wird, alle ihm geschuldeten Beträge gemäss den vertraglichen Bedingungen einzunehmen. Der Barwert der erwarteten künftigen Geldzuflüsse, abgezinst zum ursprünglichen effektiven Zinssatz des Finanzinstrumentes, gilt als wiedereinbringlicher Betrag («*recoverable amount*»). Der Buchwert ist auf diesen Wert zu berichtigen (entweder direkt oder durch eine Gegenbuchung in den Passiven). Der Differenzbetrag ist Aufwand der Geschäftsperiode.   570

Ähnlich wie bei den nicht finanziellen Aktiven lässt IAS 39 eine *Rückgängigmachung* der Wertberichtigung für Wertbeeinträchtigungen zu, wenn der Grund für die Berichtigung nachträglich wegfällt. Die Rückgängigmachung (*reversal*, Wiederzuschreibung) darf nicht dazu führen, dass der Buchwert über den amortisierten Kostenwert am Tage der Wertberichtigung hinausgeht. Die Wiederzuschreibung selbst ist ertragswirksam[560].   571

---

[558] IAS 39, para. 110 nennt diese Anzeichen Beweise: «*objective evidence that a financial asset [...] is impaired*».

[559] IAS 39, para. 110. Die Tatsache, dass ein Wertpapier *nicht länger öffentlich gehandelt wird*, ist nicht für sich allein ein Hinweis auf Wertbeeinträchtigung, und ebensowenig eine Rückstufung in einem «*credit rating*», ausser wenn andere Indikatoren dazukommen.

[560] IAS 39, para. 114.

## 8. Offenlegung

572 Für die *Offenlegung* verweist IAS 39 auf die besonderen Vorschriften von *IAS 32*.

573 IAS 39 selbst präzisiert, dass hinsichtlich der Offenlegung der *Regeln für die Rechnungslegung* unter IAS 32[561] insbesondere anzugeben sind:

(i) die *Methoden* und bedeutsamen *Annahmen*, die für die Schätzung des Verkehrswertes von Finanzaktiven und Finanzverbindlichkeiten, falls diese zum Verkehrswert ausgewiesen werden, angewendet wurden (und zwar separat für wichtige Klassen von Finanzaktiven[562]);

(ii) Angabe, ob *Änderungen im Verkehrswert von verkäuflichen Finanzaktiven*, die nach der anfänglichen Einbuchung zum Verkehrswert ausgewiesen werden, über Ertrag und Aufwand oder direkt über Eigenkapital ausgewiesen werden, bis das Finanzaktivum ausgebucht wird, und

(iii) für jede der vier Kategorien von Finanzaktiven (gemäss Definition in IAS 39 para. 10), ob «*regular way*»-Käufe am *Abschlusstag* oder am *Lieferungstag* ausgewiesen werden[563].

574 Ferner verlangt IAS 39 detaillierte Angaben hinsichtlich von *Absicherungsgeschäften* («*hedging*»)[564].

## 9. Inkrafttreten

575 IAS 39 tritt für die Abschlüsse in Kraft, deren Rechnungsperiode am 1. Januar 2001 oder später beginnt[565].

---

[561] IAS 32, para. 47 (b).
[562] Hinweise für die Bildung von Klassen finden sich in IAS 32, para. 46.
[563] IAS 39, para. 30.
[564] IAS 39, para. 169.
[565] IAS 39 enthält ferner Änderungen, die dafür sorgen, dass die in den IAS 18, 21, 25, 27, 28, 30, 31, 32 und 38 enthaltenen Regeln den neuen Prinzipien für die Finanzinstrumente angepasst werden.

# IAS 40 Immobiliaranlagen zu Renditezwecken (Fassung 2000)

Im März 2000 hat das IASC Board den neuen IAS 40 zum Thema der «*Immobiliaranlagen zu Renditezwecken*» («*investment property*») erlassen. Dieser Standard bezieht sich auf Anlagen von verfügbaren Mitteln des Unternehmens in Grundstücke oder Gebäude, die *nicht* zur Leistungserstellung im Rahmen der Unternehmenstätigkeit bestimmt sind, sondern der Vermögensanlage zur Erzielung von Mietertrag oder Wertzuwachs (oder beidem) dienen. 576

IAS 40 ändert IAS 16 teilweise ab. Werden *Sachanlagen* unter IAS 16 neu bewertet, so gilt nach wie vor die Regel, dass der über den Buchwert hinausgehende Betrag der Aufwertung (Wertzuschreibung zufolge Neubewertung) im Eigenkapital zu buchen ist. Dagegen ist bei Immobiliaranlagen zu Renditezwecken, die nach IAS 40 zu aktuellen Werten neu bewertet werden, die Wertzuschreibung erfolgswirksam zu erfassen. 577

## 1. Grundsätze

Als *Immobiliaranlage zu Renditezwecken* gelten Land oder Gebäude bzw. überbaute Grundstücke, welche zur Erzielung von Mieterträgen und/oder Wertzuwachs gehalten werden, und *nicht* für die Nutzung in der Produktion, die Lieferung von Gütern, die Erstellung von Dienstleistungen oder für Verwaltungszwecke. 578

*Nicht* als Immobiliaranlagen zu Renditezwecken gilt unbewegliches Vermögen, das zum *Verkauf* im ordentlichen Geschäft des Unternehmens bestimmt ist. Solche Immobiliarwerte gelten als «*Vorräte*» («*inventory*») gemäss IAS 2. Es liegt am Unternehmen selbst, brauchbare Kriterien zu entwickeln und stetig beizubehalten, nach denen die nötige Abgrenzung getroffen werden kann. 579

Eine Immobiliaranlage zu Renditezwecken wird *aktiviert*, wenn es wahrscheinlich ist, dass mit dem unbeweglichen Vermögen verbunde- 580 ner künftiger wirtschaftlicher Nutzen dem Unternehmen zufliessen wird und die Kosten des Objektes verlässlich gemessen werden können[566].

## 2. Bewertung

581   IAS 40 verbietet zwar die bisher erlaubte Alternative nach IAS 16, d.h. die Erfassung von *Immobiliaranlagen zu Renditezwecken* unter dem System der jeweiligen Neubewertung mit direkter Buchung über Eigenkapital. Anderseits gewährt der Standard eine freie Wahl zwischen dem Kostenwert-System und dem Verkehrswert-System.

### a) Kostenwert-System

582   Es ergibt sich von selbst, dass das Unternehmen bei der *ursprünglichen Anschaffung* auch bei der Wahl des Verkehrswert-Systems die Immobiliaranlage zunächst zum Kostenwert erfasst.

583   Dabei muss jedoch jedes Unternehmen einen *einmaligen Wahlentscheid* zwischen den beiden Systemen treffen, der danach stetig für alle derartigen Anlagen beizubehalten ist. Die Wahl ist frei, d.h. es wird nicht eines der beiden Systeme als «benchmark» bezeichnet[567].

584   Die weitere Behandlung des Wirtschaftsgutes entspricht dem sog. «*benchmark treatment*» von IAS 16.

### b) Verkehrswert-System

585   Wählt das Unternehmen das *Verkehrswert-System*, so sind spätere Änderungen im Verkehrswert jeweils über die Erfolgsrechnung zu erfassen. Es kommt in diesem Falle zum Ausweis von unrealisierten Gewinnen oder Verlusten entsprechend den Wertschwankungen im Ertrag bzw. im Aufwand. Der Einwand der Schweizer Delegation, dass die Darstellung des Erfolges der Leistung des Managements und die Verkehrswert-Schwankungen nicht in der gleichen Rechnung erfasst werden sollten, wurde vom IASC-Board zurückgewiesen.

---

[566] IAS 40, para. 1.2.
[567] IAS 40, para. 1.4.

## 3. Besondere Fälle

Solange sich das Objekt *im Bau* befindet, ist es bis zum Kostenwert, höchstens jedoch zum wiedereinbringlichen Betrag («*recoverable amount*») im Sinne von IAS 16 zu erfassen. Im Augenblick der Fertigstellung wird eine Differenz zwischen den Gesamtbaukosten und dem Verkehrswert erfolgswirksam als Ertrag oder Aufwand erfasst.

586

Spätere *wertvermehrende Aufwendungen* werden dem massgeblichen Buchwert hinzugeschlagen, falls es wahrscheinlich ist, dass künftiger wirtschaftlicher Nutzen, der über den ursprünglich eingesetzten Leistungsstandard der bestehenden Anlage hinaus geht, dem Unternehmen zufliessen wird. Dies gilt sowohl unter dem Kostenwert- wie dem Verkehrswert-System[568].

587

## 4. Offenlegung

Sowohl unter dem Kostenwert- wie dem Verkehrswert-System sind die vom IAS 40 geforderten *Offenlegungen* zahlreich:

588

a) *Methoden* und *Annahmen*, die den Verkehrswerten zu Grunde liegen;

b) Einsatz eines *Schätzers* (und Ausmass seiner Involvierung);

c) detaillierte Weiterführung des *gesamten massgeblichen Buchwertes* während des Rechnungsjahres;

d) *Mietertrag* und damit zusammenhängende direkte Betriebsaufwendungen sowie Betriebsaufwendungen auf ertragslosen Immobiliaranlagen;

e) *Einschränkungen* und *vertragliche Verpflichtungen* zum Kauf oder zur Erstellung von Immobiliaranlagen zu Renditezwecken oder für Reparaturen, Instandstellung oder wertvermehrenden Aufwändungen.

Wählt das Unternehmen das *Kostenwert-Modell*, so hat es zudem anzugeben:

589

f) den *Verkehrswert*;

---

[568] IAS 40, para. 1.4.

g) den gesamten *Kostenwert* und die aufgelaufenen Abschreibungen;

h) die *Abschreibungsmethode* und die *Nutzungsdauer*.

## 5. Inkrafttreten

590 IAS 40 tritt auf den 1. Januar 2001 in Kraft. Wählt ein Unternehmen das Verkehrswert-System, so muss es die Auswirkungen des Übergangs zu diesem System als eine Anpassungsbuchung in den Gewinnreserven der *Eröffnungsbilanz* der Periode, in welcher der Standard erstmals angewendet wird, erfassen.

# Sachregister

Alle Stellenangaben beziehen sich auf Randziffern (Rz).

Entsprechend dem Zweck dieser Darstellung ist *Deutsch* die Arbeitssprache des Sachregisters. Englische Begriffe sind kursiv gesetzt, mit der deutschen Entsprechung – wo angebracht unter Verweisung auf das deutschsprachige Hauptstichwort (selten auf ein Nebenstichwort). Umgekehrt ist den deutschen Begriffen, wo sinnvoll, der englische Originalbegriff *kursiv und in Klammern* beigefügt. Dadurch dient das Sachregister gleichzeitig als Konkordanzregister für die englischen und deutschen Fachausdrücke.

Die Stichwörter (mit Lemma) sind nach Hauptstichwörtern (fett) gruppiert. Nebenstichwörter (nicht fett) geben die Stelle an oder verweisen auf das massgebliche Hauptstichwort. Besonders wichtige Verweisungen (gewöhnlich auf Hauptstichwörter) sind durch das Zeichen → angegeben.

## A

Abbauende Industrien, Bergbau (*extractive industries*) 24
Abgangsentschädigung (*termination benefits*) → Personalaufwand (*employee benefits* oder *staff cost*)
Absatzerfolgsmethode (*cost-of-sales method*) → Erfolgsrechnung (*profit and loss statement*)
Abschluss → Jahresabschluss (*annual financial statement*), → Zwischenberichterstattung (*interim financial reporting*)
**Abschreibungen (*depreciation*) IAS 16**
– Abgang (*end of useful life, derecognition*) 244
– abschreibungsfähiger Betrag (*depreciable amount*) 143
– Anlagevermögen (*non-current assets*) 75
– Aufwand (*expense*) 241
– ausserordentliche (*impairment loss*) 243
– degressive und lineare Methode 145, 240
– IAS 4 (aufgehoben) 140 ff.
– Nutzungsdauer (*useful life*) 142, 242
– *obsolescence* → Veralten
– planmässige (*on a systematic basis*) 140, 143, 238 ff.
– → Sachanlagen (*property, plant and equipment*)
– Stetigkeit in der Methode (*consistency*) 145
– *systematic* (planmässige) 140, 143, 239 ff.
– Veralten (*obsolescence*) 144
– → Wertbeeinträchtigung (*impairment*)
Absicherungsinstrumente (*hedging instruments*) → Finanzinstrumente (*financial instruments*)
Abzinsung (*discounting*) 24, 82, 465, 485
*accounting literate* («bilanzsicher») 1 ff.
*accrual basis* → periodengerechter Ausweis von Aufwand und Ertrag

207

# Sachregister

*acquisition* (Unternehmensübernahme) → Unternehmenszusammenschlüsse (*business combinations*)
*actuarial gains* (versicherungsmathematische Überschüsse) → Personalaufwand (*employee benefits* oder *staff cost*)
Adressaten der IAS 36
*Advisory Council* (Beirat) 12
**Agio (*share premium*)**
- in der Bilanz (*balance sheet*), capital reserves 110
- im Eigenkapitalausweis (*statement on changes in equity*) 119
Akontozahlungen → Werkverträge (*construction contracts*)
**Aktien (*shares*)**
- Aktienkapital, ausstehendes (*issued capital*) 107, 110, 426/27
- Aktienkategorien (*classes of shares*) 110
- → eigene Aktien (*treasury shares*)
- → Gewinn pro Aktie (*earnings per share*)
- GmbH-Anteile (*shares in a limited liability company*), behandelt wie Aktien (*shares*)
- nennwertlose (*no-par value shares*) 110
- *non-voting-shares* → Partizipationsscheine
- → Vorzugsaktien (*preferred shares*)
Aktienoptionen (*equity compensation plans, stock options*) → Personalaufwand
Aktiven oder Wirtschaftsgüter (*assets*) 64 ff.
aktiver Markt (*active market*) 84
Aktivierung (*capitalization*) 65
Akzeptanz der IAS 6, 34
Amortisation (*amortisation*) → Unternehmenszusammenschlüsse (*business combinations*), → immaterielle Güter (*intangible assets*)

*amount, recoverable* (wiedereinbringlicher Betrag) → Wertbeeinträchtigung (*impairment*)
Änderung der → Rechnungslegungsgrundsätze (*change in accounting policies*) 118
Änderung von Schätzungen (*changes in accounting estimates*) → Schätzungen (*estimates*)
angelsächsische Methodik 29, 184
**Anhang (*notes*) IAS 1**
- Allgemeines 121 ff.
- *available-for-sale financial instruments* (verkäufliche Finanzinstrumente) → Finanzinstrumente (*financial instruments*)
- → Beteiligungen (*investments in associates*)
- Ereignisse nach dem Bilanzstichtag (*events after the balance sheet date*) 174
- ergänzende Offenlegung zur Bilanz (*further disclosures to the balance sheet*) 109 ff.
- → Ertrag (*revenue*)
- → Finanzanlagen zu Renditezwecken (*accounting for investments*)
- → Finanzinstrumente (*financial instruments*)
- → Fremdwährungen (*foreign exchange*)
- → Geldflussrechnung (*cash flow statement*)
- → Gewinn pro Aktie (*earnings per share*)
- → immaterielle Güter (*intangible assets*)
- → Immobilianlagen zu Renditezwecken (*investment property*)
- → Konsolidierung (*consolidation*)
- → Leasing (*leases*)
- → nahe stehende Personen (*related parties*)
- Offenlegung im Anhang (*disclosure in the notes*) 63

## Sachregister

- → Personalaufwand (*employee benefits* oder *staff cost*)
- – Rechnungslegungsgrundsätze (*accounting principles*) 118, 123, 167
- – Rechtsstreitigkeiten, Erledigung (*litigation settlements*) 162
- → Rückstellungen (*provisions*)
- → Sachanlagen (*property, plant and equipment*)
- → Segmentberichterstattung (*segment reporting*)
- – Steuern (*taxes*) 208 ff.
- – Tochtergesellschaften (*subsidiaries*) 380
- → Unternehmenszusammenschlüsse (*business combinations*)
- – Vorsorgepläne (*pension plans*) 297
- – weitere Angaben 124
- → Wertbeeinträchtigung (*impairment*)
- → Zwischenberichterstattung (*interim reporting*)

**Anlagevermögen (*non-current assets*) IAS 1**
- – Begriff 104
- – Bilanz (*balance sheet*) 103 ff.
- – Nettoveräusserungserlös (*net selling price*) 86

*annual financial statement* → Jahresabschluss

Anschaffungswert (*cost*) → Kostenwert

Anteile an einer GmbH (*shares*) → Aktien

Anzahlungen (*advances*) 265

Arbeitnehmer (*employees*) → Personalaufwand (*employee benefits* oder *staff cost*)

*arm's length transaction* → Drittbedingungen

*assets* → Wirtschaftsgüter

*asset deal* (Übernahme von Aktiven) → Unternehmenszusammenschlüsse (*business combinations*)

*associates, investment in* → Beteiligungen

Aufgeld → Agio (*share premium*)

Aufrechnung → Verrechnung (*offsetting*)

Auftragserfüllung → Ertrag (*revenue*)

Aufwand (*expense*) 72 ff.

Ausbuchung (*derecognition*) → Sachanlagen (*property, plant and equipment*)

Ausgaben/Einnahmenbuchung (*cash accounting*) 42, 207

**Auslegungsbeschlüsse (*SIC*) (*interpretation consenses*) 18 ff., Verzeichnis auf Seite IV**
- – SIC 8 (zu IAS 1): Erstmalige Anwendung von IAS 126/27
- – SIC 6 (zu IAS 1): Aktivierung von Software-Anwendungen 128
- – SIC 1 (zu IAS 2): Kostenformeln für Vorräte 138/39
- – SIC 14 (zu IAS 16): Entschädigungen für Wertbeeinträchtigungen von Sachanlagen 248/49
- – SIC 15 (zu IAS 17): Zugeständnisse an den Leasingnehmer im Betriebsleasing 258/59
- – SIC 10 (zu IAS 20): Erfassung von bedingungs- und auflagenfreien Subventionen 307
- – SIC 9 (zu IAS 22): Unternehmenszusammenschlüsse, die keine Übernahmen sind 335/36
- – SIC 12 (zu IAS 27): *Special Purpose Entities* 381 ff.
- – SIC 5 (zu IAS 32): Alternative Erfüllung bei Finanzinstrumenten 423/24
- – SIC 16 (zu IAS 32): Eigene Aktien 425 ff.

Ausrüstung und Maschinen (*plant and equipment*) → Sachanlagen (*property, plant and equipment*)

Ausschüttungen → Dividenden (*dividends*)

209

ausserordentliche Abschreibung (*write-down*) → Wertbeeinträchtigung (*impairement*)
ausserordentliche Vorgänge (*extraordinary events*) → Geldflussrechnung (*cash flow statement*)
ausserordentliches Ergebnis (*extraordinary result*) 161
**Ausübungspreis (*strike price*)**
→ Leasing (*leases*)
→ Finanzinstrumente (*financial instruments*)
Ausweis in der Jahresrechnung → Erfassung (*recognition*)
authentische Interpretation → Auslegungsbeschluss (*interpretation consensus*)
*authorized shares* → genehmigtes bzw. bedingtes Kapital

# B

*balance sheet* → Bilanz
*balance sheet date* → Bilanzstichtag
Banken (*financial institutions*) 5, 395
Bargeld (*cash*) und bargeldähnliche Mittel (*cash equivalents*) 147
Barwert (*net present value*)
- Begriff 85/88
- im Leasing (*leases*) 252
- bei Wertbeeinträchtigungen (*impairment*) 454
Bauten → Immobiliaranlagen (*investment property*), → Werkverträge (*construction contracts*)
bedeutsame Vorgänge (*significant events*) 162
bedingtes Kapital (*authorized shares*) → genehmigtes Kapital
Beherrschung (*control*) → Konsolidierung (*consolidation*)
Beitragspause (*contribution holiday*)
→ Personalaufwand (*employee benefits* oder *staff cost*)

Beitragsprimat (*defined contribution plan*) → Personalaufwand (*employee benefits* oder *staff cost*)
Bergbau (*extractive industries*) 24
**Berichterstattung (*financial reporting*) IAS 1**
- Beeinträchtigung (*impairment*) → Wertbeeinträchtigung
- jährliche 92 ff.
- Segmente (*segment reporting*) 213 ff.
- Verbesserung 27
- Zwischenberichte (*interim reporting*) 438 ff.
besondere Vorgänge (*significant events*) → Geldflussrechnung (*cash flow statement*)
**Beteiligungen (*investment in associates*) IAS 28**
- Anhang (*notes*) 391
- Ausschüttungen (*dividends*) 387
- Begriff 385/86
- «*equity*»-Methode 387
- Erwerb 389
- Offenlegung im Anhang (*disclosure in the notes*) 391
- Stimmrechtsquote (*percentage of voting power*) 386
- Tochtergesellschaften (*investment in subsidiaries*) 374 ff.
- Wertbeeinträchtigung (*impairment*) 388
- Zwischengewinne (*unrealized profits from intragroup transactions*) 390
Betrachtungsweise, wirtschaftliche (*substance over form*) 53
Betriebseinheit, kleinste abgrenzbare (*cash-generating unit*) → Wertbeeinträchtigung (*impairment*)
**Betriebseinstellung (*discontinuing operations*) IAS 35**
- Erfassung als bedeutsamer Vorgang (*significant event*) 162
- Regeln 447/48

- Wertbeeinträchtigung (*impairment*) 448
Betriebsgewinn (*profit from operating activities*) 115
Betriebsleasing (*operating leasing*) → Leasing (*leases*)
betriebswirtschaftliche Ausrichtung der IAS 35, 64
Betriebszyklus (*normal course of the enterprise's operating cycle*) 103
**Bilanz (*balance sheet*) IAS 1**
- Allgemeines 103 ff.
- Jahresabschluss (*financial statement*)
- Mindestgliederung (*items to be presented*) 107

**Bilanzstichtag (*balance sheet date*) IAS 10**
- Anhang (*notes*) 174
- Ereignisse nach dem (*events after*) 168 ff.
- neue Tatsachen (*circumstances which have occurred in the following period*) 172

Board des IASC 8
Bonus, Boni (Lohnzulage nach Erfolgskriterien) → Personalaufwand (*employee benefits* oder *staff cost*)
Bruttogewinn (*gross profit*) 115
Buchgewinne und -verluste (*book gains and losses*) 244
Buchung → Erfassung (*recognition*)
*business judgment* → Unternehmensleitung (*management*)

# C

*capital gains* → Kapitalgewinne
*capital maintenance adjustments* → Wertanpassungen zur Kapitalerhaltung
*cash* → Bargeld
*cash equivalents* → bargeldähnliche Mittel

*cash flow* → Geldfluss
*cash flow statement* → Geldflussrechnung
*cash generating unit* (kleinste abgrenzbare Betriebseinheit) → Wertbeeinträchtigung (*impairment*)
*comparative information in respect of the previous period* → Vorjahreszahlen
*completeness* → Vollständigkeit
*consideration* (Entgelt) → Ertrag
*consistency* → Stetigkeit
*construction contracts* → Werkverträge
*constructive obligation* (qualifizierte tatsächliche Verpflichtung) → Rückstellungen (*provisions*)
*Consultative Group* 11
*contingencies* → Eventualverpflichtungen und -guthaben; → Erfolgsunsicherheiten
*continuity* (*going concern*) → Fortführungsprinzip
*contribution holiday* (Beitragspause) → Personalaufwand (*employee benefits* oder *staff cost*)
*control* (Beherrschung oder Verfügungsmacht) → Konsolidierung, → immaterielle Güter
*conversion cost* → Herstellungskosten
*corporate governance* 3
*cost-of-sales method* (Absatzfolgsmethode) → Erfolgsrechnung (*profit and loss statement*)
*credit risk* → Kreditrisiko (Gegenparteirisiko)
*cross reference* → Querverweisung
*current assets* → Umlaufvermögen
*current cost* → Wiederbeschaffungswert

## D

Darlehen und Forderungen aus Geschäftsbetrieb (*loans and receivables generated by operations*) → Finanzinstrumente (*financial instruments*)
Deckungslücke (*actuarial loss*) → Personalaufwand (*employee benefits* oder *staff cost*)
*deferred compensation* (aufgeschobene Lohnzahlungen) → Personalaufwand (*employee benefits* oder *staff cost*)
*defined benefit plan* (Leistungsprimat) → Personalaufwand (*employee benefits* oder *staff cost*)
*defined contribution plan* (Beitragsprimat) → Personalaufwand (*employee benefits* oder *staff cost*)
degressive Abschreibung → Abschreibungen (*depreciation*)
Delkredere-Verlust (*failure to discharge an obligation*) → Finanzinstrumente (*financial instruments*)
*depreciation* → Abschreibung
*derecognition* (Ausbuchung) → Sachanlagen (*property, plant and equipment*)
Derivate (*derivatives*) → Finanzinstrumente (*financial instruments*)
*derivatives* (Derivate) → Finanzinstrumente (*financial instruments*)
Devisen → Fremdwährungen (*foreign exchange*)
Devisenbewirtschaftung (*exchange control*) → Geldflussrechnung (*cash flow statement*)
Dienstleistungen (*services*) → Ertrag (*revenue*)
*discounting* → Abzinsung
*disposal* → Veräusserung
**Dividenden (*dividends*)**
- Angabe im Anhang (*disclosure in the notes*) 110, 117, 173
- aus Beteiligungsgesellschaften (*from associates*) 387
- → Ertrag (*revenue*)
- in der Geldflussrechnung (*cash flow statement*) 155
- vorgesehene oder beantragte (*dividend proposed after balance sheet date*) 173
Drittbedingungen, unter (*arm's length transaction*) 83

## E

*earnings per share* → Gewinn pro Aktie
EBIT (*earnings before interest and taxes*) 115
**eigene Aktien (*treasury shares*) SIC 16**
- Auslegungsbeschluss (*interpretation consensus*) 425
- im Anhang (*notes*) 110
**Eigenkapital (*equity*) IAS 1**
- Ausweis als Teil des Jahresabschlusses (*annual financial statement*) 92
- direkte Verbuchung (*recognized directly in equity*) 73
- → eigene Aktien (*treasury shares*)
- im allgemeinen 70
- Veränderungen (*changes*) 118
Eigenkapitalpapiere (*equity instruments*) → Finanzinstrumente (*financial instruments*)
Eigentum (*ownership*)
→ Leasing (*leases*)
→ wirtschaftliche Betrachtungsweise (*substance over form*)
eingebettete Derivate (*embedded derivatives*)
→ Finanzinstrumente (*financial instruments*)
Einnahmen/Ausgabenbuchung (*cash accounting*) 42, 207

Einzelbewertung (*separate presentation*) 96
Elemente der Rechnungslegung (*elements*) 60 ff.
*employees* (Arbeitnehmer), auch «*staff*» (Mitarbeiter) → Personalaufwand (*employee benefits* oder *staff cost*)
*end of useful life* (Stilllegung) →Sachanlagen (*property, plant and equipment*)
Entgelt (*consideration*) → Ertrag (*revenue*)
Entwicklungsländer (*emerging countries*) 24
*equipment* (Ausrüstungen oder Einrichtungen) → Sacheinlagen (*property, plant and equipment*)
*equity* → Eigenkapital
*equity*-Methode → Konsolidierung (*consolidation*)
**Ereignisse (*events*)**
- bedeutsame (*significant events*) 162
- nach dem Bilanzstichtag (*events occurring after the balance sheet date*) 168 ff.
- IAS 10 168 ff.

**Erfassung (*recognition*) IAS 18**
- von Ertrag (recognition of revenue) 57, 67
- → bedeutsame Finanzvorgänge (*significant financial events*) 162
- → Ertrag (*revenue*) IAS 18
- → unter den entsprechenden Stichworten

**Erfolgsrechnung (*profit and loss statement*) IAS 1 und 18**
- *cost-of-sales method* (Absatzerfolgsrechnung) 115
- Kostenart oder Kostenfunktion (*nature of expense or function of expense*) 115
- Minderheitsanteile (*minority interest*) 114

- Mindestgliederung (*items to be presented*) 114
- Staffelform (*classification using the function of expense method*) 116

Ergebnis, ausserordentliches (*extraordinary result*) 161
Erfolgsunsicherheiten (*contingencies*) 169
Erfüllungswert (*settlement value*) 82, → Finanzinstrumente (*financial instruments*)
Erheblichkeit (*relevance*) 48
Erläuterungen im Anhang (*additional information in the notes*) 122
Erledigung von Rechtsstreitigkeiten (*litigation settlements*) → Anhang (*notes*)
Ersatzanschaffungen (*exchange for a similar asset*)→ Sachanlagen (*property, plant and equipment*)
Ersatzteile und Hilfsgeräte (*spare parts and stand-by equipment*) → Sachanlagen (*property, plant and equipment*)

**Ertrag (*revenue*) IAS 18**
- Akontozahlungen, Anzahlungen (*advances, progress payments*) 265
- Beherrschung, Verfügungsmacht (*control*) 263
- Dienstleistungen (*services*) 264
- Dividenden (*dividends*) 270
- Entgelt (*consideration received or receivable*) 262
- *income* → Reinertrag
- Kostenanteilmethode (*proportion of costs method*) 264
- Lizenzgebühren (*royalties*) 268
- Marktgegenseite 261
- Prozentmethode (*percentage method*) 264
- Realisation (*realisation of profits*) 260
- Reinertrag (*income, net inflow of economic benefits*) → IAS 1

213

- Rohertrag (*gross inflow of economic benefits*)
- Verfügungsmacht, Beherrschung (*control*) 263
- Verkehrswert (*fair value*) 260
- Vorschüsse (*downpayments, advances*) 265
- Wahrscheinlichkeit des Zuflusses von Nutzen (*probability of benefit*) 271
- Warenverkäufe (*sales of goods*) 262
- Zeitpunkt der Erfassung (*time of recognition*) 260 ff.
- Zinsen (*interest*) 268

erzielbarer Nettowert (*net realisable value*) 81
erzielbarer Wert (*realisable value*) 81
Eventualverpflichtungen (*contingent liabilities*) → Rückstellungen (*provisions*)
*exchange control* (Devisenbewirtschaftung) → Geldflussrechnung (*cash flows statement*)
*expense* → Aufwand 72 ff.
*exposure draft* (Vorentwurf) 9
*extractive industries* → abbauende Industrien

# F

*fair presentation* → *true and fair view* (den tatsächlichen Verhältnissen entsprechende Darstellung) 27, 45
*fair value* → Verkehrswert
*fair value accounting*
   → Rechnungslegung zum Verkehrswert
*faithful representation* (getreue Wiedergabe) → den tatsächlichen Verhältnissen entsprechende Darstellung

**Fehler, grundlegende** (*fundamental errors*) **IAS 8**
- Begriff 159 ff.
- im Eigenkapitalausweis (*equity statement*) 118

FER (Fachempfehlungen für die Rechnungslegung) 1, 33
Feriengeld (*vacation pay*) → Personalaufwand (*employee benefits* oder *staff cost*)
Fertigungsaufträge, langfristige (*construction contracts*)
   → Werkverträge
FIFO → Vorräte
*financial events, significant* → bedeutsame Vorgänge
*financial institutions* (Finanzinstitute, Banken) 395
*financial literacy* (Erfahrenheit in Finanzangelegenheiten) 3, 5, 91

**Finanzaktiven und -verpflichtungen** (*financial assts and liabilities*) **IAS 32 und 39**
- Begriff 23; → Finanzinstrumente (*financial instruments*)

**Finanzanlagen zu Renditezwecken** (*investments*) **IAS 25**
- Anhang (*notes*) 372
- Diskont oder Prämie (*discount or premium on acquisition*) 357
- Einzelbewertung (*presentation as separate item*) 366
- Ertragsausweis (*recognition*) 371
- Kapitalertrag und Wertzuwachs (*accretion of wealth through distribution and capital appreciation*) 349
- Kostenwert (*cost*) 358, 365
- kurzfristige (*short term*) 358 ff.
- langfristige (*long term*) 363 ff.
- Marktwertmethode (*fair value accounting*) 359/60
- Neubewertungsmethode (*revaluation method*) 361
- Offenlegung im Anhang (*disclosure in the notes*) 372

- *«store of wealth»* 349
- Übergangsrecht (*transition*) 349
- Veräusserung (*disposal*) 369
- verkäufliche (*available for sale*) 379
- Wertrückgang (*decline in value*) 367
- Finanzierungsleasing (*financial lease*) → Leasing (*leases*)

**Finanzinstrumente (*financial instruments*) IAS 32 und 39**
- abgesicherte Posten (*hedged items*) 546, 563
- Absicherungsinstrumente (*hedging instruments*) 545 ff.
- *alternative settlement* (alternative Erfüllung) 423
- Anhang (*notes*) 416 ff.
- Aufrechnung → Verrechnung (*offsetting*)
- Ausbuchung (*derecognition*) 550
- Auslegungsbeschluss (*interpretation consensus*) 423/24, 425 ff.
- Ausübungspraxis (*strike price*) 529
- *available-for-sale* → verkäufliche
- Begriff 404 ff.; 518
- Beherrschung oder Verfügungsmacht (*control*) 529
- Bemessung, Bewertung (*measurement*) IAS 39
- Bewertung (*measurement*) 551 ff.
- Bewertungsmodell (*valuation model*) 565
- Bürgschaften (*guarantees*) 410, 537
- *contracts* → Verträge
- *control* (Beherrschung oder Verfügungsmacht) 530
- Darlehen und Forderungen aus Geschäftsbetrieb (*loans and receivables generated by operations*) 515, 535
- *debt instruments* → Forderungspapiere
- Definitionen 517 ff.
- Delkredereverlust (*loss due to a failure to discharge obligations*) 570
- Derivate (*derivatives*) 409, 514, 523, 538 ff., 543
- Eigene Aktien (*treasury shares*) 425 ff.
- Eigenkapitalinstrumente, nicht börsenkotierte (*non-listed equity instruments*) 515, 563
- Eigenkapitalpapiere (*equity instruments*) 407, 516/17, 521, 559
- eingebettete Derivate (*embedded derivatives*) 547
- Erfassung (*recognition*) 548 ff., 570
- Erfassung am Abschlusstag (*trade date*) oder am Lieferungstag (*settlement date*) 549
- Erfassung und Bemessung (*recognition and measurement*) 512 ff.
- Erfüllung, alternative (*alternative settlement*) 423
- feste Verpflichtung (*firm commitment*) 529
- Finanzaktivum (*financial asset*) 405, 519
- Finanzverbindlichkeit (*financial liability*) 406, 520
- *firm commitment* → feste Verpflichtung
- Forderungspapiere (*debt instruments*) 514
- *forward contract* → Terminkontrakt
- *futures, forwards* → Termingeschäfte
- Gemeinschaftsunternehmen → *joint ventures*
- Handelsbestand (*financial assets held for trading*) 537
- *hedged item* → abgesichertes Aktivum

215

# Sachregister

- *hedging instruments* → Absicherungsinstrumente
- *held to maturity* → Vermögensanlagen auf Verfall
- *host contract* (Grundvertrag) → eingebettete Derivate (*embedded derivatives*)
- Insolvenz (*bankruptcy*) 569
- *internal rate of return* (IRR) 527
- IOSCO 512
- *joint ventures* (Gemeinschaftsunternehmen) 537
- Klassifikation (*classification*) 411, 418
- Kostenwertprinzip (*cost accounting*) 515, 526, 557/58
- Leasing (*leases*) 537
- *measurement* → Bewertung, Bemessung
- Offenlegung im Anhang (*disclosure in the notes*) 416 ff., 572 ff.
- primäre Finanzinstrumente (*primary financial instruments*) 409
- *recognition and measurement* → Erfassung und Bemessung
- Repo (*repurchase agreement*, Verkauf mit Rückkauf) 525
- *reversal* (Rückgängigmachung einer Wertbeeinträchtigung) → Zuschreibung
- Risikoarten (*class of risk*) 419 ff.
- Schätzungen (*estimates*) 564
- *securitisation* → Verbriefung
- *settlement date* → Erfassung am Lieferungstag
- *strike price* (Ausübungspreis) 529
- *Swaps* (Tauschgeschäfte) 409
- Termingeschäfte (*futures, forwards*) 409
- Terminkontrakt (*forward contract*) 548
- *trade date* → Erfassung am Abschlusstag
- Transaktionskosten (*transaction cost*) 528

- Uneinbringlichkeit (*failure to discharge an obligation*) 569
- Verbriefung (*securitization*) 524
- Verbundinstrumente (*embedded derivatives, combined financial instruments*) 547
- verkäufliche (*available-for-sale*) 514, 536
- Verkehrswertprinzip (*fair value method*) 514, 522, 555/56
- Vermögensanlagen auf Verfall (*investments held to maturity*) 534
- Verrechnung oder Aufrechnung (*offsetting*) 413 ff.
- Versicherungsverpflichtungen (*insurance obligations*) 537
- Verträge (*contracts*) 404
- Wahrscheinlichkeit (*probability*) 564
- Wandelanleihen (*convertible loans*) 411
- Wertbeeinträchtigung (*impairment*) 561, 569
- Zuschreibung, Rückgängigmachung einer Wertberichtigung (*reversal*) 571

first-in first-out (FIFO) → Vorräte (*inventory*)
Forderungspapiere (*debt instruments*) → Finanzinstrumente (*financial instruments*)
foreign exchange → Fremdwährungen

**Fortführungsprinzip (*going concern*)**
- im allgemeinen 43, 94
- Schätzungen (*estimates*) 171

*framework* → Rahmenbestimmungen

**Fremdwährungen (*foreign exchange*) IAS 21**
- Anhang (*notes*) 312
- Bilanz (*balance sheet*) 310
- Durchschnittskurse (*average exchange rate*) 311

Sachregister

- Erfolgsrechnung (*profit and loss statement*) 309
- monetäre Posten (*monetary items*) 310
- nicht-monetäre Posten (*non-monetary items*) 310
- Sperrguthaben (*balances not available for general use due to exchange control*) 158
- Tochtergesellschaften im Ausland (*foreign entities*) 311
- Umrechnung von Wechselkursen (*reporting of foreign exchange rates*) 308 ff.

fundamental errors → Fehler, grundlegende

## G

Gebäude → Immobiliaranlagen (*investment property*)
Gegenleistung oder Entgelt (*consideration*) → Ertrag (*revenue*)
Gegenparteirisiko → Kreditrisiko (*credit risk*)

**Geldflussrechnung (*cash flow - statement*) IAS 7**
- ausserordentliche Vorgänge (*extraordinary* items) 155
- bargeldneutrale Geschäfte (*non-cash transactions*) 156
- Begriff Geldfluss (*cash flow*) 146
- betriebliche Tätigkeiten (*operating activities*) 151
- Devisenbewirtschaftung (*exchange control*) 158
- direkte Methode (*direct method*) 154
- Finanzierungsvorgänge (*financing activities*) 149, 153
- Gliederung nach Tätigkeiten (*classification by activity*) 150
- IAS 7 146 ff.
- indirekte Methode (*indirect method*) 154
- investive Vorgänge (*investing activities*) 152
- Leistungserstellung, betriebliche (*operating activities*) 149
- Mittelbindung und -schöpfung 147 ff.
- Offenlegung ausserhalb des Zahlenwerks (*disclosure in the notes*) 156
- Sperrguthaben (*balances not available for general use due to exchange control*) 158
- Steuern, Gewinnsteuern (*income taxes*) 155
- Tilgung von Schulden (*repayment*) 153
- Wertbeeinträchtigung (*impairment*) 87
- Zinsen (*interest*) 155

Geldzufluss (*cash flow*) 146, 454
Gemeinschaftsunternehmen → *joint ventures*
genehmigtes Kapital (*authorized shares*) 110
geographische Segmente (*geographical segments*) → Segmentberichterstattung
Geschäftssegment (*business segments*)
→ Segmentberichterstattung
Geschäftsvorfälle (*transactions, events*) → Ertrag (*revenue*)
Geschäftswilligkeit (*willing party*)
→ Verkehrswert
Gewährleistung (*warranty*) 67
Gewinn oder Verlust der Rechnungsperiode (*net profit or loss for the period*) 159

**Gewinn pro Aktie IAS 33**
- Aktienzerlegung (*stock split*) 435
- Anhang (*notes*) 436
- ausstehende Aktien (*shares outstanding*) 434
- Begriff 431 ff.
- gegenwärtiger Gewinn (*present basic earnings*) 431

217

## Sachregister

- Gewinn oder Verlust (*earnings*) 435
- Offenlegung im Anhang (*disclosure in the notes*) 436
- Stamm- und Vorzugsaktien (*ordinary and preferred shares*) 430, 433
- Verwässerung (*dilution*) 431
- Wandel- und Optionsanleihen (*convertible loans, loans with warrants*) 433
- verwässerter Gewinn (*diluted earnings*) 431

Gewinnbeteiligung (*equity compensation plans*) → Personalaufwand (*employee benefits* oder *staff cost*)

**Gewinnsteuern (*income taxes*) IAS 12**
- angelsächsisches System 184
- Anhang (*notes*) 208 ff.
- *balance sheet liability method* 177
- Berechnungsweise (*measurement*)191 ff.
- Buchwert im Jahresabschluss (*carrying value*) 187 ff.
- Buchwert, steuerlich massgeblicher (*tax base*) 187, 189, 193, 197
- *carrying value* → Buchwert im Jahresabschluss
- *difference, taxable* → steuerwirksame Differenz
- Erfassung (*recognition*) 195 ff.
- Erfolgsrechnung, Erfassung (*recognition*) 190, 205
- Gewinnausschüttungen, verdeckte (*constructive dividends*) 182
- Handelsbilanz (*balance sheet for commercial purposes*)178 ff., 185
- Hinzurechnungen, steuerliche 182
- Imparitätsprinzip 182
- *income taxes* (Gewinnsteuern) 177 ff.

- Kapitalsteuern (*taxes on equity*) 202
- Konzernbilanz (*consolidated balance sheet*) 179, 185/86
- Körperschaftsteuer (*corporate income tax*) 181
- Korrekturen, steuerliche 182
- Massgeblichkeitsprinzip 181
- Methodik 178 ff.
- Rückstellungen (*provisions*) 183
- Schweizer Bräuche (*Swiss usage*) 207
- Steueraufwand (*tax expense*) 206
- Steuerbilanz (*balance sheet for tax purposes*) 180, 183, 193
- Steuerguthaben, latente (*deferred tax assets*) 188, 198
- Steuern, laufende (*current tax*) 200 ff.
- Steuersatz (*tax rate*) 194
- Steuerschuld, latente (*deferred tax liability*) 178 ff., 189, 192, 195
- steuerwirksame Differenz, vorübergehende (*temporary taxable difference*) 192
- Steuertatbestand, Erfüllung (*taxable event*) 196
- *tax base* → steuerlich massgeblicher Buchwert
- *taxable difference* → steuerwirksame Differenz
- Vermischung bzw. Verrechnung laufender und latenter Steuern (*netting of current and deferred taxes*) 204

Gläubigerschutz (*protection of creditors*) 36

GmbH (*limited liability Company*) → Aktien (*shares*)

*going concern* → Fortführungsprinzip

**Goodwill IAS 22 und 38**
- Akquisitionsgoodwill (*Goodwill on acquisition*) 323 ff.

Sachregister

- immaterielle Güter (*intangible assets*) 497 ff.
- → Unternehmenszusammenschlüsse (*business combinations*)

grants and government assistance
  → Subventionen

Gruppierung von Abschlusszahlen nach Segmenten (*attribution of income or balance sheet items to segments*)
  → Segmentberichterstattung

Grundstücke (*real property*) 107, 576 ff.

grundlegende Fehler (*fundamental errors*) 164

Güter → Wirtschaftsgüter (*assets*)

Güter, immaterielle (*intangible assets*) 499 ff.

gütliche Erledigung von Rechtsstreitigkeiten (*litigation settlements*)
  → Anhang (*notes*)

# H

Hauptgrundsätze der IAS (*underlying concepts*) 46 ff.

Hauptsegment (*primary segment*)
  → Segmentberichterstattung (*segment reporting*)

hedging instruments (Absicherungsinstrumente) → Finanzinstrumente (*financial instruments*)

Herstellungskosten (*conversion cost*) 79

Hilfsgeräte und Ersatzteile (*spare parts and stand-by equipment*) →
Sachanlagen (*property, plant and equipment*)

historical cost (historische Kosten, Kostenwert) 79

Hochinflationsländer (*hyperinflation economies*) 394

# I

IASC (*International Accounting Standards Committee*) 2, 6 ff.

**immaterielle Güter (*intangible assets*) IAS 38**
- Akquisitionsgoodwill (*Goodwill on acquisition*) 500, IAS 38
- Anhang (*notes*) 508 ff.
- Amortisation (*amortisation*) 505 ff.
- *impairment test* → Wertbeeinträchtigung
- Entwicklungsphase, letzte 502
- extern geschaffene (*generated externally*) 499
- Forschung und Entwicklung (*research and development*) 502
- Goodwill aus interner Tätigkeit (*Goodwill generated internally*) 499
- Goodwill aus Unternehmensübernahmen (*acquisitions*) 500
- intern geschaffene (*generated internally*) 499
- Nutzungsdauer (*useful life*) 504, 509
- Prototypen und Modelle (*pre-use prototypes and models*) 503
- *research and development* → Forschung und Entwicklung
- Offenlegung im Anhang (*disclosure in the notes*) 508 ff.
- Übernahmegoodwill (*acquisition*) 500, 38
- Wertbeeinträchtigung (*impairment*) 507

**Immobiliaranlagen zu Renditezwecken (*investment property*) IAS 40**
- Anhang (*notes*) 588/89
- Anschaffung, ursprüngliche (*initial acquisition*) 582
- Begriff 576, 578
- Bewertung (*measurement*) 581

219

## Sachregister

- erlaubte Alternative, frühere (*formerly allowed alternative*) 577
- im Bau (*under construction*) 586
- Kostenwert-System (*recognition at cost*) 582 ff., 589
- nichtbetriebliche Zwecke 576/579
- Offenlegung im Anhang (*disclosure in the notes*) 588/89
- *recoverable amount* → wiedereinbringlicher Betrag
- unrealisierte Gewinne (*unrealised gains*) 585
- Verkehrswert-System (*fair value method*) 585, 588
- Vorräte (*inventory*) 579
- Wahlentscheid, einmaliger (*option*) 583
- wertvermehrende Aufwendungen (*expenses increasing the economic benefit of the property*) 587
- Wertzuwachs (*value increase*) 576
- wiedereinbringlicher Betrag (*recoverable amount*) 586

*impairment* → Wertbeeinträchtigung
Imparitätsprinzip 32, 55
*income* → Ertrag (Reinertrag)
Inflationsländer (*hyperinflation economies*) 394
Insolvenz (*bankruptcy*) → Finanzinstrumente (*financial instruments*)
*intangible assets* → immaterielle Güter
Interessenvereinigung (*uniting of interests*)
→ Unternehmenszusammenschlüsse (*business combinations*)
*interim financial reporting* → Zwischenberichterstattung
*internal rate of return* (IRR) → Finanzinstrumente (*financial instruments*)
*interpretation consensus* → Auslegungsbeschluss (SIC)

*interpretation consensus* → Auslegungsbeschluss (SIC)
*inventories* → Vorräte
investive Vorgänge (*investing activities*) → Geldflussrechnung (*cash flow statement*)

**Investitionen IAS 16, 25 und 40**
- betriebliche Investitionen → Sachanlagen (*property, plant and equipment*)
- Finanzanlagen zu Renditezwecken (*investments*) 329 ff.
- → Geldflussrechnung (*cash flow statement*)
- Immobiliarinvestitionen zu Renditezwecken (*investment property*) 576 ff.
- *investments* (Finanzanlagen) → Finanzanlagen zu Renditezwecken, → Immobiliaranlagen zu Renditezwecken

IOSCO 8, 22, 512

## J

**Jahresabschluss (*annual statement*) IAS 1**
- im allgemeinen 92 ff.
- Bestandteile (*components*) 92
- → Bilanz (*balance sheet*)
- → Erfolgsrechnung (*profit and loss statement*)
- grundlegende Fehler (*fundamental errors*) 164
- jährliche Erstellung (*annual presentation*) 102
- Leitsätze (*overall considerations*) 93

***joint ventures*** **(Gemeinschaftsunternehmen) IAS 31,** 114, 123, 152, 396 ff.

## K

Kapitalerhaltung (*capital maintenance*) 90, 193
**Kapitalgewinne (*capital gains*)**
– Verrechnung 97/98
**Kapitalveränderungen (*capital transactions*)**
– Kapital, genehmigtes oder bedingtes (*authorized shares*) → genehmigtes Kapital
– Kapitalerhöhung (*capital increase*) 119
– Kapitalherabsetzung (*capital reduction*) 119
**Kaufoption**
→ Leasing (*leases*)
→ Finanzinstrumente (*financial instruments*)
Klärung und Lückenfüllung → Auslegungsbeschlüsse (SIC)
KMU (kleine und mittlere Unternehmen) 31, 401
kognitive Zwecke 36
**Konsolidierung (*consolidation*) IAS 27**
– Ausklammerung konzerninterner Beziehungen (*elimination of intragroup balances and transactions*) 348
– Auslegungsbeschluss (SIC 12) 382
– «*control*» (Beherrschung) 376
– «*equity*»-Methode 114, 379, 398
– joint venture 114, 397/98
– Konsolidierungsbuchungen 186, → Konzern
– Konsolidierungskreis 185, 377
– Konsolidierungsmethode 378
– Konsolidierungspflicht 375
– Konsolidierungsrichtlinie (*EU consolidation directive*) 26
– *Special Purpose Entities* (*SPE*) (Unternehmen zu speziellem Zweck) 381 ff.
Konvergenz US GAAP/IAS 25

**Konzern IAS 27**
– Ausklammerung der Konzerngesellschaften aus IAS 24, 348
– «*control*» (Beherrschung) 376
→ Konsolidierung (*consolidation*)
– konzerneinheitliche Einzelbilanz (*separate financial statement used in the consolidation*) 185
– Konzernrechnung, Richtlinie EU (*EU consolidation directive*) 26
– Konzernrechnung (*consolidated financial statement*) 186
– Kostenanteilmethode (*proportion of cost method*)→ Ertrag (*revenue*)
– Muttergesellschaft (*parent*) 379
→ Segmentberichterstattung (*segment reporting*)
– *Special Purpose Entities* (SPE) 381 ff.
Konzernrechnungsrichtlinie (*EU consolidation directive*) 26
Kostenwert (*cost*) 63, → Finanzinstrumente (*financial instruments*),
→ Finanzanlagen (*investments*),
→ Immobiliaranlagen (*investment property*),
→ Wertbeeinträchtigung (*impairment*)
Kostenart oder Kostenfunktion (*nature of cost or function of cost*)→ Erfolgsrechnung (*profit and loss statement*)
Krankheitsleistungen (*sick leave pay*) → Personalaufwand (*employee benefits* oder *staff cost*)
Kreditrisiko, Gegenparteirisiko (*credit risk*) 420

## L

Langlebige Wirtschaftsgüter (*assets of a long-term nature*) 75
last-in first-out (*LIFO*) → Vorräte (*inventory*)

**Leasing** (*leases*) **IAS 17**
- Abschreibungen (*depreciation*) 254
- Anhang (*notes*) 256
- Anschaffung von Produktionsmitteln 252/53
- Auslegungsbeschluss (*interpretation consensus*) (*SIC 15*) 258/59
- Ausübungspreis (*strike price*) 252
- Barwert (*present value*) 252
- besondere Vorteile (*special benefits*) 258/59
- Betriebsleasing (*operating leases*) 255, 259
- Eigentum (*ownership*) 252
- Finanzierungsleasing (*financial leases*) 252 ff.
- Kaufoption (*option to purchase the asset*) 252
- Leasinggebühren (*leasing fees*) 254
- *strike price* (Ausübungspreis) 252
- Zerlegungsmethode 254

Lebensversicherung (*life insurance*) → Personalaufwand (*employee benefits* oder *staff cost*)

*legal title* → Rechtstitel

Leistungserstellung, betriebliche (*cash flow generating activities*) → Geldflussrechnung (*cash flow statement*)

Leistungsprimat (*defined benefit plan*) → Personalaufwand (*employee benefits* oder *staff cost*)

Leitsätze zum Jahresabschluss (*overall considerations concerning the financial statement*) 93 ff.

*liabilities* → Verbindlichkeiten

Liegenschaften (*real property*) → Grundstücke,
→ Immobilienanlagen zu Renditezwecken

*LIFO* → Vorräte (*inventory*)

lineare Abschreibung (*straight-line*) → Abschreibungen (*depreciation*)

*litigation settlement* (Erledigung von Rechtsstreitigkeiten) → Anhang (*notes*)

Lizenzgebühren (*royalties*) → Ertrag (*revenue*)

Lohn (*salary*) → Personalaufwand (*employee benefits* oder *staff cost*)

# M

*management* → Unternehmensleitung

Markt, aktiver (*active market*) 84

Marktwert (*market value*) 83/84

Maschinen und Einrichtungen (*plant and equipment*) → Sachanlagen (*property, plant and equipment*)

*matching of costs with revenues* (sachgerechte Zuordnung des Aufwandes zum Ertrag) 74

Mehrwertsteuer (*Value Added Tax*) → Steuern (*taxes*)

**Methodik**
- angelsächsische 29
- Grundannahmen 41
- Rahmenbestimmungen (*framework*) 35 ff.

**Miete** (*rent*)
- Betriebsleasing (*operating leases*) → Leasing (*leases*)
- Mietzins von → Immobilienanlagen zu Renditezwecken

**Minderheitsanteile** (*minority interest*) **IAS 28**
- Beteiligungen (*investments in associates*) 385 ff.
- «equity»-Methode 114
- in der Bilanz (*balance sheet*) 107
- in der Erfolgsrechnung (*profit and loss statement*) 114
→ Konsolidierung (*consolidation*)

**Mindestgliederung** (*items to be presented, classification*) **IAS 1**
- Bilanz (*balance sheet*) 107
- Erfolgsrechnung (*profit and loss statement*) 114
- Geldflussrechnung (*cash flow statement*) 150 ff.

**Mitarbeiter** (*employee* oder *staff*) → **Personalaufwand** (*employee benefits* oder *staff cost*)
- Militärdienst (*military service*) → Personalaufwand (*employee benefits* oder *staff cost*)
- Mitarbeiteraktien (*equity compensation plans, stock options*) 299
- Mitarbeiterbeteiligung (*equity compensation plans*) → Personalaufwand (*employee benefits* oder *staff cost*)
- Mitarbeiteroptionen (*employee stock options*) 299
- Mutterschaft (*maternity*) → Personalaufwand (*employee benefits* oder *staff cost*)

Mittelbindung und -schöpfung → Geldflussrechnung (*cash flow statement*)

## N

**Nahe stehende Personen** (*related parties*) **IAS 24**
- Anhang (*notes*) 345 ff.
- *associates* (Beteiligungsgesellschaft) 343
- Ausklammerung der konzerninternen Beziehungen (*elimination of intragroup balances and transactions*) 348
- *key management personnel* (Schlüsselpersonen der Unternehmensleitung) 343
- Offenlegung (*disclosure*) 345 ff.
- Transaktionen (*transactions*) 342, 348

Naturalleistungen (*non-monetary benefits*) → Personalaufwand (*employee benefits* oder *staff cost*)

nennwertlose Aktien (*no-par value shares*) 110

*net realisable value* → erzielbarer Nettowert

*netting* → Verrechnung

Nettoausweis (*offsetting*) 98

Nettoveräusserungserlös (*net selling value*) 86

**Neubewertung** (*revaluation*) **IAS 1**
- Begriff 80
- Neubewertungsreserve (*revaluation reserve*) 90

neue Tatsachen (*circumstances which have occurred in the following period*) → Bilanzstichtag, Ereignisse nach dem

Neutralität (*neutrality*) 54

*non-current assets* → Anlagevermögen

*no-par value shares* → nennwertlose Aktien

*notes* → Anhang

**Nutzen/Nutzung** (*benefit/use*)
- Begriff 87
- Dauer, lange (*long-term*) 87, 142
- → Ertrag (*revenue*)
- nutzbringende Position (*potential to contribute to cash flow*) 67
- Wahrscheinlichkeit des Zuflusses (*probability of benefit*) 271

**Nutzungsdauer**
- → Abschreibungen (*depreciation*)
- Begriff 142
- → immaterielle Güter (*intangible assets*)
- Nutzungswert (*value in use*) 87
- → Wertbeeinträchtigung (*impairment*)

**Nutzungswert** (*value in use*)
- Begriff 87

223

- *cash-generating unit* (kleinste abgrenzbare Betriebseinheit) 455 ff.
- wiedereinbringlicher Betrag (*recoverable amount*) → Wertbeeinträchtigung (*impairment*)

## O

**obligationenrechtliche Rechnungslegung, «OR» (*Swiss Law Accounting Rules*)**
- Abschreibungen auf Sachanlagen (*depreciation on property, plant and equipment*) 450
- Gebrauchswert (*value in use*) 452
- Nutzungswert (*value in use*) 452
- Obligationenrecht, Schweizerisches («OR») 29
- Sachanlagen (*property, plant and equipment*) 230, 246
- Steuern (*taxes*) 208
- Verrechnung oder Aufrechnung (*offsetting*) 97/98, 413
- Wertbeeinträchtigung (*impairment*) 450

*obsolescence* (Veralten) → Abschreibungen (*depreciation*)
Offenlegung → Anhang (*notes*)
*offsetting* → Verrechnung (Aufrechnung)
*option* (Wahlrecht) 71
OR, → Obligationenrecht («OR»)
ordentliches Ergebnis (*ordinary result*) 161
ordnungsmässige Rechnungslegung (*financial statements prepared in compliance with accounting rules*) 44
*overfunding* (Überfinanzierung, Deckungsüberschuss) → Personalaufwand (*employee benefits* oder *staff cost*)

## P

Partizipationsscheine (*Swiss type non-voting shares*) 110
*percentage-of-completion method* → Werkverträge (*construction contracts*)
Periodenerfolg (*result of the accounting period*) 119
periodengerechter Ausweis von Aufwand und Ertrag (*accrual basis*) 42, 74, 207

**Personalaufwand (*employee benefits, staff costs*) IAS 19**
- Abgangsentschädigung (*termination benefits*) 298
- *actuarial loss or gain* → versicherungsmathematische Methode
- Aktienoptionen (*stock options*) 299
- Anhang (*notes*) 297
- Beitragspause (*contribution holiday*) 291
- Beitragsprimat (*defined contribution plan*) 279
- Bonus, Boni, erfolgsbezogene Lohnzulagen (*bonus, bonuses*) 274
- Deckungslücke, -überschuss (*underfunding, overfunding*) 288 ff.
- *deferred compensation* (aufgeschobene Lohnzahlung) 274
- Dienstwagen (*car provided by the employer*) 274
- Eigenkapitalbeteiligung (*equity compensation benefits*) 274, 277, 299
- *equity compensation plan* 274, 277, 299, → Mitarbeiterbeteiligung
- Gewinnbeteiligung (*equity compensation benefits*) 274, 299
- Krankheitszahlungen (*sick leave pay*) 274, 276
- kurzfristige Leistungen (*short term benefits*) 275

- langfristige Leistungen (*long term benefits*) 274
- Leistungsprimat (*defined benefit plan*) 280 ff.
- Lohn (*salary*) 274
- Militärdienst (*military service*) 276
- Mitarbeiterbeteiligung (*equity compensation plan*) 274, 277, 299
- Mutterschaft (*maternity*) 276
- Passivierung (*recognition as a liability*) 276
- pro rata laboris (nach Massgabe der Arbeitsleistung) 275
- Rückleistungsverbot (Schweizer Recht) 292
- *Sabbatical* (Weiterbildungsurlaub) 274
- Salär (*salary*) 274
- Sozialversicherungsbeiträge (*social security contributions*) 274
- *stock options* (Aktienoptionen in Mitarbeiterbeteiligungsplänen) 274, 299
- Vermögensvorteile (*benefits*) 274
- Verrechnung durch Beitragspause (*compensating through a contribution holiday*) 294
- versicherungsmathematische Methode (*actuarial method*) 285

Personalkosten (*staff cost*, meist aber aus der Sicht der Arbeitnehmer, *employee benefits*) 116

**Personalvorsorge (*employee benefit plans*) IAS 26**
- Begriff 373
- → Personalaufwand (*employee benefits* oder *staff cost*) 278 ff.

Personalvorsorgeeinrichtungen, Rechnungslegung (*retirement benefit plans*) 373

Personen, nahe stehende (*related parties*) → Nahe stehende Personen

Planmässige Abschreibungen (*depreciation on a systematic basis*), IAS 4 [aufgehoben] 140
→ Abschreibungen (*depreciation*)

*plant and equipment* → Sachanlagen
*point outline* (Vorentwurf) 9
*pooling of interests*
→ Unternehmenszusammenschlüsse (*business combinations*), Poolingmethode
*premium on shares* → Agio
*present value, net present value* → Barwert

primäre Finanzinstrumente (*primary* oder *non-derivative financial instruments*) → Finanzinstrumente (*financial instruments*)

primäres Segment (*primary segment*)
→ Segmentberichterstattung (*segment reporting*)

Produktegruppen → Segmentberichterstattung (*segment reporting*)

*property* (*investment property*) → Immobilienanlagen zu Renditezwecken

*provisions* → Rückstellungen
Prozentmethode (*percentage method*) → Ertrag
Publikumsgesellschaften (*public or listed companies*) 13

# Q

Querverweisung zwischen Anhang und Zahlenwerk (*cross reference of balance sheet, profit and loss statement and cash flow statement to notes*) 122

Quotenkonsolidierung → Konsolidierung

225

Qualifizierte tatsächliche Verpflichtung (*constructive obligation*)
→ Rückstellungen (*provisions*)

# R

Rahmenbestimmungen (*framework*) 32, 35 ff.
*real property* → Grundstücke, Immobiliaranlagen zu Renditezwecken
*realisable value* → erzielbarer Wert
Realisation (*realisation of profit*) 71, 123, 260
Rechnungslegung, Elemente (*elementes*) 60 ff.
**Rechnungslegungsgrundsätze (*accounting policies*) IAS 1**
- Änderungen (*changes in*) 118, 167
- Änderungsbuchungen (*adjustments due to a change in accounting policies*) 167
- Anhang (*notes*) 121 ff.
- → Rahmenbestimmungen (*framework*)
- Schätzungen (*estimates*) 163
- zum Verkehrswert (*fair value accounting*) 196

Rechnungslegungsrecht, Revision in der Schweiz 33
Rechtsgeschäfte, kombinierte 53
Rechtsstreitigkeiten, Erledigung (*litigation settlements*) → Anhang (*notes*)
Rechtstitel (*legal title*) 66
*reclassification* → Umgliederung
*recognition* → Erfassung (in der Bilanz, Erfolgsrechnung)
*reconciliation* (Abstimmung, Überleitung) 1
*recoverable amount* → wiedereinbringlicher Betrag
*related parties* → nahe stehende Personen

*replacement cost or current cost* → Wiederbeschaffungswert
Repo (*repurchase agreement*) → Finanzinstrumente (*financial instruments*)
Reserve (*store of wealth*) 349
**Reserven, Rücklagen (*reserves within owners' equity*)**
- Anhang (*notes*) 111
- Gewinnreserve (*accumulated profits*) IAS 1, 107, 110, 426/27
- Kapitalreserve (*capital reserve, surplus*) 111
*restatement* (Neudarstellung) 164
**Restrukturierung (*restructuring*)**
- bedeutsame Finanzvorgänge (*significant financial events*) 162
- → Rückstellungen (*provisions*)
*retirement benefit plans* (Personalvorsorgeeinrichtungen) 278 ff.; Rechnungslegung 373
*revaluation* → Neubewertung
*reversal* (Wiederzuschreibung)
- *of a write-down* → Rückgängigmachen einer Wertberichtigung, Zuschreibung
- *of a provision* → Rückstellungen
Rosinenpicken in den IAS (*cherry-picking*) 13
*royalties* → Lizenzgebühren
Rückerstattungsverbot (nach Schweizer Recht)
→ Personalaufwand (*employee benefits* oder *staff cost*)
Rückgängigmachen einer Wertberichtigung, Zuschreibung (*reversal of a write-down*) 134
Rücklagen (*reserves within owners' equity*) → Reserven
**Rückstellungen (*provisions*) IAS 37**
- Abzinsung (*discounting*) 485, 493
- Anhang (*notes*) 493 ff.
- Anpassung (*adjustment*) 162
- Auflösung (*reversal*) 162

- Auswirkungen, finanzielle 478
- Begriff 23
- belastender Vertrag (*onerous contract*) 482
- Bemessung (*measurement*) 485 ff.
- Bewegungsbilanz der Rückstellungen 493
- *constructive obligation* → qualifizierte tatsächliche Verpflichtung
- *discounting* → Abzinsung
- Eigenversicherung (*self-insurance*) 481
- Eventualguthaben (*contingent asset*) 484
- Eventualverpflichtung (*contingent liability*) 478, 480
- Generalrückstellung (*general provision*) 481
- Offenlegung im Anhang (*disclosure in the notes*) 493 ff.
- *onerous contract* → belastender Vertrag
- Prozesse, laufende (*pending litigation*) 495
- Regress → Rückgriff (*recourse*)
- *remoteness* → äusserste Unwahrscheinlichkeit
- Restrukturierung (*restructuring*) 488 ff.
- *reversal* (Auflösung im Sinne einer Rückgängigmachung) 162
- Risiko (*risk*) 477, 481
- rückgängig gemachte (*reversal*) 162
- Rückgriff (*recourse*) 486
- Rückstellung für laufende Prozesse (*provision for pending litigation*) 495
- Schätzungen (*estimates*) und deren Verlässlichkeit (*reliability*) 476, 483
- Schutzklausel (*protection against serious prejudice*) 495
- Ungewissheiten (*uncertainties*) 494
- Unwahrscheinlichkeit, äusserste (*remoteness*) 478
- vergangenes Ereignis (*past event*) 479, 481
- Verpflichtung, qualifizierte tatsächliche (*constructive obligation*) 281, 474, 479, 489
- Wahrscheinlichkeit (*probability*) 475, 479

# S

*Sabbaticals* (Weiterbildungsurlaub)
→ Personalaufwand (*employee benefits* oder *staff cost*)

**Sachanlagen (*property, plant and equipment*) IAS 16**
- Abschreibungen, planmässige (*depreciation on a systematic basis*) 238 ff.
- Anschaffungspreis (*cost*) 232
- Ausbuchung (*elimination from the balance sheet*) 244
- Begriff 231
- betriebliche (*operating*) 231
- Ersatzanschaffungen (*replacement*) 245
- Ersatzteile und Hilfsgeräte (*spare parts and stand-by equipment*) 231
- Herstellungskosten (*conversion cost*) 232, 234
- Klassen (*classes*) 237
- Kostenwert (*cost*) 232
- Neubewertung (*revaluation*) 236
- Neubewertungsrücklage (*revaluation reserve*) 237
- Nutzen, wahrscheinlicher (*probable benefit*) 231
- Nutzungsdauer (*useful life*) 238, 242
- *revaluation* → Neubewertung
- Veräusserung (*disposal*) 162, 244

- wertvermehrende Aufwendungen (*subsequent expenditures adding to the economic benefit*) 235
- Wiederherstellung des Standortes (*restoring the site*) 232

Salär (*salary*) → Personalaufwand (*employee benefits* oder *staff cost*)

**Schätzungen (*estimates*)**
- Änderungen (*changes*) 163, 165
- business judgment (sachgerechte Beurteilung) 62, 239
- Ereignisse nach dem Bilanzstichtag (*events after the balance sheet date*) 171
- Fortführungsprämisse (*going concern*) 171
- Vorsicht (*prudence*) 55
- Zurückhaltung (*caution*) 55

Schulden (*indebtedness*) → Verbindlichkeiten (*liabilities*)

Schwächen (der IAS) 28 ff.

schwebende Verträge (*unperformed contracts*) 69

Securities and Exchange Commission (SEC), Börsenaufsichtsbehörde der USA, 22, 25

**Segment-Berichterstattung (*segment reporting*) IAS 14**
- Abstimmung oder Überleitung der Zahlen (*reconciliation*) 226
- berichtpflichtiges Segment (*reportable segment*) 223
- Einblick, verbesserter (*better understanding*) 215
- geographisches Segment (*geographical segment*) 220
- Geschäftssegment (*business segment*) 219
- Hauptsegment → primäres Segment (*primary segment*)
- informed judgment (sachlich begründetes Urteil) 214
- Klimmzüge 216
- *Management Information System* (MIS) 221

- Offenlegung im Anhang (*disclosure in the notes*) 227
- primäres Segment (*primary segment*) 222, 225
- Produktegruppe (*products*) 214, 219
- reportable segment → berichtpflichtiges Segment
- Spartenbericht (*business segment reporting*) 214, 219
- Transaktionen zwischen Segmenten (*intersegment transfers*) 227
- Vereinfachung 217

Selbstregulierung (*self-regulation*) 6

settlement value → Erfüllungswert

share deal (Übernahme durch Aktienkauf) → Unternehmenszusammenschlüsse (*business combinations*)

share premium → Agio

shares → Aktien

SIC (*Standing Interpretation Committee*) 18 ff., 93

significant financial events → bedeutsame Vorgänge

*Soft law* 6

Software 128 ff.

Sonderabschreibungen → Abschreibungen (*depreciation*)

Sozialversicherungsbeiträge (*social security contributions*) → Personalaufwand (*employee benefits* oder *staff cost*)

Spartenbericht → Segment-Berichterstattung (*segment reporting*)

*Special Purpose Entities* (Unternehmen zu speziellem Zweck) → Konsolidierung

Sperrguthaben (*balance not available for general use due to exchange control*) 158

Sprachproblem 30

Staatsbeiträge und -zuschüsse (*government grants and government assistance*)

*staff cost* → Personalaufwand
Staffelform (*classification using the function of expense method*) → Erfolgsrechnung (*profit and loss statement*)
Stammanteile an einer GmbH → Aktien (*shares*)
*Standing Interpretations Committee*, SIC (Auslegungsausschuss) 18
*statement of principles* (Grundsatzerklärung) 9
*Steering Committee* (Steuerungsausschuss) 9
Stetigkeit (*consistency*) 50, 95, 240
**Steuern (*taxes*) IAS 12**
– in der Erfolgsrechnung (*profit and loss statement*) 114
– → Gewinnsteuern (*income taxes*)
– indirekte Steuern (*indirect taxes*) 79, 133, 232
– lokal anwendbares Steuerrecht (*tax laws applicable locally*) 182, 189, 197
– Mehrwertsteuer (*value added tax*) 79, 133, 232
– wirtschaftliche Betrachtungsweise (*substance over form*) 53
stille Reserven (*hidden reserves*) 59
**Stilllegung (*discontinuing, end of useful life*) IAS 35**
– → Betriebseinstellung (*discontinuing operations*)
– → Sachanlagen, Stilllegung (*end of useful life, discontinuing*)
*stock options* (Aktienoptionen für Mitarbeiter, → Personalaufwand (*employee benefits* oder *staff cost*)
*store of wealth* (Reserve) 249
Störung des Gleichgewichts in der Vertragsabwicklung (*contracts that are not equally performed*) 69
*strike price* (Ausübungspreis) → Leasing (*leases*), → Finanzinstrumente (*financial instruments*)

*substance over form* (wirtschaftliche Betrachtungsweise) 53
**Subventionen (*government grants and government assistance*) IAS 20**
*surplus* [U.S. Terminologie] (*reserves within owners' equity*) → Eigenkapital
*systematic basis of depreciation* → Abschreibungen, planmässige

**T**

den tatsächlichen Verhältnissen entsprechende Darstellung (*true and fair view*) 27, 45
*taxes* → Gewinnsteuern (*income taxes*); → Steuern (*taxes*)
teilliberierte Aktien (*shares issued but not fully paid*) 110
*temporary taxable difference* (vorübergehende steuerwirksame Differenz) → Gewinnsteuern (*income taxes*)
*timeliness* → Zeitnähe
*transfer pricing* (Verrechnungspreise) → Segment-Berichterstattung (*segment reporting*)
*transitional provisions* → Übergangsrecht
treuhänderisches Eigentum 53
*true and fair view* (den tatsächlichen Verhältnissen entsprechende Darstellung) 27, 45

**U**

Übergangsrecht (*transitional provisions*), z.B. am Ende von IAS 32, 34, 38, 39 und 40
Übernahme (*acquisition*) → Unternehmenszusammenschlüsse (*business combinations*)

229

Überschüsse, versicherungsmathematische (*actuarial gains*) → Personalaufwand (*employee benefits* oder *staff cost*)
Übersetzung, deutsche 30
Übersicht über die IAS 91
Umgliederung (*reclassification*) 100
Umlaufvermögen (*current assets*) 64, 104
*underlying concepts* → Hauptgrundsätze
**Ungewissheiten IAS 37**
- *contingencies* (Eventualverpflichtungen) 458 ff.
- in der Weiterführung des Betriebs (*going concern*) 94
- Schätzung (*estimate*) 485
*uniting of interests* → Unternehmenszusammenschlüsse (*business combinations*), Interessenvereinigung
*unrealised profits from intragroup transactions* → Zwischengewinne
**Unternehmensleitung (*management*)**
- als Adressat 32
- *business judgment* (sachgerechte Beurteilung) 62, 239
- → Schätzungen (*estimates*)
- → Wertbeeinträchtigung (*impairment*)
**Unternehmenszusammenschlüsse (*business combinations*) IAS 22**
- Absorption 316
- *acquisition* (Übernahme) 316 ff.
- durch Aktienkauf (*share deal*) 316
- Aktiven- und Passivenübernahme (*assets deal*) 316
- Amortisation des Goodwills (*amortisation of Goodwill*) 325
- Anhang (*notes*) 332
- *assets deal* (Übernahme von Aktiven) 316
- Aufwand (*expense*) 331

- Auslegungsbeschluss (*interpretation consensus*) 336
- Goodwill 315, 321 ff.
- Interessenvereinigung (*uniting of interests*) 24, 314, 329
- *pooling of interests* (Pooling-Methode) 24, 314, 317, 329
- *purchase method* (Kaufmethode) 320
- *reverse acquisition* (umgekehrte Übernahme) 318
- *share deal* (Unternehmensübernahme durch Aktienkauf) 316
- Übernahme (*acquisition*) 316 ff.
- *uniting of interests* → Interessenvereinigung
*useful life* → Nutzungsdauer
*US GAAP* (*United States Generally Accepted Accounting Principles*) 1, 22, 25

**V**

Value Added Tax (Mehrwertsteuer) → Steuern (*taxes*)
Value in use → Nutzungswert
Veralten (*obsolescence*) → Abschreibungen
Veränderungsanalyse 60
Veräusserung (*disposal*) → Finanzanlagen (*investments*), → Wertbeeinträchtigung (*impairment*)
Veräusserungsgewinn (*capital gain*), Nettoausweis 98
Verbindlichkeit (der IAS) 13
**Verbindlichkeiten (*liabilities*)**
- Begriff 67 ff.
- → Bilanz (*balance sheet*)
- → Finanzinstrumente (*financial instruments*)
- kurzfristige (*short term*) 105
- langfristige (*long term*) 106
- → Rückstellungen (*provisions*)

Verbriefung (*securitisation*) → Finanzinstrumente (*financial instruments*)
Vergleich → Anhang (*notes*), Rechtsstreitigkeiten, Erledigung (*litigation settlements*)
Vergleichbarkeit (*comparability*) 27, 50
Verhältnismässigkeit 58
Verhältnisse, tatsächliche (*fair presentation*) 27, 45
verkäufliche Finanzinstrumente (*financial instruments available for sale*) → Finanzinstrumente (*financial instruments*)
Verkaufsbereitschaft, Erstellung der (*cost to bring an asset into condition for its sale*) 86
Verkaufspreis, geschätzter (*estimated selling price*) 81
Verkehrswert (*fair value*) 83
**Verlässlichkeit (*reliability*)**
– im allgemeinen 49
– der Messung, Bewertung (*measurement*) 61
Vermischungsverbot 101
Vermögensanlagen (*investments*) → Finanzanlagen zu Renditezwecken (*investments*), → Immobiliaranlagen zu Renditezwecken (*investment property*)
Vermögensanlagen auf Verfall (*investments held to maturity*) → Finanzinstrumente (*financial instruments*)
Vermögenseinbusse (*loss*) 72
Verpflichtung, feste (*firm commitment*) 529
Verpflichtung, qualifizierte tatsächliche (*constructive obligation*) → Rückstellungen (*provisions*)
Verrechnung (*offsetting*) 97/98
→ Finanzinstrumente (*financial instruments*)
Versicherungsgesellschaften (*Insurance Companies*) 5

Verständlichkeit (*understandability*) 47
**Verträge (*contracts*)**
– Begriff 518
– belastende (*onerous contracts*) → Rückstellungen
– → Finanzinstrumente (*financial investments*), feste Verpflichtung (*firm commitment*)
– schwebende (*unperformed contracts*) 69
Vertriebs- oder Verwaltungstätigkeit (*distribution and administration*) 115
Verwässerung → Gewinn pro Aktie (*earnings per share*)
Vollständigkeit (*completeness*) 56
Vorentwurf → *exposure draft*
Vorgänge, bedeutsame (*significant events*) 155, 162
Vorjahreszahlen 99, 487, 493
**Vorräte (*inventories*) IAS 2**
– Begriff 132
– *first-in first-out* (FIFO) 133, 138
– Handelsbestand (*securities held for trade*) → Finanzinstrumente (*financial instruments*)
– IAS 2 131 ff.
– *last-in first-out* (LIFO) 139
– Liegenschaften im Umlaufvermögen (*property as current assets*) → Immobiliaranlagen
– Nettoausweis 94
Vorratsaktien → eigene Aktien (*treasury shares*)
**Vorsicht (*prudence*)**
– im allgemeinen 55
– → Schätzungen (*estimates*)
– stille Reserven (*hidden reserves*) 59
– Werkverträge (*construction contracts*) 176
Vorsorgepläne (*pension plans*) → Personalaufwand (*employee benefits* oder *staff cost*)

**Vorzugsaktien** (*preferred shares*)
- Vorzugsdividenden (*dividends on preferred shares*) 113
- → Gewinn pro Aktie (*earnings per share*)

# W

Wahlrecht (*option*) 71, → Leasing (*leases*)
Wahrscheinlichkeit (*probability*) 61, 62, 68
Währungsdifferenzen → Fremdwährungen (*foreign exchange*)
Währungsumstellung (*introduction of a new currency*) 128
*warranty* (Gewährleistung) 67
Werkverträge (*construction agreements*) 175/76
Wertanpassungen zur Kapitalerhaltung (*capital maintenance adjustments*) 80
**Wertbeeinträchtigung (*impairment*) IAS 36**
- Abzinsung (*discounting*) 464, 465
- Anhang (*notes*) 470
- Anzeichen für Wertbeeinträchtigung (*impairment indicators*) 458 ff.
- «äussere» Bewertung 462
- ausserordentliche Abschreibung → Wertberichtigung (*impairment loss*)
- Begriff 23, 55, 449 ff.
- Bemessung (*measurement*) 466 ff.
- Betriebseinstellung (*discontinuing operations*) 460
- Börsenkapitalisierung (*market capitalisation*) 459
- *cash-generating unit* (kleinste abgrenzbare Betriebseinheit) 455 ff.
- Goodwill 468

- *impairment indicators* → Anzeichen für Wertbeeinträchtigungen
- «innere» Bewertung 462
- Nettoveräusserungswert (*net realisable value*) 452, 462
- Nutzungswert (*value in use*) 452, 455, 464
- Offenlegung im Anhang (*disclosure in the notes*) 470
- Projektionsrechnung für Geldzuflüsse (*cash flow projections*) 456
- *recoverable amount* → wiedereinbringlicher Betrag
- rückgängig gemachte Wertbeeinträchtigung, Zuschreibung (*reversal*) 469
- → Sachanlagen (*property, plant and equipment*)
- → Unternehmensleitung (*management*) 464
- Wertberichtigung, Werteinbusse, verbuchte (*impairment loss*) 243, 467
- wiedereinbringlicher Betrag (*recoverable amount*) 452 ff., 462 ff.
- Wiederzuschreibung (*reversal*) 469
- Wirtschaftsgüter, Gruppe (*unit*) 455
- Zuschreibung (*reversal*) 469

Wertbegriffe der IAS 77 ff.
**Wertberichtigung (*write-down*) 131**
- ausserordentliche 162
- Eigenkapitalinstrumente (*equity instruments*) 406, 515/16, 520, 558
- → Finanzinstrumente (*financial instruments*)
- Forderungspapiere (*debt instruments*) 514
- rückgängig gemachte (*reversal*) 134
- Verbriefung (*securitisation*) 523
- verkäufliche Finanzinstrumente (*available-for-sale*) 514, 536

→ Wertbeeinträchtigung (*impairment*), verbuchte Werteinbusse (*impairment loss*)
Werte (Arten der) 77 ff.
**Wertpapiere (*securities*) IAS 32 und 39**
- → Eigenkapitalpapiere (*equity securities*)
- → Finanzinstrumente (*financial instruments*)
- → Forderungspapiere (*debt securities*)
- marktgängige (*marketable*) 104
Wertzerfall eigener Aktien (*decline in value of treasury shares*) 429
Wesentlichkeit (*materiality*) 51
wiedereinbringlicher Betrag (*recoverable amount*) → Wertbeeinträchtigung (*impairment*)
Wiederbeschaffungswert (*replacement cost or current cost*) 80
Wiedergabe, getreue (*faithful representation*) 52
Wiederzuschreibung (*reversal of a write-down*) 134/35,
→Finanzinstrumente (*financial instruments*), → Wertbeeinträchtigung (*impairment*)
wirtschaftlich Berechtigter (*ultimate beneficiary*) 53
wirtschaftliche Betrachtungsweise (*substance over form*) 53
**Wirtschaftsgüter (*assets*) 64 ff.**
- abschreibungsfähige (*depreciable assets*) 141
- → Anlagevermögen (*non-current assets*)
- → Umlaufvermögen (*current assets*)
Wirtschaftsprüfer (*auditors*) 6, 14
Wohnungs- oder Umzugsbeiträge → Personalaufwand (*employee benefits* oder *staff cost*)
*write-down* → Wertberichtigung

**Z**

Zeitnähe (*timeliness*) 57
Zeitwert → Verkehrswert
**Ziele**
- der Darstellung (*presentation*) 5
- der IASC 7
**Zinsen (*interest*)**
- → Ertrag (*revenue*)
- **Fremdkapitalzinsen (*borrowing cost*) IAS 23**
- → Geldflussrechnung (*cash flow statement*)
- tatsächlicher (*effective*) 527
Zu- und Abbuchungen von Eigenkapital 118
zurückbehaltene Gewinne (*retained earnings*) 119
Zuschreibung (*reversal*) als Rückgängigmachung einer Wertberichtigung (*of write-down*) → Finanzinstrumente (*financial instruments*)
- → Vorräte (*inventory*)
- → Wertbeeinträchtigung (*impairment*)
**Zwischenberichterstattung (*interim financial reporting*) 23**
- Anhang (*notes*) 442 ff.
- Mindestgehalt (*required items*) 439
- Rechnungslegungsgrundsätze (*accounting principles*) 442
- unregelmässig anfallende Erträge (*revenues that are received unevenly*) 444
- Vergleichszahlen (*reference to prior interim periods*) 443
- Zwischenerfolgsrechnung (*interim profit and loss statement*) 441
Zwölfmonatsgrenze (*twelve months rule*) 103